見る・使う・学ぶ
新世代の環境建築システム

日本建築学会 編

技報堂出版

都市環境に貢献する環境配慮型庁舎

都市環境に貢献するエコヴェール

樹木のような建築をイメージし，建物全体を樹木のリーフのように見立てた「エコヴェール」とよぶパネルで覆われています。「エコヴェール」は太陽光発電パネル・緑化パネル・ルーバーパネル・ガラスパネル等，多様なパネルからなり，方位・高さ・内部用途に応じて適材適所に配置されています。

エコヴェールによって都市的なスケールで景観や環境に貢献する建築とします。

敷地は，かつての根津山を北側に控え，周辺よりも少し小高い位置にあります。

エコヴェールはビル風を和らげ周辺環境に貢献します。

エコヴェールは低層部が緑化され，都市景観に寄与します。

かつての杜

写真撮影：
小林研二写真事務所

自然換気

ハイブリッド空調 ☞ p.43

庁舎部分には吹き抜け空間を利用した自然換気システムを導入しています。また，自然換気に適さない状態でも冷却効果が見込める場合は空調機による外気冷房も可能としています。

庁舎内観

体験学習の場 エコミューゼ

エコヴェール内は雨水の循環による小川が流れ，ビオトープを形づくる多様な環境が形成されています。それは文化・環境都市のシンボルであり，環境体験・学習の場にもなっています。

エコミューゼ

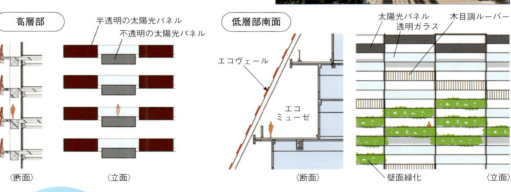

太陽光発電

創エネ ☞ p.85

高層部の住宅のバルコニーには半透明と不透明の2種類の太陽光発電パネルが設置されています。低層部南面には防風・眺望確保のためのガラス部，壁面緑化部，庇と目隠しを兼ねたルーバー部，太陽光発電部，自然換気のための開口部が組み合わされています。

としまエコミューゼタウン（南池袋二丁目A地区市街地再開発事業）
建物概要

所有者：南池袋二丁目A地区再開発組合	延床面積：94,681m²
設計者：日本設計	構造階数：SRC造，地上49階，地下3階，塔屋2階
竣工年：2015年	所在地：東京都豊島区南池袋2-45-1
用途：豊島区役所，商業，集合住宅	その他の環境技術：VWV・VAV，外気負荷削減制御，調光制御など

設備設計者：日本設計　加藤良夫

エコヴェールと名づけられた木の葉のような環境調整装置が樹木のように建物を覆う再開発ビルの計画に当たっては，計画当初より設計チーム内で各人がセクションを越え，光，風，緑，水といった自然の要素を無理なく自然に建物の中へデザインし，調和，機能するよう自由に発言できたと思います。結果，無事コンセプトを結実できたと思っています。自分の領域を確実にやるのはもちろんですが，境界領域にちょっとだけ口を出すおせっかいも重要と感じた仕事でした。

熱と光の放射を活用するオフィス

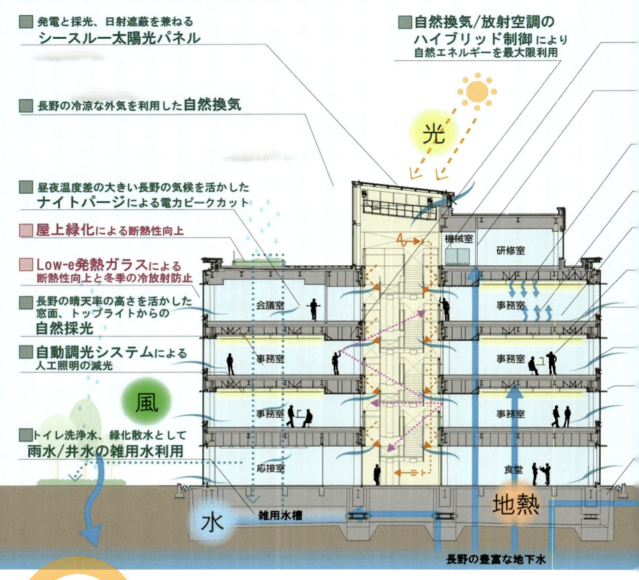

- 発電と採光、日射遮蔽を兼ねる **シースルー太陽光パネル**
- 長野の冷涼な外気を利用した **自然換気**
- 昼夜温度差の大きい長野の気候を活かした **ナイトパージによる電力ピークカット**
- **屋上緑化** による断熱性向上
- **Low-e発熱ガラス** による断熱性向上と冬季の冷放射防止
- 長野の晴天率の高さを活かした窓面、トップライトからの **自然採光**
- **自動調光システム** による人工照明の減光
- トイレ洗浄水、緑化散水として **雨水/井水の雑用水利用**
- **自然換気/放射空調のハイブリッド制御** により自然エネルギーを最大限利用

新照明システム ☞ p.15

スクリーンライト

- LEDによる光を導光板を用いて鉛直方向に反射させ、適度に発光する「スクリーンライト」を新規開発しました。明るさ感を維持しながら照明出力を大幅に低減しています。

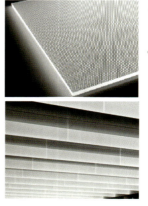
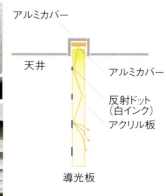

- 井水熱源ヒートポンプによる**高効率空調**
- 低温再生型デシカントローターによる**空調排熱温水の再利用**
- 長野の豊富な地下水を利用した**熱源を使わない天井放射冷房**
- 床染み出し空調によるドラフトのない**居住域床放射空調**
- **デシカント空調**の除湿空気による低湿度で快適な室内環境
- **鉛直面発光照明**によるアンビエント照明で明るさ感向上
- **タスクアンドアンビエント照明**による照明消費電力の低減
- **自動角度制御ブラインド**による日射空調負荷低減と明るさ感調整
- 南面の**水平庇**により、日射負荷低減と眺望の両立
- 東西面は**壁**とし日射ピークを抑制
- 地下水を利用した**無散水融雪**

天井面の井水利用放射空調

放射空調 ☞ p.1

・井水放射パネルによる平滑な天井面と透けつつ光る照明により、従来のオフィスにはない軽やかな印象を与えています。放射パネルの裏面を断熱し、スクリーンライトの発熱部は天井裏に設けることで、冷気と光は室内側へ、発熱は天井裏へ向かうよう、放射の向きを工夫しました。

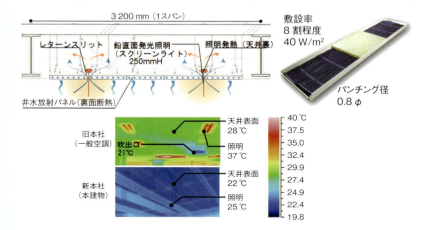

床面の染み出し空調

ハイブリッド空調 ☞ p.43

・天井面は「井水放射冷房」、床面はカーペット全面から空調空気を染み出す「床染出し空調」、窓面は日射遮蔽や、冬季には発熱によりガラス内側表面温度を調整する「発熱ガラス」により、オフィス空間全体を適切な放射熱で包み込み、室内温湿度を緩和しても、人の体感としては快適な熱環境を構築しました。

・空調空気を床下から送風
・新鮮外気を居住域に供給
・床面の放射冷房・暖房効果

冷房時／暖房時
床表面温度の分布

建物名称：電算新本社ビル
所有者：株式会社電算　構造階数：S造，免震構造，地上5階
設計者：日建設計　所在地：長野県長野市鶴賀七瀬中町 276-6
竣工年：2013年　その他の環境技術：クールヒートトレンチ，井水熱利用，外気冷房，シースルー太陽光発電
延床面積：9,873 m²

設備設計者：日建設計 設備設計部長　長谷川 巖

本建物は、在席率が高いオフィスにおいて、照度や室内空気温度などこれまでの設計手法とは異なる概念で計画をしました。全面放射冷暖房や明るさ感を高める鉛直面発光照明などの、熱と光の"放射"を活用した室内環境調整技術により、快適性を維持しながら負荷を低減しています。また、吹抜を活用した奥行の小さいオフィス形状や、長野の豊富な地下水や冷涼な外気、自然光の利用により、長野の気候風土に根差した建築・設備計画としました。結果、稼働率の高い情報系企業のオフィスでありながら、大幅な省エネルギーを達成することが出来ました。

建築・設備的手法により太陽光を効果的に利用

外装ルーバー

・直達日射を遮ることで、図書の保護、空調負荷を低減します。
・室内ではなく室外で日射制御を行う事で、より効果的に空調負荷の低減を行います。
・ルーバーからの柔らかな反射光を室内に取り込むことで良好な閲覧環境を実現します。
・日中は窓際の照明を消灯しても十分な明るさが確保できるため照明電力の削減に役立っています。

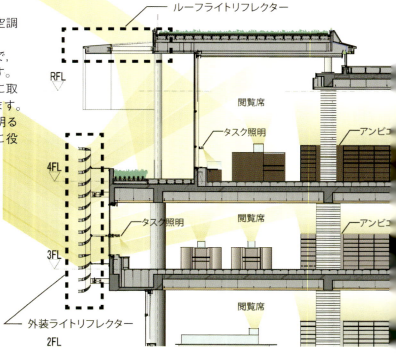

写真撮影：
吉田写真事務所

未利用エネルギー ☞ p.99

ソーラークーリング＋氷蓄熱による高効率熱源システム

- 太陽熱，都市ガスを利用したソーラークーリングシステム（ガス式熱源機）と，深夜電力を利用した氷蓄熱式熱源を組合わせた高効率熱源システムです。
- ソーラークーリングは太陽熱集熱パネルで製造した温水を，ガス焚き排熱回収型冷温水発生器へ投入することで高効率な運転を行います。
- 深夜電力を利用する氷蓄熱式熱源機と組合わせることで，電力デマンドの抑制をしています。
- 中間期等，空調負荷の低い時期であれば太陽熱からの温水供給のみで冷水を製造します。
- 熱源の運転順序を高効率なものから稼働することで，無駄の無い運用を行います。（太陽熱，氷蓄熱（蓄熱分），氷蓄熱（追い掛け），吸収式冷温水発生器の順に運転）

屋上に設置した太陽熱集熱パネル
敷設面積：約160㎡，設置角度：15℃

床吹出空調

- 閲覧席の基準天井高さが3.8mと高いので，床面から空調空気を供給することで，人が活動する空間を効率的空調します。
- 閲覧席は気流分布が良好な丸型の吹出口，台車が通行する書架横は，走行の邪魔にならないようライン型の吹出口を採用しています。

床吹出口（丸型，ライン型）

新照明システム ☞ p.15

タスク・アンビエント照明

- 書架及び閲覧デスクに設置した天井面を照射するアンビエント照明と，各閲覧席へ設置したタスク照明の組合せによりタスク・アンビエント照明を形成しています。
- 昼間は外装ルーバーからの反射光により窓際のアンビエント照明は点灯せずに十分な照度の確保が可能です。

閲覧席の造作家具に組込まれたタスク照明

建物名称：明治大学創立130周年記念和泉図書館	延床面積：8,856.92m²
所有者：明治大学	構造階数：SRC造，地上7階
設計者：松田平田設計	所在地：東京都杉並区永福1丁目
竣工年：2012年	その他の環境技術：外気負荷削減制御，雨水再利用，太陽光発電，屋上緑化など

設備設計者：松田平田設計 環境設計部　岩渕弘太

明治大学和泉キャンパス内にある図書館の建替計画にあたり，太陽エネルギー（熱・光），雨水等の自然資源の有効利用をできないかと考えました。太陽熱，深夜電力，ガスを併用したハイブリッド熱源は，キャンパスの電力デマンド圧縮と省エネルギー運用に寄与しています。
外装ルーバーで直達日射をコントロールすることで，図書館でありながら積極的に自然光を取り入れ，照明電力の削減と快適な閲覧環境を両立するアプローチは建築と設備の一体的を目指して計画したものです。

寒冷地の自然エネルギーを有効活用したデータセンター

国内初の100％風量直接外気冷房型データセンター

・建設地の石狩は，冬期は，外気温度は－15℃，風速10m/sの暴風雪が吹付け，年間降雪量6mの厳しい自然環境ですが，サーバ室には年間を通して安定した外気を導入させる必要がありました。そのため，外気導入経路は，建屋軒下から低風速で取入れ，迷路状の「スノートラップ」により暴風雪害を防ぐようにしました。さらに，海岸にも比較的近いことから，塩害対策として「除塩フィルター」を設置しました。

・建屋内に導入した冷涼な外気は，サーバ排熱と混合させて昇温させ，空調機により加湿を行うことにより，サーバ室に年間を通して温湿度がコントロールされた外気冷房を実現しました。

| 100％風量外気導入 | 風・雪・塩害対策 | 温湿度コントロール |

天井・壁吹出し空調方式

データセンター空調 ☞ p.71

・サーバ室毎に「天井吹出し方式」と「壁吹出し方式」の2種類の空調方式を選択可能とし，比較検証が行える計画としました。「壁吹出し方式」は，「天井吹出し方式」と比較してファンの消費電力が40％削減となり，空調エネルギーの更なる低減に寄与しています。

天井吹出し空調　　　壁吹出し空調

ダンボールダクト排気筒

・サーバラックの排熱経路には，直接天井レタンチャンバー内へ送り込む「排熱排気筒方式」を採用しました。「排気筒」は，ダンボールにアルミコーティングを施したダンボールダクトを採用し，排熱効率向上と，環境負荷の低減にも貢献しています。

排熱利用

未利用エネルギー ☞ p.99

・寒冷地に立地するデータセンターとして，サーバの排熱を積極的に活用しました。
・採用した3種類の排熱活用方式
① ロードヒーティング
② ビル用マルチ型空調室外機の吸込み空気温度上昇
③ OAフロア内，ピット内へ排熱送風

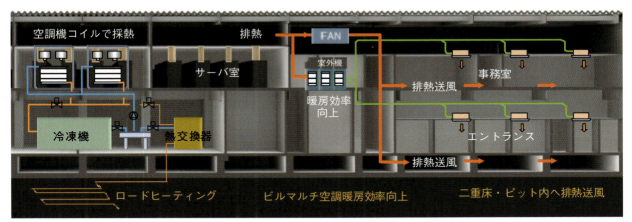

建物名称：さくらインターネット石狩データセンター
所有者：さくらインターネット
設計者：大成建設
竣工年：2011年
延床面積：11,391.75 m²
構造階数：S造，地上2階
所在地：北海道石狩市
その他の環境技術：BEMS，LED照明，リアルタイムPUE表示等

設備設計者：大成建設設計本部　設備設計室長　豊原範之

建設地の石狩市は，冬期の寒冷な外気温や豪雪，年間を通しての風雨や塩害等のきびしい自然条件を克服する必要がありました。そのため，設計段階において，「外気冷房制御実験」，「外装材モックアップ実験」，「除塩フィルター検証実験」，「サーバラック排熱実験」等を行った上で，施工を行いました。竣工後は，熱源型データセンターの約80％減の省エネルギー性能を検証しました。今後，外気冷房型データセンターの普及に弾みがつくことを期待します。

建築と融合した実効性の高い省エネルギー設備計画

ハイブリッド空調
☞ p.43

自然換気
・1階ガラスの下部のダンパから自然換気の空気を取入れます。前面の水盤で冷やされた空気が室内に導入され，室内の吹き抜けを通り抜け，トップライト上部から排出されます。

未利用エネルギー
☞ p.99

クールヒートチューブ
・地熱を利用して外気をプレヒーティング，プレクーリングした上で外調機に取り入れます。

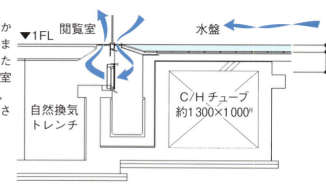

撮影：鈴木研一

深い軒先

- 強い日射から図書を守り，ペリメータ付近の日射熱取得を削減します。
- 開放感あふれる全面ガラス付近席にも安心感を与えます。
- 深い軒先は日本建築の伝統的手法です。現代の建築にもファサードデザインとして工夫することが重要です。

撮影：鈴木研一

水盤

未利用エネルギー ☞ p.99

- 水盤は芝やアスファルトより表面温度が低く，外皮への放射熱負荷を低減します。
- 蒸発冷却により冷やされた周辺空気がクールチューブへの取り入れ空気として外調機に導入されます。

右図：水盤上＋100 mmの気温分布（2012年8月20日12：00）より，水盤上の空気が周辺より2℃程度低くなっていることが分ります。

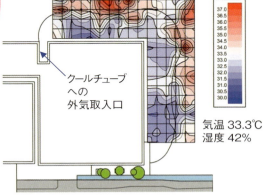

気温 33.3℃
湿度 42%

公園と一体化された計画

- クールスポットの形成
- 豊かな環境空間の形成
- 生物多様性都市の中の残された自然と建築が共生していくことは重要なテーマです。敷地に隣接する公園と一体化して計画することにより，連続的な関係を実現しました。

撮影：鈴木研一

新照明システム ☞ p.15

建物名称：福山市まなびの館ローズコム（福山市中央図書館・福山市生涯学習プラザ）

所有者：福山市
設計者：日建設計
竣工年：2008年
延床面積：14,097m²

構造階数：SRC造，地上4階，地下1階，塔屋1階
所在地：広島県福山市霞町1-10-1
その他の環境技術：VWV・VAV，
外気負荷削減制御，調光制御，太陽光発電など

設備設計者：日建設計 設備設計部長　水出喜太郎

備後福山藩の藩校である誠之館跡に図書館を計画するにあたり，隣接して親水空間整備がされている道三川の維持流量確保のため，従来から補給している井戸水を修景用水として活用できないかと考えました。図書館閲覧室と公園をほどよく隔てる1200 m²の水盤をめぐらせ，井戸水の恒温性を活かして，夏場のクールスポットの形成など周辺熱環境の緩和を図るとともに，自然換気システムやクールヒートチューブに水盤を吹走する空気を取り入れる工夫をしました。

自然の豊かさを享受する「知的創造ワークプレイス」

昼光利用

北側トップライトの日射遮蔽機能と眺望性を両立させるため、デッキ状のルーバーを採用しています。デッキ角度は夏至の太陽高度をさえぎる角度に設計されています。

躯体ガラ再利用緑化土塁

既存建物の解体時に発生したコンクリートガラを場内再利用しており、ガラを舗装路盤材や緑化土塁として外構の修景材料とし、環境の修復を図っています。

ヒューマンファクター ☞ p.29

居住域空調
高天井で立体的に連続する大空間において床吹出し空調にて居住域空調を行っています。下階への冷気の降下を抑制させるため手すりやエアフローにて対策しています。

局所排気
ガラスとロールスクリーンとの間を換気させることで局所的に熱排気を行い，ガラス大空間で発生する熱負荷を局所対策で低減しています。

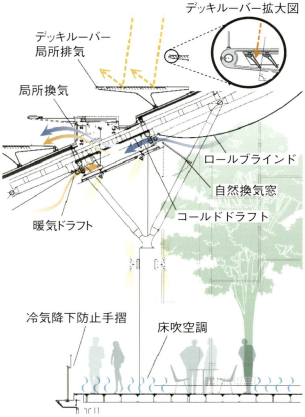

デッキルーバー拡大図
デッキルーバー局所排気
局所換気
ロールブラインド
自然換気窓
コールドドラフト
暖気ドラフト
冷気降下防止手摺
床吹空調

自然換気
中庭に面する外壁の上・下に換気窓を設け，上部換気窓は，トップライト空間の熱排気をし，下部換気窓は，居住域の自然換気に利用しています。

ハイブリッド空調 ☞ p.43

ソーラーチムニー
外気冷房や外気 CO_2 制御など，導入外気量の変化をソーラーチムニーを利用した自然排気で空間全体としてバランスをとっています。

日産先進技術開発センター
建物概要

所有者：日産自動車株式会社	延床面積：69,471m²
設計者：日本設計	構造階数：S 造＋SRC 造の免震構造，地上 7 階，地下 1 階，塔屋 1 階
竣工年：2007 年	所在地：神奈川県厚木市森の里青山 1-1
	その他の環境技術：太陽光発電，可動外ブラインド，クール・ヒートトレンチ等

設備設計者：日本設計 環境・設備設計群　**佐々木真人**

モノづくりの開発を主体とするオフィスとして，「知識創造の場づくり」を設計のテーマとしています。周辺の豊かな自然を活用し，ワークプレイスの特徴に呼応する"刺激・変化"にあふれる環境を創出させるべく，調整が可能な様々なシステムを構築しました。環境変化のエンジニアリングは，過度な変動を抑える他，変化の知覚も促さなければならず，そのあんばいが難しいです。それには環境領域の"際"をエンジニアリングすることが重要だと感じています。

自然エネルギー利用を主体とした都市型サステナブルビル

光と風の導入

自然の光と風を建物内に取り込むための仕組みを建築的に創り、自然エネルギーを主体としたエネルギー利用形態を実現しました。

「光と風の導入」のコンセプトを具現化したのが、多機能外壁ユニットを全面配置した呼吸する外皮と、建物中央に連続した大きな光庭の組合せです。光は外皮（窓）と内部（光庭）の両面から取り込まれます。風も外皮全体から建物内に導かれ、光庭を抜けて再び天空に戻ります。

光庭は建物と自然の接点として人々に自然の移ろいを感じさせ、視覚的にオフィスのコミュニケーションを活性化させるなど、エネルギー以外の面でも環境性能向上に貢献しています。

撮影：小川泰祐

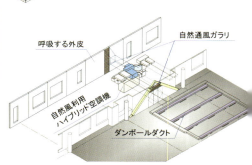

自然風利用ハイブリッド空調

自然の風が呼吸する外皮全体から建物内を流れ，一年を通して有効に利用されています。

4つの空調モード：
① 自然通風（窓を開けた状態）
② ハイブリッド（自然通風を低温送風で補う）
③ 外気冷房（冬期の自然風をダクトで分配してドラフトを防止）
④ 低温送風（11℃）

ハイブリッド空調
☞ p.43

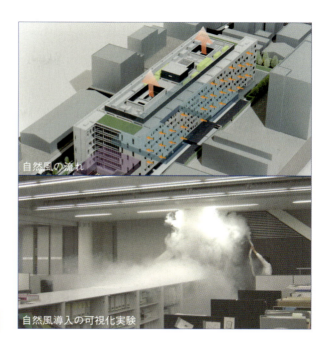
自然風の流れ
自然風導入の可視化実験

太陽「光」と「熱」のダブル利用

オフィス棟の屋上全面に太陽光パネルを敷いて，昼間のピーク電力を低減しています。
パネルは強い日射しから屋根を守り，空調負荷の低減にも役立っています。

多目的ホール棟には屋上緑化と一体の太陽熱ダクトが設置され，外気を暖めながら取り入れて，暖房に直接利用しています。
夏も内外温度差による重力換気装置として働き，通年稼働しています。

創エネ・未利用エネルギー
☞ p.85, 99

太陽光発電パネル（オフィス棟屋上）
太陽熱ダクトと緑化（多目的ホール棟屋上） 撮影：新建築社写真部

建物名称：竹中工務店東京本店社屋
延床面積：29,747m²
構造階数：S造＋CFT柱，地上7階，塔屋1階
所有者：竹中工務店
所在地：東京都江東区新砂1丁目1－1
設計者：竹中工務店
その他の環境技術：ダンボールダクト，低温蓄熱，低温送風，高温暖房，タスク＆アンビエント，人感調光LED照明，雨水利用，BEMSなど
竣工年：2004年

設備設計者：竹中工務店 東京本店 設計部設備部門 部長 白鳥泰宏

我々が自ら働く場として，豊かな発想とコミュニケーションを誘発すると同時に，自然と融合した空間創りを目指しました。そこで東京湾から敷地南端に達する運河に着目し，常に運河上空を流れる光と風を最大限に生かす方法を考えました。建物高さを抑え，敷地からセットバックした細長い建物形状も地域の光・風環境を損なわないように配慮したものです。
ビルの運用エネルギーは竣工後も毎年減り続け，2015年には900MJ/m²年を下回る実績をあげています。創る努力と共に，使う努力の大切さを実感しています。

本文図カラー表示

図 2.1-1　建築空間を美しく見せるための照明

図 2.1-2　フルカラーライティングを導入した手術室

図 2.1-5　ライトシェルフと南面高窓を採用した事例

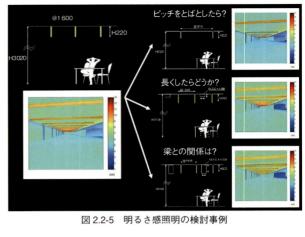

図 2.2-5　明るさ感照明の検討事例

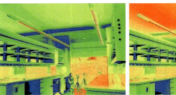

天井間接なし　　　　　　天井間接あり
輝度分布画像
図 2.2-7　天井間接照明の有無による輝度分布計測

図 2.1-9　光ダクトからの柔らかい自然光が降り注ぐ客室洗面所

図 2.1-11　通常ライティング「粋」（左）と特別ライティングの1例（右）

高色温度の教室（集中時）　低色温度の教室（リラックス時）
図 2.2-8　HCLを導入した小学校[6]

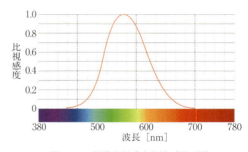

図 2.3-3　標準比視感度曲線（明所視）

図 2.1-12　GALLERY TOTO[7]

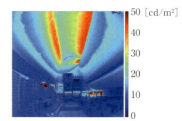

図 2.3-7　輝度画像例

書籍のコピー，スキャン，デジタル化等による複製は，
著作権法上での例外を除き禁じられています。

まえがき

　快適な室内環境を維持し，かつ環境親和性を指向した「環境建築」の普及は，省エネルギー，資源の有効利用，地球温暖化防止，自然生態系の保全等，種々の観点から社会的に要請されており，そのための要素技術も多数提案・導入されている。それらの要素技術は，例えばライトシェルフや自然換気システムなど，その多くが意匠デザインの対象となる建築的なものと，高効率空調システムや照明といった設備的なものとに大別される。このうち設備的な要素技術は，その重要性にもかかわらず，機械室や天井裏，屋上等，居住空間から隔離された場所に設置されることが多いこともあり，専門の設備技術者以外にはその仕組みが理解しづらいという課題がある。

　本書は，主として最先端の設備的要素技術に着目し，それぞれの要素技術について，「見る」，「使う」，「学ぶ」の3部構成により多様な読者層を対象に「見えにくい」設備技術を紹介・解説するものである。

　「見る」では，意匠設計者・学生・建築主を主な対象とし，各要素技術の概念，歴史・動向，要素技術の導入に適した建物等をイラスト・写真を中心に紹介する。各要素技術を導入した建物事例をその特徴とともに示しているので，場合によっては見学によって実地に確認することも可能である。

　「使う」では，設備設計者を対象に，設計法，制御方法，効果検証例等を設計フロー，設計チャート等により実用的な使うための資料として提供する。既存の設備技術については，学協会の便覧や公共建築の設計基準が整備されているが，本書で取り上げる最新技術の場合，未だ設計法として整備されていない場合が多く，本書が有効な情報を提供できるものと考える。

　「学ぶ」では，環境系学生・研究者を対象に，各要素技術の理論，数値計算法，最新研究動向等について解説し，新たな研究開発の契機とすることを目指している。必要な参考文献を参照することにより，更なる学習の道しるべとなることも期待している。

　取り上げる要素技術としては，「放射空調」，「新照明システム」といった居住者の近くに設けられるものから，「BCP」，「スマートシティ」等，建物全体から街区レベルに至る11項目の要素技術を取り上げている。要素技術の中には，「デシカント空調」といったハード技術から「ヒューマンファクター」といった使われ方やソフト面にかかわるものまで含まれる。これらの要素技術を縦軸として，その一つ一つに対して「見る」，「使う」，「学ぶ」という視点の異なる内容を横軸として設定することにより，最新の環境建築技術をマトリクス表現したものが本書である。さらに巻頭の口絵では環境建築の事例を7件取り上げた。環境建築の実現を担う設備設計担当者のコンセプトを知ることができるとともに，本書で掲載している要素技術を参照する目次の役目も果たしている。

　本書の使われ方はさまざまであろう。関心のある特定の要素技術について異なる関係者が問題意識を共有するためのツールとして，設備設計者のハンドブック的な存在として，若手研究者が自ら解析を行うためのガイドとして，そのいずれもがZEBを始めとする来たるべき近未来の環境建築の実現の助けとなることを期待している。

本書は，日本建築学会環境工学委員会傘下の建築設備運営委員会環境建築システム小委員会において基本構想を練り，企画刊行運営委員会環境建築システム刊行小委員会によって作成された。執筆にあたっては，上記委員会委員の他，各要素技術に精通した意匠設計者，設備設計者，研究者からも広く協力を得た。その他出版にかかわった学会，技報堂出版関係各位にも謝意を表したい。

日本建築学会

本書作成関係委員

(五十音順・敬称略)

環境工学委員会
　　委員長　羽山　広文
　　幹　事　岩田　利枝　　菊田　弘輝　　甲谷　寿史
　　委　員　（省略）

企画刊行運営委員会
　　主　査　村上　公哉
　　幹　事　田中　貴宏　　中野　淳太
　　委　員　（省略）

建築設備運営委員会
　　主　査　赤司　泰義
　　幹　事　田中　英紀　　長谷川　巌
　　委　員　（省略）

建築設備運営委員会環境建築システム小委員会（2014年度）
　　主　査　長井　達夫
　　幹　事　郡　公子
　　委　員　赤司　泰義　　石野　久彌　　宇田川光弘　　木幡　悠士　　下　正純
　　　　　　田島　昌樹　　中山　哲士　　永田　明寛　　丹羽　勝巳　　羽山　広文
　　　　　　藤村　淳一　　丸山　純　　山本　佳嗣

企画刊行運営委員会環境建築システム刊行小委員会
　　主　査　長井　達夫
　　幹　事　下　正純　　丹羽　勝巳　　山本　佳嗣
　　委　員　赤司　泰義　　石野　久彌　　郡　公子　　木幡　悠士　　田島　昌樹
　　　　　　中山　哲士　　永田　明寛　　羽山　広文　　藤村　淳一　　丸山　純

査読者（建築設備運営委員会）
　　　　　　吉田　治典　　佐々木真人

執筆者一覧

(五十音順・敬称略)

赤司　泰義	東京大学(11.3節)	
飯塚　　宏	日建設計(6.1節)	
伊藤　　剛	大林組(9.2節)	
石野　久彌	首都大学東京名誉教授(コラム「ダブルスキンの効果」,「建築物省エネ法とは」,「ZEBと交互作用」)	
岩橋　祐之	日本設計(4.1節＜共同＞)	
岩渕　弘太	松田平田設計(口絵「明治大学創立130周年記念和泉図書館」)	
海宝　幸一	日建設計(2.1節＜共同＞, 2.2節＜共同＞)	
加藤　良亮	日本設計(口絵「としまエコミューゼタウン」)	
北原　祥三	竹中工務店(8.1節＜共同＞)	
佐々木真人	日本設計(口絵「日産先進技術開発センター」)	
篠原奈緒子	日建設計(2.1節＜共同＞, 2.2節＜共同＞)	
白鳥　泰宏	竹中工務店(口絵「竹中工務店東京本店社屋」)	
住吉　大輔	九州大学(5.3節)	
関根　雅文	日建設計(10.2節)	
多賀　　洋	日本設計(4.1節＜共同＞)	
武田　匡史	日本設計(7.1節)	
竹部　友久	日本設計(7.2節)	
近宮　健一	日本設計(9.1節)	
土屋　哲夫	日建設計(1.1節＜共同＞)	
豊原　範之	大成建設(口絵「さくらインターネット石狩データセンター」)	
長井　達夫	東京理科大学(1.3節, 9.3節)	
永田　明寛	首都大学東京(3.3節, コラム「空調技術の行き着く先」)	
長野　克則	北海道大学(8.3節)	
中山　哲士	岡山理科大学(7.3節)	
丹羽　勝巳	日建設計(3.1節, 3.2節, コラム「BIMの壁と夢」)	
長谷川　巌	日建設計(口絵「電算新本社ビル」)	
羽山　広文	北海道大学(6.3節)	
左　　勝旭	竹中工務店(5.1節＜共同＞, 5.2節)	
藤村　淳一	大成建設(11.1節, 11.2節)	
星野　聡基	日本設計(4.2節＜共同＞)	
本郷　太郎	日建設計(1.1節＜共同＞)	
増田　幸宏	芝浦工業大学(10.3節)	
松下　　督	日建設計(10.1節)	
水出喜太郎	日建設計(口絵「福山市まなびの館ローズコム」, 1.2節)	
室　淳二郎	竹中工務店(8.1節＜共同＞, 8.2節)	
本村　英人	竹中工務店(5.1節＜共同＞)	
柳　　正秀	NTTファシリティーズ(6.2節)	
山中　俊夫	大阪大学(4.3節)	
山本　佳嗣	日本設計(4.2節＜共同＞)	
吉澤　　望	東京理科大学(2.3節)	

目　　次

第1章　放射空調 ― 1
1.1　放射空調を見る ― 2
1.2　放射空調を使う ― 6
1.3　放射空調を学ぶ ― 10

第2章　新照明システム ― 15
2.1　新照明システムを見る ― 16
2.2　新照明システムを使う ― 20
2.3　新照明システムを学ぶ ― 24

第3章　ヒューマンファクター ― 29
3.1　ヒューマンファクターを見る ― 30
3.2　ヒューマンファクターを使う ― 34
3.3　ヒューマンファクターを学ぶ ― 38
　　　コラム　空調技術の行き着く先 ― 41

第4章　ハイブリッド空調 ― 43
4.1　ハイブリッド空調を見る ― 44
4.2　ハイブリッド空調を使う ― 48
4.3　ハイブリッド空調を学ぶ ― 52

第5章　デシカント空調（潜顕分離空調システムによる省エネ／調湿システム） ― 57
5.1　デシカント空調を見る ― 58
5.2　デシカント空調を使う ― 62
　　　コラム　ダブルスキンの効果 ― 65
5.3　デシカント空調を学ぶ ― 66
　　　コラム　BIMの壁と夢 ― 69

第6章　データセンター空調 ─── 71
- 6.1　データセンター空調を見る ─── 72
- 6.2　データセンター空調を使う ─── 76
- 6.3　データセンター空調を学ぶ ─── 80
- コラム　建築物省エネ法とは ─── 83

第7章　創エネ ─── 85
- 7.1　創エネを見る ─── 86
- 7.2　創エネを使う ─── 90
- 7.3　創エネを学ぶ ─── 94

第8章　未利用エネルギー ─── 99
- 8.1　未利用エネルギーを見る ─── 100
- 8.2　未利用エネルギーを使う ─── 104
- 8.3　未利用エネルギーを学ぶ ─── 108

第9章　ZEB ─── 113
- 9.1　ZEBを見る ─── 114
- 9.2　ZEBを使う ─── 118
- 9.3　ZEBを学ぶ ─── 122

第10章　BCP（被災時事業継続） ─── 127
- 10.1　BCPを見る ─── 128
- 10.2　BCPを使う ─── 132
- 10.3　BCPを学ぶ ─── 136

第11章　スマートシティ ─── 141
- 11.1　スマートシティを見る ─── 142
- 11.2　スマートシティを使う ─── 146
- 11.3　スマートシティを学ぶ ─── 150
- コラム　ZEBと交互作用 ─── 153

第1章 放射空調

1.1 放射空調を見る

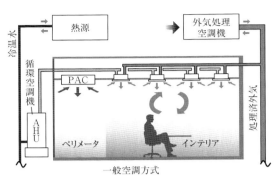
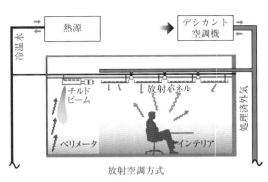

図 1.1-1　一般空調方式と放射空調方式の比較

1.1.1　放射空調の概要

　放射空調は，空調機やパッケージエアコンのように空気のみによる空調でなく，冷たいあるいは暖かい面による放射効果を併用した空調である。夏にトンネルの中を歩くと清涼感が得られる，冬に床暖房で体が温まる等，身近なところでも放射効果は体感されている。放射空調のメリットは，上下温度差が小さく室温との温度差の大きい不快な気流がない静穏な環境を実現できること，ランニングコストが抑えられることが挙げられる。一方で，イニシャルコストが高いこと，居室内水配管の敷設による漏水懸念，放射面の結露対策，間仕切対応の困難さなどがデメリットとして挙げられるが，いずれも昨今の技術向上，設計段階の工夫によって十分解決可能である。なお，外気処理は除湿時の消費電力削減の観点からデシカント空調機が用いられることが多い。

1.1.2　放射空調の方式と実例

　放射を利用した空調方式の一例として，図1.1-2に示すような独立した放射パネルを設け，放射面をあえて結露させ除湿効果を兼用するものもある。

図 1.1-2　独立型放射パネル

本章では天井放射パネルのような，建築一体型放射空調を中心に紹介する。

(1)　金属パネルに水配管を敷設する方式
　　　（実例：清水建設本社ビル）

　大規模オフィスビルにて放射空調を実現した国内最初の事例。天井に金属パネルを配し裏側に冷温水配管を敷設。

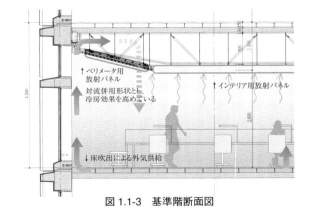

図 1.1-3　基準階断面図

図 1.1-4　基準階内観写真

(2) 床・天井に水配管を埋設する方式
（実例：コープ共済プラザ）

逆梁によりOAフロア高さ1 000 mmを確保し空調機を床下に配置，床吹出空調を行う。さらに躯体打込水配管による放射空調を行う。放射面となる天井コンクリートスラブは，表面積を大きくするために細かなリブが入っている。

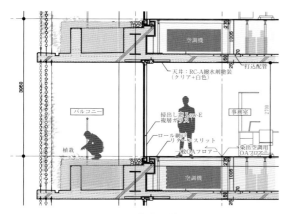

図1.1-5　基準階断面図

図1.1-6　基準階内観写真

(3) 空気により放射面を形成する方式
（実例：日本生命本店東館）

LED照明組込533 mm × 533 mmスチールパネルにて構成。天井面冷却による放射と天井パンチング開口より滲み出す空気を併用した空調としている。天井内冷却はLED照明の長寿命化にも寄与する。

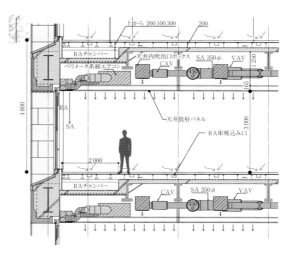

図1.1-7　基準階断面図

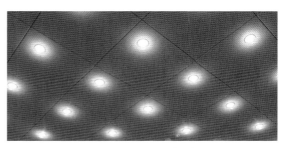

図1.1-8　LED組込放射パネル

図1.1-9　基準階内観写真

1.1.3　さらなる快適性への挑戦

欧米での実績はもちろん，国内での事例も増えてきた放射空調であるが，さらに一歩先をいく快適性の実現を目指した事例としてYKK80ビルでの取り組みを紹介する。

(1) 「木陰のそよ風」のような心地よさの探求

不快な気流感がないことが放射空調の長所であ

図 1.1-10　外観写真

るが，空気の動きがほとんどない空間にあえて「心地よいそよ風」を導入し，さらなる快適性向上を目指している。放射空調パネルの隙間に微気流ラインディフューザーを設置した「微気流併用放射冷暖房」である。空調用の気流でなく，人体が心地よいと感じる微気流を導入し，個人レベルで風向調整や気流の停止を選択することが可能となっている。これにより，クールビズ環境下の高めの設定温度において室内湿度を上げても快適性を損なわないことが検証されており，除湿のための消費電力を削減することができる。

(2)　放射パネルのデザイン

金属パネルの背面に水配管を設置し放射面を形成している。パネル間の隙間に前述の微気流ラインディフューザーや照明器具などの各種設備器具を配置している。この放射パネルに断面的に傾斜をつけることで照明器具の光を受けやすくし，明るさ感の向上をねらった。

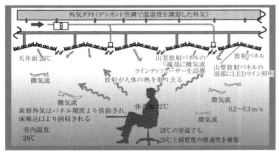

図 1.1-11　概念図

パネル面には直径 1.1 mm 程度の穴あけ加工を施し，吸音効果を高めている。パネル面の穴の大きさ，開口率，天井懐の空気層をパラメータとし，吸音特性をシミュレーションし，オフィス空間の音環境の向上を図った。

オフィスの設計においては将来の間仕切壁位置変更への配慮が必須である。本計画においては，水配管のゾーニングと間仕切り壁配置を一致させ，間仕切り壁は放射パネル間の隙間に配置できるよう，設計の初期の段階より配置調整・寸法調整を行った。

YKK80 ビルでは放射パネルと除湿換気ダクトスペースに要する天井懐高さは 575 mm となっており，階高 3 850mm で OA フロア高さ 175 mm，天井高さ 2 800 mm を確保することが可能となっている。

図 1.1-12　内観写真

図 1.1-13　放射パネルの配置

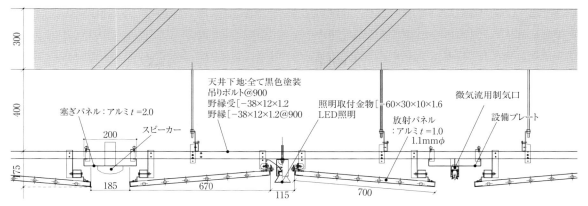

図 1.1-14　天井詳細図

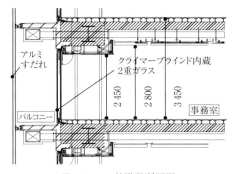

図 1.1-15　基準階断面図

図 1.1-16　放射パネル　背面配管状況

図 1.1-17　ペリメータ
（チルドビーム，窓）

1.1.4　放射空調の建物紹介

［1］ 清水建設本社ビル（執務室）
　　 東京都中央区京橋 2-16-1
　　 用途：事務所，特徴：天井放射空調

［2］ コープ共済プラザ
　　 東京都渋谷区千駄ヶ谷 4-1-13
　　 用途：事務所，特徴：床吹出空調＋躯体埋設放射空調

［3］ YKK80 ビル（執務室）
　　 東京都千代田区神田和泉町 1 番地
　　 用途：事務所，特徴：天井放射空調＋微気流

［4］ 電算本社ビル（執務室）
　　 長野県長野市鶴賀七瀬中町 276-6
　　 用途：事務所，特徴：天井放射空調＋導光板照明

［5］ 足利赤十字病院（個室透析室）
　　 栃木県足利市五十部町 284-1
　　 用途：病院，特徴：天井放射空調

［6］ 愛育病院（個室）
　　 東京都港区芝浦 1-61-10
　　 用途：病院，特徴：天井放射空調

図 1.1-18　電算本社ビル

図 1.1-19　足利赤十字病院

図 1.1-20　愛育病院

1.2 放射空調を使う

1.2.1 放射空調の動向

(1) 特徴と課題

快適性と省エネルギーはトレードオフの関係にあると言われて久しい。しかし，放射空調システムにおいては，冷暖房の水温が室温に近くてよいことから，冷凍機のCOP向上による省エネルギーや，井水や地中熱などの自然エネルギー利用，搬送動力の削減による省エネルギーが実現できる。また静穏な執務環境と高い快適性が達成できることから，快適性と省エネルギーを両立させる技術として期待が高まっている。

1990年代初頭，欧州を中心に導入が始まった当初は冷房時における結露の問題があったが，供給冷水温度および，室内の絶対湿度の制御・管理を確実に行うことで解決が図られてきた。その他に，鋼管の採用による漏水リスクがあったがその後，欧州で架橋ポリエチレン管を打込み配管に使用する技術が確立されたことで孔食による漏水リスクが大幅に減り，水配管方式による放射空調の普及が大きく前進した。一方でわが国においては，水損リスクを回避するための配管接合工法の展開とともに，冷房時の高温多湿環境での確実な湿度制御や気流感の需要への対応などが，更なる普及へ向けた課題といえる。またイニシャルコストの負担について，建築一体型の場合は設備要素が建築工事費の増額要素となるため工事区分の明確化が課題の一つとなっている。

(2) 最新動向

放射面としては，居住域からの形態係数が高く，効率的に放射熱交換が行えるため，主に天井を放射面として活用する事例が多い。

【空気式】は，天井面をパンチング鋼板で構成し，空調空気の吹出しを兼用した放射熱交換面とすることで，放射空調を行う方式である。図1.2-1に示す事例は，敷設率100%の全面パンチング天井からの天井給気，床吸込みとし，ピストンフローによる静穏で澱みのない空調方式である[1]。空気式空調の換気効率と放射空調の省エネ・快適性を両立している。

【水式】として，通水式パネルによる放射空調事例を図1.2-2に示す。この事例では井水熱利用冷房として，室温に近い冷水を通して熱源の高効率運転を可能としている[2]。

【水式+微気流】は，水式放射空調に，図1.2-3に示すように風向風量を可変として微気流を付加し，冷房時の快適性向上を図っている。放射熱環境が整った空間での冷房時に，微気流を付与する

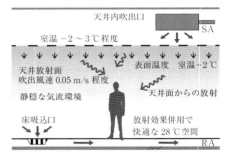

図 1.2-1 空気式放射空調（日本生命東館）

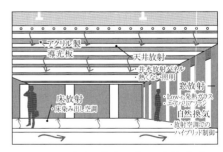

図 1.2-2 水式放射空調（電算本社ビル）

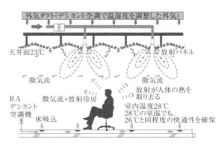

図 1.2-3 微気流併用水式放射空調（YKK80ビル）

ことにより快適感が向上することを実験で検証して採用した事例である[3]。

【TABS(Thermo Active Building System)】は,スラブ中央部に冷温水配管を埋設し躯体の容積比熱を利用して夜間躯体蓄熱を行い,昼間に室内負荷を放射空調により処理する方式である[4]。熱源容量の合理的な小型化やシンプルさゆえにローコストでの導入可能性がある。図1.2-4に模式図を示す。

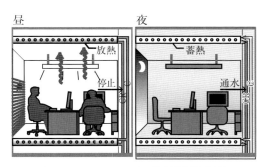

図1.2-4　TABSによる放射空調概念図

1.2.2　放射空調の方式比較

放射空調の設計に関して,その特徴を,熱媒によるカテゴリー分類により,水式と空気式に分けて整理して評価を行った。

表1.2-1に,各種方式の概念図とともに,温熱快適性や省エネルギー性,コスト,リスクなどの面から,それぞれの長所と短所について示す。

表1.2-1　水式と空気式の長所・短所

	水式放射空調			空気式放射空調		
主な方式の概念図	躯体打込配管 －躯体蓄熱 －TABS	断熱なし放射パネル －躯体蓄熱 －コストダウン	断熱有放射パネル －室内のみ放熱 －コストアップ	大型吹出パネル放射 －個別制御性 －敷設率少	全面パンチング断熱無 －敷設率100% －躯体蓄熱	全面パンチング断熱有 －敷設率100% －室内のみ放熱
長所	ドラフトレスで静音性が高い 搬送動力の削減 室温に近い水温による熱源の高効率化 井水や地中熱などの自然エネルギー利用可能 均一な温度分布 放射効果による高い快適性			風速を抑えてドラフトレスで静音性が高い 大温度差送風で搬送動力削減が可能 パッケージエアコンの採用も可能 均一な温度分布と高い換気効率 空調機制御により負荷変動に追随 放射効果による高い快適性		
短所	気流感が不足・空気の澱み感 外気処理(潜熱処理)が別途必要 立ち上り時間が比較的長い ペリメータなどの大きく偏在する負荷の処理 水損の危険性 初期コストが高い			放射による負荷処理量は水式より少ない 搬送動力は水式より一般的に大きい 放射面の敷設率が小さくなることがある 暖房時の気流特性に配慮が必要 初期コストが低い		

1.2.3　放射空調の設計のポイント

(1)　中央熱源方式による放射空調

放射空調方式は中央熱源方式との組み合わせにより水式から空気式まで幅広い検討が可能となる。前述の通り,冷温水温度緩和によるCOP向上,井水熱利用や地中熱利用の範囲が広がり,水搬送を主体とすることで搬送動力の削減につながる。

(2)　外気処理方式

蒸暑地域では冷房時にデシカント空調などの調湿外気処理による潜熱顕熱分離空調の採用で,高効率な熱源・空調換気システムが構築できる。また空気式放射空調では天井チャンバー内へ低温空気を給気することで空気搬送動力とダクト量の削減が可能となる。

(3)　換気効率

空気滞留の回避,気流感付与や,換気効率向上を優先する場合,空気式放射空調が有利となる。

(4)　個別空調方式による放射空調

イニシャルコストを抑えてマルチエアコンによる空気式放射空調を行う場合,放射熱交換を行う吹出し面の敷設率が少なくなる点,およびエアコンのコンプレッサーのON/OFFによる給気温度の変動が大きい点に注意が必要である。後述のように吹出し口ユニットに潜熱蓄熱材を組み込んだ事例[5]がある。

(5)　放射パネルの基本性能と空調負荷処理計画

放射パネル能力に関し,図1.2-5にYKK80ビルにおけるパネル放熱特性線図を示す[6]。MRTとパネル通水冷水との温度差が8℃の時におおむね70 W/m^{2}の室内負荷処理能力を有する。微気流を付与すると対流熱伝達が促進され放熱量は10％程度大きくなる。室内MRTを26℃とすると送水温度は18℃程度である。

(6)　ペリメータ負荷処理のためのチルドビーム

中緯度地域では中間期から夏期に窓際の日射が強く,ペリメータ

負荷が大きい特徴を有する。放射パネルのみでペリメータ負荷処理が困難な場合，パネルに通水する中温度の冷水を共通で用いるチルドビームが有効である。図 1.2-6，図 1.2-7 に送風による誘引効果を利用した，アクティブチルドビームの外観写真と，その模式図を示す。

(7) 制御センサー

放射空調の制御に用いる室内環境指標は作用温度とすべきであるが，実際の設計においてはセンサー精度やコスト合理性も考慮して空気温度での制御がなされる傾向がある。また制御用温度センサーはできるだけ居住者の近くに配置し，パソコンなど局所排熱の付近を避けて設置することに留意する必要がある。

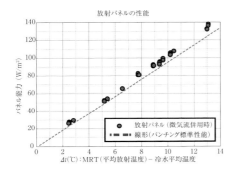

図 1.2-5　放熱特性線図

 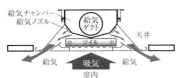

図 1.2-6　チルドビーム写真　　図 1.2-7　チルドビーム模式図

1.2.4　放射空調の今後の展開

(1) 微気流による快適性向上と温湿度設定緩和

放射熱環境が整った空間において，気流に対する感度が高まり，快適性の向上につながる可能性が示唆されている[7]。一方で放射空調を行う空間において空気の滞留感が指摘される場合があり，微気流を併用することにより，放射空調に更なる快適性と省エネルギーを付与する可能性がある。

ASHRAE による PMV=0 となる室温と風速の関係を図 1.2-8 に示す[8]。MRT が室温より 2〜3 ℃低い放射空調環境において，0.2〜0.3 m/s の微気流を与えることによる，快適性を維持した室温緩和の可能性が示唆される。放射と気流の併用には，我慢を強いることのない適度な室内条件の緩和のカギが隠されているといえる。

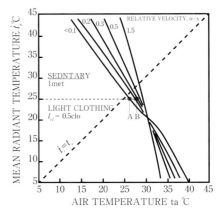

＊平均放射温度 25 ℃において，0.2〜0.3 m/s の微気流を与えることで A から B へ移行し，PWV=±0 のまま室温を 26 ℃から 28 ℃付近へ約 2 ℃緩和することができる。

図 1.2-8　PMV=0 となる室温および MRT と風速の関係[7]

(2) 放射空調による自然エネルギー利用の促進

エネルギー消費の面から，外気を利用した自然換気や外気冷房主体の空調と，吹出し口から空調空気を供給する従来型空調方式の中間に，水や空気を媒体にした放射空調が位置付けられる。表 1.2-2 に示すように，通水式放射空調には TABS の他，パネル通水型がある。一方で空気式放射空調では，自然換気など外気利用冷房を併用したハイブリッド空調方式の採用が可能となる。このように放射空調は，地中熱利用や外気冷房による自然エネルギー利用との親和性が高く，同時に搬送動力の削減にもつながり，省エネルギーシステムの構築がしやすい特徴を有する。

1.2.5　放射空調の評価方法

(1) BIM と連携した CFD

YKK80 ビルにおいて BIM と連携した CFD により，設計段階で，放射パネル形状と循環気流の

表 1.2-2　外気・水・空気調和による冷暖房システム

自然換気による冷房			自然エネルギーのみ 負荷のごく小さな建物 住宅などが中心	小 エネルギー消費 大
外気を利用	日中の自然換気 夜間の自然換気＝ナイトパージ	自然換気 自然換気＋機械換気（ハイブリッド換気） 自然換気＋機械空調（ハイブリッド空調）		
水を媒体に使った冷房（暖房）			自然エネルギー併用 熱負荷の大きな建物 オフィスビルや住宅	
地中熱利用 井水熱利用 外気利用	TABS (Thermo Active Building System)	躯体打込み配管，スラブ張付け配管による 躯体蓄熱を利用した放射冷暖房システム		
	パネル通水式放射冷暖房	放射パネルを用いた放射冷暖房システム		
空気調和システム（完全空気式冷暖房システム）			化石燃料または電力 完全空調設備方式 多様な現代建築に採用	
空気を媒体	従来型空気調和設備システム	熱源システムと空気搬送空調設備により 空調システムが構成される		

特性把握や，微気流の居住域環境への寄与について事前評価を行った（**図 1.2-9**）[3]。放射パネルは相互に隙間を持たせて交互に勾配を付すことで，配管敷設した裏面で冷やされた空気の室内への緩やかな循環を生むように意図した。吹出し気流が居住域に 0.2 m/s 程度の微気流を形成し，それと同時にパネルが下に凸となる吹出しのない隙間からも低温域が下降する様子が確認できる。

(2) 実大模擬空間における被験者実験

日本生命東館の執務室空調方式として，天井面を全面パンチング鋼板による放射面とした空気式天井放射空調の事例を**図 1.2-10**に示す。この事例では計画段階で実大模擬空間における温熱快適性の被験者実験を行った。室温を 26 ℃ から 28 ℃ に緩和した際に，一般的な天井吹出し・天井吸込み空調では快適感が損なわれたが，放射空調では快適性が維持される結果となった（**図 1.2-11**）[1]。

(3) 竣工後の室内環境実測

ヤンマー本社ビル執務室の，エアコンを用いた普及型空気式放射空調事例[5]では気流量切替の工夫を行っている（**図 1.2-12**）。ここでは外気処理空調機とエアコンの給気量をダンパー切替により制御し，夏期冷房時の気流感需要や，冬期暖房時の足元への暖気到達に最適な運転を選択可能としている。この方式において風量増強モードとした場合，空気式放射空調の課題といえる，暖房時の上下温度分布の解消に寄与することが可能である[9]。

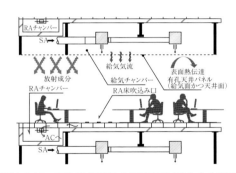

図 1.2-10　有孔天井空気式放射空調（日本生命東館）

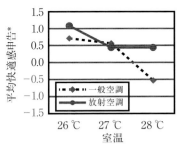

図 1.2-11　被験者実験での快適感向上

温度分布

図 1.2-9　BIM と連携した微気流併用放射冷房の CFD 解析

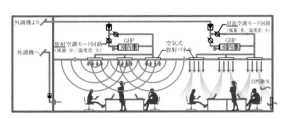

図 1.2-12　エアコンによる放射空調（ヤンマー本社ビル）

1.3 放射空調を学ぶ

1.3.1 対流式と放射式の比較

(1) 概要と計算条件

放射空調の特性を明らかにするため，奥行きが10 m，天井高が2.8 mで間口が十分に大きな基準階事務室を想定し，対流式空調と，天井パネルを用いた放射式の比較を数値シミュレーションにより行う。

計算条件は**表 1.3-1**に示す通りであり，TRNSYSの熱負荷計算モジュールType56[1]を用いて定常状態の計算を行う。このプログラムでは放射計算の方法を選択可能であるが，ここでは "Star node" と呼ばれる仮想の温度節点を室空気温度節点とは別に設け，近似的に対流と放射を分離し各表面温度を解く計算法[1]を選択している。

(2) 室の表面温度，熱収支の比較

図 1.3-1は，両方式の熱収支を比較したものである。どちらもPMV=0に制御されているが，対流式と比べて放射式は室温が2.5 ℃ 高く，MRTが2.5 ℃ 低い。

各部位の表面温度を見ると，天井以外の表面温度も低くなっていることから，放射冷房とは単に低温のパネルのみによって人体を放射により冷却しているのではなく，室内表面全体の温度を低下させることで放射環境を制御する方式であることがわかる。

熱収支を見ると，対流式では各部位より室内に対流による流入熱が発生しているが，放射式では天井のみならず床からも吸熱されている。なお，放射を含めた全熱流を括弧内に示しているが，放射式の内壁のように，表面温度が室温より低い場合でも室内側に流入熱が生じることがある。天井や床など，より低温の表面に放射による熱移動が生じるためである。

対流式の顕熱除去熱量は35 W/m²なのに対して，放射式の場合はパネルと外調機系統の対流式を合わせて39 W/m²と1割ほど除去熱量が増加

表 1.3-1 主な計算条件

外界条件：33 ℃，55 %，日射なし
壁体仕様（カッコ内の「R」は表面熱伝達抵抗を除く壁体の熱抵抗 [(m²·K)/W]）：
　外壁…硬質ウレタン 25mm，RC150 他（R=1.32）
　内壁…RC150（反対側は 28 ℃ 一定）（R=0.09）
　天井・床…RC25 + 中空層 + RC150 + 中空層 + 天井（R=0.20）
　窓…単板ガラス，窓面積率：0.71（天井高さに対して）
内表面の放射率・対流熱伝達率
　長波放射率：すべての表面で 0.9
　対流熱伝達率：$\alpha_c = a \times |T_s - T_a|^b$ で算出する TRNSYS Type56 の自動計算機能を利用。ただし，T_s：表面温度，T_a：空気温度，a, b：面の向き・熱流方向によって定まる係数
内部発熱：照明＋機器 20 W/m²（対流：放射 =0.45：0.55），在室 0.1 人/m²，放射成分は室に面した内表面に表面積の比率で按分して吸収させる
放射パネル：冷却能力 83 W/m²，敷設率 100 %，冷水入口温度 20 ℃
外気処理：別系統給気 26 ℃，0.01 kg/kg(DA)，5 m³/m²h
PMV評価：1.2 Met, 0.3 clo, 0.1 m/s, 室中央座位

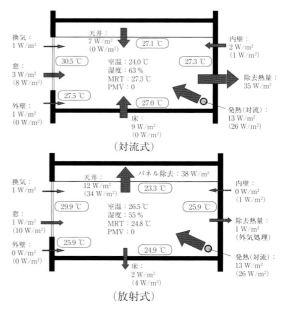

図 1.3-1 対流式と放射式の室顕熱収支の比較
（カッコのない熱流は対流熱を，カッコ内の熱流は放射を含む全熱流を示す。熱流は床面積あたりで示す）

している。放射式では外皮や非空調空間に接する内壁の室内側表面も冷やすため，貫流による顕熱の流入熱が増加するためである。

両方式のエネルギー消費の多寡については，こ

の他，外部および隣接非空調空間との換気量の大小，冷水の温度レベルの違いによる冷凍機効率の相違等が関係する。また，間欠運転による非定常状態では，起動時の応答性の違いから放射式で予冷熱時間を長く取る必要が生じたり，非在室時の室内への流入熱も両方式で異なることに留意する必要がある。

(3) 各表面からの放射熱の影響比較

室内のある位置に滞在する居住者にとって，各表面温度が温熱環境の形成上，どの程度の影響を持っているかを評価する指標として，各面の加熱・冷却効果量 ΔCOT_i がある[2]。作用温度 OT は以下で表される。

$$OT = x_R \cdot \sum_i F_i \cdot \theta_{s,i} + (1 - x_R) \cdot \theta_R \quad (1.3.1)$$

ただし，F_i：人体から面 i への形態係数，$\theta_{s,i}$：面 i の表面温度，θ_R：室空気温度であり，また x_R は，$x_R = \alpha_r / (\alpha_c + \alpha_r)$，$\alpha_c$：人体の対流熱伝達率，$\alpha_r$：放射熱伝達率である。

式(1.3.1)のうち，面 i からの放射による成分を室温基準で表したものが ΔCOT_i [℃] であり，以下で定義される。

$$\Delta COT_i = x_R \cdot F_i \cdot (\theta_{s,i} - \theta_R) \quad (1.3.2)$$

先の試算において，室の中央部(椅子座)で評価した各面の形態係数と，室温基準の表面温度との関係を図1.3-2に示す。対流式ではすべての面で室温よりも表面温度が高く，放射式では窓を除いて室温よりも表面温度の方が低くなっている。

この散布図上のある点において，横軸の値と縦軸の値を掛けたものは，式(1.3.2)より ΔCOT_i に対応しており，対流式における床，天井で ΔCOT_i がそれぞれ 0.6～0.7℃ と加熱側に大きく寄与していることがわかる。一方放射式では，天井と床はともに 0.4～0.6℃ 程度の冷却側に寄与している。表面温度は天井が最も低いが，床も空気温度よりは低く，かつ形態係数が天井よりも大きいため，冷却側の寄与が大きい。

各面の寄与を合計すると(図中「全体」と表記)，対流式では 1.8℃ の加熱側，放射式では 1.0℃ の冷却側の寄与となっている。

(4) 人体からの熱放散の内訳

PMV(Predictive Mean Vote)は，熱的中立時の皮膚表面温度と発汗による蒸発潜熱量を用いて，人体の熱収支のアンバランス(負荷)を求め，この負荷と人体の温冷感との関係を被験者実験を通じて導くことによって得られたものである[3]。PMV の負荷の算出式は，潜熱や，着衣表面からの対流・放射による熱放散等，項目ごとに計算されており，PMV=0(熱的中立)においては，実際の項目別放熱量を推定したものと考えることができる。

そこで，今回の試算から得られた計算結果と，想定した着衣・代謝量，風速条件のもと，両方式の人体からの放熱量の内訳を示したものが図1.3-3 である。なお，評価点は室中央(椅子座)を想定しており，放射による熱損失については表面部位ごとに分解して算出した。

両方式で室の絶対湿度に大きな違いはなく潜熱による放熱の違いは見られない。対流式では対流

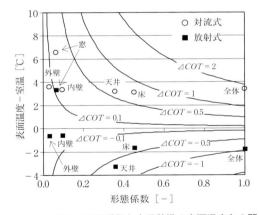

図1.3-2 各部位の形態係数と室温基準の表面温度との関係

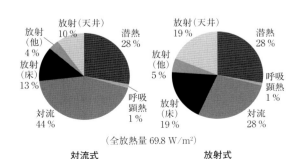

図1.3-3 人体からの放熱量の内訳(PMV=0)

放熱が 44 %，放射による放熱が 27 % となっているが，放射式では対流 28 %，放射 43 % とその内訳が逆転している。放射の部位別割合は，図 1.3-2 にほぼ対応しており，対流式では床への放熱割合が大きく，また放射式では床と天井がほぼ同じ放熱量となっている。

1.3.2 放射パネルのシミュレーションモデル

放射パネルについて，とくにパネルメーカーから入手できる特性データから仕様を決定できる簡易なシミュレーションモデルの構築法について述べる[4]。

ここで対象としている放射パネルは，躯体埋め込み式ではない，熱容量の小さな放射パネルで，かつ両側が空気に接している場合を対象としている。住宅用の床暖房用温水パネルのように床等の部位に接して設けられる場合には，その部位の熱容量が無視できるときには，部位全体を熱抵抗を有するパネルと見なすことにより適用できるが，部位の熱容量が無視できない場合には適用できない。一方，室内に独立して設けられる放射パネルも対象としている。

放射パネルのモデル化の方法として，配管やパネルの材質・形状から演繹的に伝熱量を計算する方法もあるが，ここで採用した方法は，パネルの放熱特性を示した実験結果から帰納的にマクロな伝熱係数を算出するものである。この方法によったのは，パネルの詳細仕様を計算者が知ることは難しく，パネルメーカーから入手できる特性データから入力値を決定できる方が実用的だと考えたためである。

(1) モデル概要

パネルと隣接空気および他表面との間の伝熱モデルを図 1.3-4 に示す。隣接する 2 つのゾーンから室温，パネルからみた平均放射温度 PRT を受け取り，また，冷温水入口温度・流量を与条件として，各ゾーンへの対流・放射熱量と冷温水出口水温を算出する。

前処理において，特性データ（実測値）をもとに

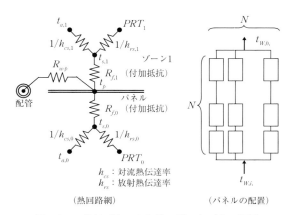

図 1.3-4 放射パネルの伝熱モデルとパネル配置

冷温水からパネルに至る実質的な熱抵抗値 R_{w-p} を推定した後，その熱抵抗値を用いて時々刻々の計算を行う。なお，パネルの断面方向・平面方向の温度分布，および流速の変化によるパネル熱コンダクタンスの変化は無視できるものとする。

(2) 放射パネルの熱交換モデル

放射パネル 1 直列系統あたりの放熱量 q_p[W] は下式で表される。

$$q_p = N_s A_p / R_{w-otp} \cdot \Delta t_{w-otp} = c_w (t_{w,i} - t_{w,o}) \quad (1.3.3)$$

ここで，

$$R_{w-otp} = R_{w-p} + \frac{1}{1/R_0 + 1/R_1} \quad (1.3.4)$$

$$\Delta t_{w-otp} = \frac{t_{w,i} - t_{w,o}}{\ln\{(t_{w,i} - ot_{p,2})/(t_{w,o} - ot_{p,2})\}} \quad (1.3.5)$$

$$R_{w-otp} = R_{w-p} + \frac{1}{1/R_0 + 1/R_1} \quad (1.3.6)$$

$$c_w = c_{pw} m_w / N_p \quad (1.3.7)$$

$$R_0 = R_{f,0} + \frac{1}{h_{cs,0} + h_{rs,0}} \quad (1.3.8)$$

$$ot_{p,2} = \frac{1/R_0 \cdot ot_{p,0} + 1/R_1 \cdot ot_{p,1}}{1/R_0 + 1/R_1} \quad (1.3.9)$$

$$ot_{p,0} = \frac{h_{cs,0} t_{a,0} + h_{rs,0} PRT_0}{h_{cs,0} + h_{rs,0}} \quad (1.3.10)$$

また，R_1，$ot_{p,1}$ は，それぞれ式 (1.3.8)，(1.3.10) と同様である。

式 (1.3.3)，(1.3.4) の R_{w-otp} は，水から 2 ゾーン全体の環境温度 $ot_{p,2}$ に至る熱抵抗であり，R_0，R_1 は，パネルから各ゾーンの環境温度 $ot_{p,0}$，$ot_{p,1}$ に

至る熱抵抗である。式(1.3.3), (1.3.5)の Δt_{w-otp} は, 水温と2ゾーン全体の環境温度 $ot_{p,2}$ との間の対数平均温度差である。パネルを横断する方向のパネル自体の熱抵抗は無視し, $R_{f,0}$, $R_{f,1}$ によってパネルの付加熱抵抗を考慮する（断熱材で裏打ちされた放射パネル等に対応）。

(3) 放射パネルサブルーチンの入出力

放射パネルの計算モデルをサブルーチン化した場合の入出力を**表 1.3-2** に示す。なお,「パラメータ」とは, パネルの仕様等, 時間とともに変化しない固定値であり, 一方,「入力」とは一般には時々刻々変化するものである。

また, パラメータ中の「試験時の熱コンダクタンス」とは, **図 1.3-5** に示すようなメーカーカタログから読み取って設定することを想定している。

(4) 計算手順（前処理）

式 (1.3.4) より, 水からパネルに至る等価熱抵抗値 R_{w-p} を算出し記憶する。

$$R_{w-p} = \frac{1}{K_{w-otp,t}} - \frac{1}{1/R_0 + 1/R_1} \tag{1.3.11}$$

R_0, R_1 については, 試験時の $h_{cs,0}$, $h_{cs,1}$ を用いて式 (1.3.8) 等から求める。

(5) 計算手順（時間ループ処理）

① 水から環境温度に至る熱抵抗 $R_{w\text{-}otp}$ の算出
  式 (1.3.4) より算出する。R_0, R_1 については, 運転時の $h_{cs,0}$, $h_{cs,1}$ を用いて式 (1.3.8) 等から求める。

② パネル1直列系統あたり放熱量 q_p の算出
  式 (1.3.3) の第二式＝第三式が成り立つように収束計算を実施し, 出口水温 $t_{w,o}$ を求める。求まった $t_{w,o}$ をもとに式 (1.3.3) より q_p を算出する。

③ 等価パネル温度 t_p, パネル両側表面温度 $t_{s,0}$, $t_{s,1}$ の算出
  式 (1.3.12), (1.3.13) より算出する。$t_{s,1}$ の算出は式 (1.3.13) と同様である。

$$t_p = ot_{p,2} + \frac{q_p}{N_s A_p} \cdot \frac{1}{1/R_0 + 1/R_1} \tag{1.3.12}$$

$$t_{s,0} = t_p - \frac{R_{f,0}}{R_0} \cdot (t_p - ot_{p,0}) \tag{1.3.13}$$

④ 各ゾーンへの対流・放射熱量の算出
  式 (1.3.14), (1.3.15) より各ゾーンへの対流・放射熱量を算出する。

$$q_{cs,0} = N_p N_s A_p h_{cs,0} (t_{s,0} - t_{a,0}) \tag{1.3.14}$$

$$q_{rs,0} = N_p N_s A_p h_{rs,0} (t_{s,0} - PRT_0) \tag{1.3.15}$$

表 1.3-2 放射パネルサブルーチンの入出力変数一覧

パラメータ：	入力：
A_p：パネル1枚あたり面積 [m²]	$t_{w,i}$：パネル系統全体の入口水温 [℃]
N_p：パネル並列系統数	m_w：パネル系統全体の入口流量 [g/s]
N_s：パネル直列接続数	$t_{a,0}$, $t_{a,1}$：室内空気温度（ゾーン 0,1）[℃]
c_{pw}：水の比熱 [J/(g·K)]	PRT_0, PRT_1：パネル用平均放射温度（ゾーン 0,1）[℃]
$R_{f,0}$, $R_{f,1}$：固定付加熱抵抗値 [m²K/W]	mode：運転時の冷暖モード ('cooling'：冷房, 'heating'：暖房)
ε_0, ε_1：パネル両面の長波放射率 [-]	出力：
h_{cs}：パネル面の熱伝達率 [W/(m²·K)]（冷却, 加熱に対する, 上向面, 下向面, 垂直面の計6つの値）	$t_{w,o}$：パネル系統全体の出口水温 [℃]
$face_0$, $face_1$：両面の向き ('up'：上向き, 'down'：下向き, 'vertical'：垂直)	m_w：パネル系統全体の出口流量 [g/s]
$K_{w-otp,t}$：試験時の熱コンダクタンス（パネル単位面積あたり）[W/(m²·K)]	$q_{cs,0}$, $q_{cs,1}$：パネル系統全体からの対流放熱量（ゾーン 0,1）[W]
$mode_t$：試験時の冷暖モード	$q_{rs,0}$, $q_{rs,1}$：パネル系統全体からの放射量（ゾーン 0,1）[W]
	$t_{s,0}$, $t_{s,1}$：パネル表面温度（ゾーン 0,1, 断熱材等がある場合その室内側表面）[℃]

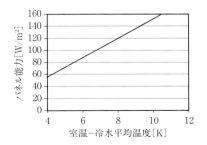

図 1.3-5 放射パネルの特性データ（例）

第2章 新照明システム

2.1 新照明システムを見る

2.1.1 建築における照明の役割

LED照明の普及により屋内外の照明のあり方が変わりつつある。東日本大震災を機に緊急避難的な省エネルギーが普及し、その後も一般照明については省エネルギーが求められる中、フルカラーLEDを用いた演出性の高い照明環境の創出も求められている。従来の建築照明は、作業面等の視野内に十分な明るさを提供することや建築をいかに美しく照明するかが大きなテーマであった（図2.1-1）が、最近では1つの空間を、照明により、その利用目的や用途に合わせて雰囲気を自由自在に変更できる仕組みを用意することも検討の1つになった（図2.1-2）。

図2.1-1 建築空間を美しく見せるための照明（※）

図2.1-2 フルカラーライティングを導入した手術室（※）[1]

省エネルギーへの対応として主流となっているのは、自然光を積極的に利用した照明設計や、タスクアンビエント照明、明るさ感を向上させる照明設計などがある。しかし、LED化により照明は可視のためだけでなく、それ以外の付加価値をもたらすことも可能となり、次のステージへ移り変わろうとしている。人間に与える光の影響については多数の研究報告[2]などがあり、明視だけでなく人間の心理、生理への効果を利用したヒューマンセントリックライティング（HCL）の導入も検討が必要となる。これにより、照明による省エネルギーの10倍のコストリットがある[3]ともいわれている。

2.1.2 照明の変遷

(1) 光源の変遷

LEDが主流となるまでの光源の変遷を図2.1-3に示す。安定した高効率な照明器具が種々の科学技術の進歩とともに発達してきた。およそ60年の周期で大きく光源が変わってきたことがわかる。

(2) 設計照度の変遷

1900年代の前半は光源の変遷、電気料金の低下等により、高照度の利用が可能となり、生活の質の向上を目指すようになった。事務室の場合の推奨照度は約50年で約30 lx～1 000 lxへと10年ごとに照度が約2倍になるような推移をしていた[4]。照明技術の進歩や質の向上などの照明に対する考

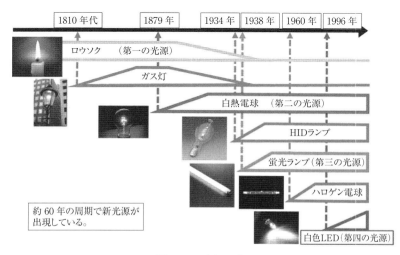

図2.1-3 光源の変遷

［凡例］（※）：本文中で（※）印の付された図については、口絵最終ページ、「本文図カラー表示」にカラー写真を掲載。

え方の変化により，推奨照度が推移していた。

東日本大震災を経て，日本の照明環境は変わりつつある。JIS 照度基準が制定された 1958 年以降の照度基準，照度実態，社会情勢などを併せて震災以降のオフィス執務室の照度を調査した結果，設計照度は変えずに運用照度を下げる傾向が確認された（図 2.1-4）[5]。震災時に緊急避難的に実施された間引き点灯等が継続的に実施されたことに伴い，その明るさになれる傾向がみられており[5]，このことが設計プロジェクトに反映されていると考えられる。

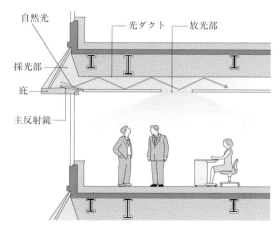

図 2.1-6 光ダクトの概略図

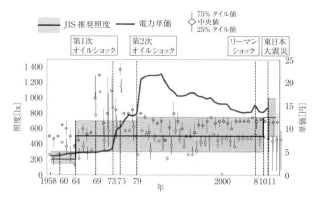

図 2.1-4 オフィス執務室の JIS 照度基準と運用照度の変遷

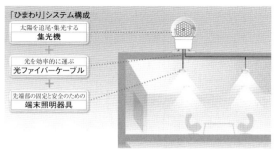

図 2.1-7 集光装置（HIMAWARI）[6]

図 2.1-5 ライトシェルフと南面高窓を採用した事例（※）

2.1.3 最新の動向

(1) 自然採光

自然光導入については，ライトシェルフなどによる自然採光を効率的に行い，室奥まで光を導かせる方法（図 2.1-5）や，光ダクト（図 2.1-6）や太陽の光を効率的に集光する採光装置（図 2.1-7 など）を用いて，自然光の届かない場所へ光を導入するシステムなどがあり，これらの組み合わせによる高効率な自然光による照明システムもある。

■導入事例

・光ダクトを導入した日本平ホテル

屋上から採光し，縦型の光ダクトにて自然光を館内に導き，全客室に柔らかな自然光を届けている（図 2.1-8，図 2.1-9）。

(2) 明るさ感照明

明るさ感を向上させる照明手法を用いることで，高照度を維持しなくても暗さを感じない照明環境を創造できる。明るさ感は目に入る光の量に左右されるため，明るい面を鉛直面に多数つくることで明るさ感を向上させることが可能となる。照明器具から放射される光を上方に向け明るさ感を向上させる照明器具や，発光面を鉛直面に設置したり，梁などを照射面として鉛直面に高輝度面をつくるなどがある。

■導入事例

・電算新本社ビル

明るさ感を向上させるため，導光板を用いて鉛直面に発光する照明器具を設置した事例（1 章図 1.1-18）。窓からの自然採光を含めて，室内を快適な明るさに保つため，窓面輝度に応じて発光面

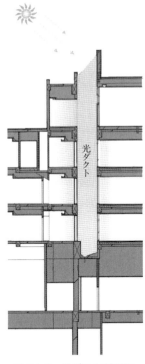

図2.1-8 光ダクト断面図

図2.1-9 光ダクトからの柔らかい自然光が降り注ぐ客室洗面所（※）

の輝度が制御されるシステムも導入している（図2.1-10）。

(3) 演出照明

LED化により，これまでの照明制御の概念とは異なる演出が可能となっている。固定ではない動きのあるライティングなどのほか，プロジェクションマッピングを取り入れるなど，建築の表情を自由に変化させる演出が浸透しつつあり，イベント的なライティングを常設で実施する可能性も高くなってきている。また，2.1.1で述べた通りHCLの考え方に基づいた照明設計が今後主流になると考えられ，生産性の向上を目指すためなどの演出照明も今後の課題となる。

■導入事例

・東京スカイツリー®（図2.1-11）
LEDのフルカラーライティングにより「粋」，「雅」の基本

ライティングが毎日交互に点灯する。長距離を遅れなく制御可能なシステムを採用し，滑らかな演出を行うため30フレーム/秒（一部60フレーム/秒）に対応している。さらに映像の入力信号から直接ライティング演出が可能な仕組みを用意するなど，LEDならではの演出を実現するシステ

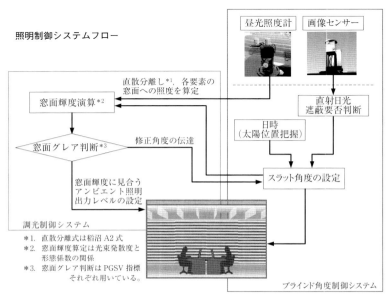

図2.1-10 株式会社電算新本社ビルの照明制御システム

図 2.1-11 通常ライティング「粋」(左)と特別ライティングの1例(右)(※)

図 2.1-12 GALLERY TOTO(※)[7]

ムを導入している。

- 成田国際空港 GALLERY TOTO(図 2.1-12)

インテリア装飾用 LED パネルを用いて，アート空間を実現した事例。コンテンツは自由に入れ替えが可能であり，さまざまな目的に応じた空間の演出が可能である。

(4) その他

個人個人の好ましい光環境は異なるため，不在時は消灯または減灯，在席時は明るさを個人の好みに調節できるよう1灯ごとに制御する個別アドレス制御や，睡眠・覚醒のための，調光調色照明システムを導入し，時間帯によって色温度，照度を制御するシステムを取り入れるものなどがある。

2.1.4 新照明システム(要素技術名)の建物紹介

[1] 日本平ホテル　静岡市清水区馬走1500-2，用途：宿泊施設，特徴：光ダクトによる自然採光を全客室に採用

[2] 瀬戸市立品野台小学校　愛知県瀬戸市上品野町1234，用途：学校，特徴：ライトシェルフと南面高窓を採用。エコスクールのモデルプロジェクト

[3] 清水建設本社ビル[8]　東京都中央区京橋二丁目16番1号，用途：事務所，特徴：グラデーションブラインドを用いた自然光導入と昼光利用制御等を採用

[4] 大林組技術研究所本館　東京都清瀬市下清戸4-640，用途：事務所，特徴：ハイサイドライトによる自然光導入と明るさ感指標を用いた制御システムを採用

[5] 電算新本社ビル　長野県長野市鶴賀七瀬中町276-6，用途：事務所ビル，特徴：導光パネルを用いた照明により明るさ感を向上させ，さらに窓面輝度との輝度バランスにより照明の調光率制御を採用

[6] 仙川キューポート　東京都調布市仙川町2-5-7，用途：事務所，特徴：三角形に折り上げた天井の頂部に照明器具を設置し，光を天井に拡散させる明るさ感照明を採用

[7] 鹿島技術研究所本館研究棟　東京都調布市飛田給2-19-1，用途：事務所，特徴：天井間接アッパーライトによる明るさ感演出型タスクアンビエント照明方式を採用

[8] 東京スカイツリー®　東京都墨田区押上1-1-2，用途：電波塔，特徴：フルカラーLEDとそれを高速制御する演出システムを採用。

[9] 名古屋テレビ塔　名古屋市中区錦三丁目6-15，用途：電波塔，特徴：ダイヤモンドの輝きをテーマにした，常に光が動くフルカラーライティングを採用

[10] 成田国際空港 GALLERY TOTO　千葉県成田市古込字古込1-1，用途：空港，特徴：インテリア装飾等 LED パネルを採用したアート空間

[11] あべのハルカス　大阪市阿倍野区阿倍野筋1-1-43，用途：複合施設，特徴：オフィスには色温度可変型の調光調色照明を採用。美術館へのエスカレーターでは，音と光を連携した時間とともに印象を変える演出を採用

2.2 新照明システムを使う

2.2.1 照明設計

(1) 照明計画の基本的な進め方

　照明は空間の使われ方や目的に基づき計画することで，明視以外のさまざまな役割，例えば，快適性や覚醒などの効果や楽しいなどの活性化の効果をもたらすことも可能である。これらをよく理解したうえで，照明環境のコンセプトを作成し，照明システムの設計を行う必要がある。また，照明計画は建築の仕上げにも影響を受けるため，意匠設計者と連携して計画を進める必要がある。基本的な照明計画のフローを図 2.2-1 に示す。

　人工照明の計画では，LED の普及により，照度だけではなく，時間帯により色温度が変わるなどの演出性の高い高機能な照明環境の形成が可能となっているが，その反面 LED ならではの注意点もある。とくに，LED は発光面が小さいため，極小面積に高輝度をもった光源であり，グレアには注意が必要である。

a. 自然採光

　自然採光では，自然光の変動を加味した導入方法を検討する必要がある。時間帯や天候により利用範囲，拡散度，分光分布や光量が変化する。とくに執務室などの作業を中心としたスペースなどでは，変動が作業の邪魔になる可能性を加味した照明システムの計画が必要となる。窓やトップライトのように採光部と放光部が一体となり，導光部がないものが一般的であるが，光ダクトのように採光部，導光部，放光部により構成されるシステムの場合には，外観のほかに他設備との取り合いにも影響するため，意匠，構造，設備の相互の綿密な調整が必要になる。コストメリットについては，消費エネルギーの削減という点においては優れていても，導入費用が掛かるため，自然光導入による意義や目的，その効果についてよく理解したうえで導入することが必要である。また，自然採光の導入方法によっては，反射光による光害の検証や採光によるグレアの検証が必要な場合もある。自然採光の導入のフローを図 2.2-2 に示す。なお，冒頭にも示した通り自然光には変動等があり，かつ建物方位（採光方位），周辺建物の影響などにより効果は異なる。期待できる効果，利用時間については，太陽位置，日影等（図 2.2-3，2.2-4）を十分に考慮する。太陽追尾型の採光部の場合には，日影のみを考慮するが，そうではない

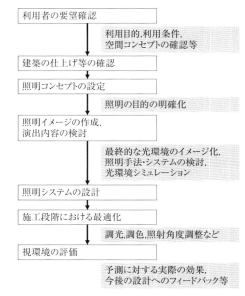

図 2.2-1　照明計画のフロー

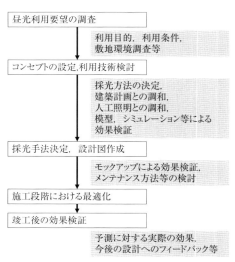

図 2.2-2　自然採光の導入のフロー

[凡例]（※）：本文中で（※）印の付された図については，口絵最終ページ，「本文図カラー表示」にカラー写真を掲載。

基準はない。今日行われている明るさ感設計では，照度による設計ではなく，空間の輝度分布による設計を基本とし，天井面や鉛直面に明るい面を作る計画とする。現状で設計の参考となるのは照度基準のため，一般的には作業エリアの照度は基準を守り，空間全体の明るさはシミュレーション解析による輝度分布で検討する。図 2.2-5 の事例では，シミュレーションによる輝度分布検証を実施し，設計を進めた事例である。明るさ感評価のほかに，意匠性も含めて検証を行った。

なお，LED は従来光源に多い全方向発光型ではなく，指向性のある光源であり，照明効率が従来光源に比べて高い。このため，作業面の照度に重点を置いた計画とすると，天井面や壁面が暗くなり，明るさ感が低下する傾向にある。天井間接照明を取り入れたタスクアンビエント照明方式としたり，明るさ感を向上させた照明器具を用いる（図 2.2-6）ことなどで解決できる。間接照明により天井面を照射した事例では，天井間接照明の有無による輝度分布を比較した結果，無い場合に比べてコントラストが減少し全体的に明るい雰囲気となった（図 2.2-7）。その他，光源が直接視野に入るような計画とする場合には，モックアップによるグレアの確認などを行う必要がある。グレアの指標としてはオフィス照明設計技術指針[4]等で規定されているが，LED の特徴を活かした小さい光源を多数配置することを前提とした基準ではないため，注意が必要である。

c. 演出照明

照明演出は明視以外の役割である照明空間の雰囲気づくりに欠かせない要素である。とくに LED をとりまく技術進歩により，調光のみならずフルカラーのコントロールが自由自在に行えるようになり，高い演出効果が期待できるようになった。

演出照明では，どういった空間を何のために造りたいかを整理し，その目的に応じた照明計画が必要となる。機能照明との調和，周辺の光環境との関係を加味し，コンセプトを形成したうえで設計を行う。LED 化により自由自在にコントロールできるようになったが，機能が多すぎるとか

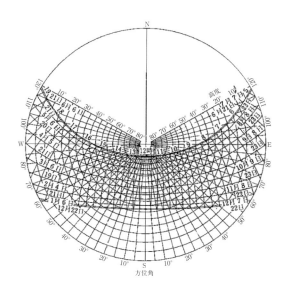

図 2.2-3　北緯 35 度の太陽位置図[1]

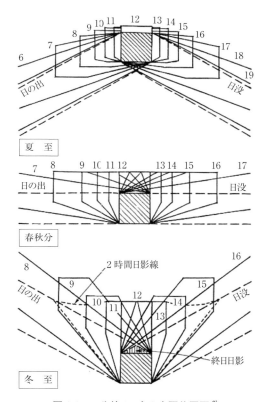

図 2.2-4　北緯 35 度の太陽位置図[2]

場合には太陽位置の移動を加味し，ピークをどこに合わせるかについてもコンセプトに含んで検討を行う。

b. 明るさ感照明

明るさ感にはいくつかの指標はあるが，明確な

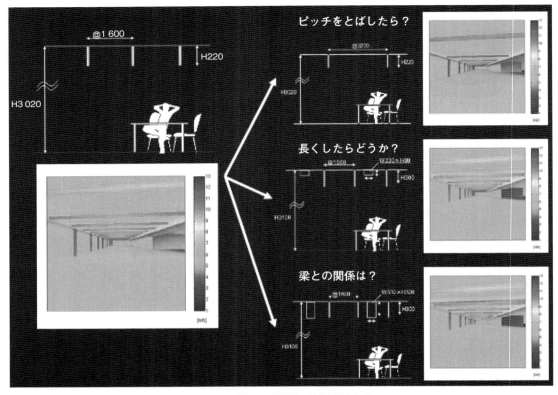

図 2.2-5　明るさ感照明の検討事例（※）

図 2.2-6　明るさ感を考慮した照明器具[3]

えって使い勝手の悪くなる場合もあり，使い方を十分に検討し，適切なシステムを選定する。場合によっては，インタラクティブな演出やイベントにも対応可能な設備を常設で導入することもある（例えば外部入力信号を受け入れ可能なシステムなど）。今後は，照明以外の，例えば音や映像との連携など，照明だけでは完結しない演出が普及すると考えられる。

また，ヨーロッパやアメリカで普及し始めているHCL（Human Centric Lighting）の考え方では，集中するための光環境やリラックスするための光環境などを，オフィスや学校，トレーニング施設や医療施設で導入することを検討し，実験的に導入した事例についてその効果を確認している[5]。例えば，小学校に導入した事例では，通常の照明に比べて，33％成績が向上したとの報告がある（図 2.2-8）[6]。学術的に効果を確認して発表されたものは未だないが，明るさ効率だけでない非視覚的効果を利用した照明環境の形成が今後の大きなテーマとなる可能性がある。

2.2.2　光環境評価

完成した光環境については，その評価を実施し，次の設計の材料とする。導入した設備が目的の効果を発揮するために，設計・施工段階でシミュレーションや模型，モックアップにより性能効果確認を実施するが，建築全体の中における総合的な判断を実施するためには，例えば明るさ感向上を目指した事例であれば，図 2.2-7 で示すように，

天井間接なし　　　　　　写真　　　　　　　　　　輝度分布画像（※）

天井間接あり

図 2.2-7　天井間接照明の有無による輝度分布計測

竣工後の輝度分布評価により設計値や雰囲気を満足したか確認する。目的に応じて，エネルギー消費量や制御性，設計照度などの項目を評価する。

場合によっては，竣工数年後に性能劣化の確認やユーザーヒアリング等を行い，運用方法の見直しやリニューアル提案などを行う。

図 2.2-8　HCL を導入した小学校 [6]（左：高色温度の教室（集中時），右：低色温度の教室（リラックス時））（※）

2.3 新照明システムを学ぶ

2.3.1 新しい光源：LED

(1) 個体光源の普及

20世紀後半の青色LEDの発明によって白色LED照明の活用の道が開け，2011年頃を境に一気に普及が進んだ。その一方で省エネ性や含有水銀等の問題から白熱電球や一部蛍光灯の生産中止の動きが強まっており，21世紀前半の照明はLEDを中心に展開することになろう。

LED照明は，省エネ性のみならず，小型，調光・調色の容易性，長寿命などさまざまな利点を持っている。さらに導光板によって面光源としての利用も可能になっており，その活用の場は広がっている。一方OLED（有機EL照明）は大面積の面光源を可能にする光源として期待されているが，現時点ではまだ黎明期であり，本格的な普及にはしばらく時間を要するものと思われる。

(2) 白色LED照明の種類

建築照明に用いられる白色LED照明には，以下の3つのタイプがある。

① 青色励起LED＋蛍光体：青色LEDに黄色蛍光体を組み合わせることにより白色光を出すタイプである。効率が高いために，一般的な建築照明用白色LED照明として最も普及している。最近ではRGB蛍光体を利用した高演色性タイプも出回っている。

② 近紫外／紫色励起LED＋蛍光体：青色より短波長の近紫外／紫色励起LEDとRGB蛍光体を用いることにより，白色を作り出す。演色性が高いことが特徴で美術館照明などに使用されている。

③ RGB：調色が容易なため主として演出照明に使用される。一般に白色光の演色性は劣る。

(3) 分光特性

光は電磁波の一部であり人の視覚が感じることができる380〜780 nmの波長域を可視光と呼ぶ。各光源の光の特徴を掴むには，各波長ごとの強度（放射束＝単位時間あたりの放射エネルギー[W]）のバランスを示した分光特性を確認すると良い。青色励起LEDを使用した白色LED照明は400 nm付近の青にピークを持つ。一方白熱電球に比べると低色温度でも長波長領域の赤に厚みがない。

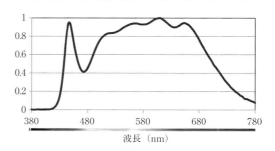

図 2.3-2 青色励起LEDを用いた白色LED照明の分光特性例

2.3.2 光に対する感度

(1) 視感度

人の視覚は光に対する感度が波長によって異なる。明所視では555 nmの黄緑に対する感度が最も高い。光の量を示す基本的な物理量である光束[lm]は，式(2.2.1)に示すように，放射束に対して視感度で重み付け積分を行った量である。

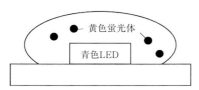

図 2.3-1 青色励起LED＋蛍光体による白色LED照明

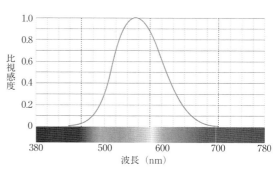

図 2.3-3 標準比視感度曲線（明所視）（※）

[凡例]（※）：本文中で（※）印の付された図については，口絵最終ページ，「本文図カラー表示」にカラー写真を掲載。

$$F = K_m \int_{380}^{780} P(\lambda)V(\lambda)d\lambda \qquad (2.2.1)$$

F：光束，λ：波長，$P(\lambda)$：放射束の分光分布，$V(\lambda)$：標準比視感度

(2) メラトニン分泌抑制感度

2000年になって第3の光受容体としての光感受性ガングリアン細胞の存在が明らかになってきた。この細胞の感度特性は錐体・桿体といった視覚機能を司る細胞とは異なり，450 nm の青色にピークを持っている。ガングリアン細胞はメラトニン分泌に影響してサーカディアンリズムのコントロールに関与する。

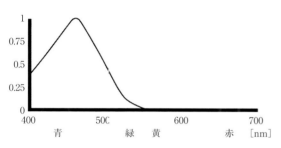

図 2.3-4 メラトニン分泌抑制感度（概念図）

2.3.3 発光効率

光は視覚的効果をもたらすとともに，最終的には熱エネルギーとして空調負荷にも影響を及ぼすため，照明の省エネルギー性を議論する際には，光環境と熱環境を総合的に検討する必要がある。発光効率は，光束 [lm] / 放射束 [W] で定義される。人工光源の場合は消費電力＝単位時間あたりのエネルギー＝放射束と見なすことができるので，発光効率とは単位電力あたりの光束を意味し，この値が高いほど効率のよい光源ということになる。図 2.3-3 の標準比視感度曲線を用いた光束の求め方から考えれば，発光効率は一般には 555 nm あたりの黄緑の波長を多く含む光の方が高くなることが理解できるだろう。

LED 照明器具としての発光効率は，LED チップのみの発光効率に比べて，電源回路・高出力化・器具効率等の影響を受けて小さくなる点に留意が必要である。

2.3.4 演色性

演色性とは照らされたものの色の見え方に影響する光源の性質で，一般的には自然光や白熱電球の見え方にどれだけ近いかを示す忠実性の観点を基にした平均演色評価数（Ra）が指標として用いられている。Ra が 100 に近いほど演色性が高く，一般にオフィスであれば 80 以上，画廊であれば 90 以上が目安とされている。白色 LED 照明でも Ra90 を超える高演色タイプがある。

Ra は色温度ごとに基準光と比較したときの見えを数値化しているので，色温度の異なる光源間で Ra の値を比較することはあまり意味がない。また演色性が特に問題となる環境においては，各色ごとの見えの忠実性を表す特殊演色評価数 R_i の値にも留意すべきである。特に青色励起 LED を用いた白色 LED 照明は R9（赤）の値が落ち込みやすい。また Ra はあくまで基準光に対する忠実性を基にした指標であり，ものの色の美しさや好ましさを示している訳ではないことに注意が必要である。

なお光源の演色性と発光効率は相反する関係となりやすい。これは発光効率を高くするためには黄緑の波長のみを多く含む分光特性にすれば良い一方，演色性を高めるためには，長波長域の赤といった人の目の感度が低い波長域の光もそれなりに含む必要があるためである。

表 2.3-1 平均演色評価数（Ra）の推奨値例（JIS Z 9100 : 2010）

用途	領域，作業または活動の種類		Ra
事務所	執務空間	事務室	80
		診察室	90
	共用空間	階段	40
美術館	美術館・博物館	洋画	90

2.3.5 照度

(1) 照度の定義

照度 [lx] とは，単位面積あたりに入射する光束の量，つまりある面に届いた光の強さである。

(2) 照度基準が担保する視環境性能

従来の照明基準では，作業面の照度が，空間の

基本的な照明環境を決める際の最も基本的な指標とされてきた。ただし，照度はあくまで対象面に届いた光の強さをとらえた物理量なので，そこから反射して実際に人の目に届く光の強さとは一致しない。したがって，本来は照度の推奨値だけでは人の感じる空間の明るさや対象物の見えやすさを完全に担保することはできない。一方，白地に黒文字の書類の読み書きのような作業面であれば，反射率が大きく変わらないので，照度による基準が有効に働く。つまり照度基準で本来担保されている環境性能は，反射率が既知の対象面における視作業性であると言って良い。

(3) 推奨照度の今後

屋内照明の国際基準（ISO8995:2002（E）/CIE S008/E-2001 Lighting of indoor work places1））と日本国内の JIS 照明基準（JIS Z 9110:2010 照明基準総則）には若干の違いがある。とくに事務所・執務室の机上面照度の維持照度が JIS 照明基準は 750 lx と一段高い値になっており，この値を巡っては，2011 年の大震災以降，国内でも議論になっているとともに，アスク・アンビエント照明方式を採用して，アンビエントによる机上面照度は 300～400 lx 程度に落とす事例も増えている。なお現在の JIS 照明基準の維持照度はあくまで作業面・対象面での値であり，空間全体に渡ってその照度を保つ必要はない。

2.3.6 輝度

(1) 輝度の定義

輝度 $[cd/m^2]$ とは，光を発している面をある方向から見たときの，見かけの単位面積をもつ面から単位立体角当たりに放射される光束，つまり目に届く光の強さである。視覚的効果を検討するには本来輝度が最も重要な指標となる。

(2) 輝度と照度の関係

マットな面（正確には均等拡散面）であれば，輝度と照度との間には以下の関係式が成立する。

$$L = \frac{E\rho}{\pi} \quad (2.2.2)$$

図 2.3-5 輝度と照度の関係

L：輝度 $[cd/m^2]$，E：照度 $[lx]$，ρ：反射率

(3) 空間の明るさと輝度

照明設計において，机上面照度によって視作業性を議論する前に，視野内の輝度分布を考慮しながら空間内の適切な明るさを確保することが重視されるようになってきた。明るすぎる空間は視覚的な順応状態を高めるために，手元作業などにおいても余計な光量が必要になってしまう一方，逆に暗すぎる場合は陰鬱な雰囲気をもたらして不評を買うおそれがある。部分的な明るさには，単に対象面の輝度の値のみならず，その周囲との輝度対比が大きく影響する。一方，空間全体の明るさには平均輝度あるいは鉛直面照度が比較的よく対応するとされている。ただし明るさを求めるいずれの手法も，まだ関連学会あるいは CIE（国際照明委員会）などでオーソライズされておらず，今後の議論が待たれるところである。

EN14646-1:2010（欧州規格：屋内照明の基準）においては，輝度の代わりに壁面・天井面の照度と反射率の推奨値が与えられている。空間の明るさを担保するためには視線方向で大きな割合を占める壁面などの輝度分布を考慮することが重要であり，さらに均等拡散面と仮定すれば輝度＝照度×反射率の関係性が成り立つため，設計時における輝度分布の計算や測定がまだ十分に広まっていない現状においては妥当な方法と考えられよう。

2.3.7 輝度設計手法

(1) 照明シミュレーションプログラム

机上面や壁面のおよその平均照度などを設計段階で予測するには，光束法あるいはエネルギー保存則に基づいて間接照度を求める理論式などを応

用すれば良い。また照度分布を求めるプログラム等については，メーカーなどから提供されているものもある。一方，輝度に基づく詳細な照明設計を行うためには照明シミュレーションの活用が求められる。この際にシミュレーションプログラムに求められる機能としては，①照明器具の配光特性を読込んで使用することができること，②輝度分布データを掃き出すことができること，③昼光照明を含めて検討する際には，少なくともCIE標準晴天空・曇天空の取り込みが可能であること，などがあろう。上記の条件をほぼ満たすものとしてはDIALuxやRadianceがある。

(2) 照明シミュレーション手法

照明シミュレーションを行うにあたり留意すべき点を以下に列記する。①アルゴリズム（光線追跡法・光束伝達法）の特性や癖を理解すること，②マテリアル特性の設定に留意すること：現状のシミュレーションプログラムは，鏡面反射からなる複雑な形状の空間の計算は苦手とするものが多い，③計算精度に留意すること：どのようなプログラムでも必ず誤差が存在する，幾つかのプログラムについては，CIE 171:2006 TEST CASES TO ASSESS THE ACCURACY OF LIGHTING COMPUTER PROGRAMS[2]に基づく精度検証結果を確認することができる[3]。

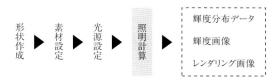

図 2.3-6　照明シミュレーションの進め方

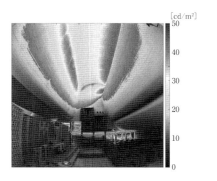

図 2.3-7　輝度画像例（※）

(3) 輝度分布の測定

輝度分布の実測も比較的安価なシステムが普及し始めている。公的機関から公開されているものとしては輝度・色度分布計測ツール（L-CEPT[4]）がある。CCDカメラ＋魚眼レンズによって視野全体の輝度・色度分布データを取得することが可能となっている。

2.3.8　省エネルギー照明手法

(1) 照明の省エネルギー性能

地球環境問題や節電への対応から，照明設計においても省エネルギーを前提に設計を進めることが必須となっている。照明の省エネルギー性能は単位床面積あたりの照明消費電力量 $[Wh/m^2]$ で議論されることが多い。照明消費電力量を削減するには，効率の高い人工照明を使用するとともに，総光束を削減することが求められる。

(2) 適切な光束の配分

無駄な光束を減らすためには，タスク・アンビエント照明やスケジュール制御のような適所適光＆適時適光の照明計画が求められる。オフィスにおいてタスク・アンビエント照明を導入した場合，タスク照明に要する照明消費電力量の割合は一般に非常に小さく，全般照明方式に比べてアンビエント照明を落とした分だけほぼ省エネルギー化を図れることが多い。

2.3.9　照明の非視覚的効果

メラトニン分泌に影響する光感受性ガングリアン細胞の感度のピークが，青色励起LEDの波長とほぼ一致することもあり，白色照明LEDがサーカディアンリズムに及ぼす影響について注目されている。また青色光が網膜傷害を引き起こす可能性についても注意喚起がなされるようになった。ただし人間が日中昼光から浴びる青色光の絶対量と比べれば，人工照明による未だ明らかになっていない点も多く，今後の実証データの蓄積が待たれるところである。

第3章
ヒューマンファクター

3.1 ヒューマンファクターを見る

3.1.1 ヒューマンファクターと環境建築

環境建築の重要な使命である快適な環境を提供するためには，人が受け入れられる環境とは何か，人は環境に対してどのような反応をするかという視点に立ったデザインが必要である。

建物や設備に関するハードやソフトのデザインだけではより良い環境建築の設計として限界がある。人間の感覚・知覚・認識・行動といった居住者（ヒト）の要素である「ヒューマンファクター」を活用したデザインにより，快適性・知的生産性・労働生産性の向上のみならず，省エネルギー性も高まるとの知見や事例が多数紹介されている[1]。

一律の設計基準を満足するデザインに留まった場合，個々人の感覚や好みによって左右される快適性に関して，すべての人を満足させるのは難しい。個々人を対象として人間の生理・感性に深く関与し，多様な人間が空間的・時間的に変動しながら使う建物の特性に合わせた環境制御を行う，「ヒューマンファクター」を活用したデザインが環境建築には求められる。

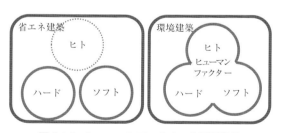

図 3.1-1　ヒューマンファクターと環境建築

3.1.2 ヒューマンファクターと省エネルギー

(1) 快適性と感性

ヒューマンファクターを活用した設計の一つのアプローチとして，「人にやさしい空間」を目指して，身体的な快適性や人の感性を大切にした建物・空間づくりの研究が進められている[2]。研究は，人と環境の多様性を踏まえて，科学的な根拠に基づき，その影響や効果を明らかにしていくため，①空間デザイン，②環境制御，③解析・評価，④センシングと多岐にわたる技術領域について進められている。ここでは，快適性，感性に関して，設計にあたり検討すべき主要なキーワードを示す[3]。

表 3.1-1　ヒューマンファクターを活用した設計のキーワード（竹中工務店：環境コンセプトブックより）[3]

項目	キーワード
人の快適性	・健康 ・生活の温かみ ・居心地のよい場所 ・自然との関わり ・自然の変化を感じる ・脳科学的アプローチ
人の感性	・住む人や生物の側に立って考える ・身体感覚／五感 ・低ストレス ・知的生産性 ・意識や行動の活性化（アクティビティ） ・ライフスタイルの見える化など

(2) 環境選択型技術の導入

単純に建物のエネルギー消費を最小とする最適化を進めた場合，居住者にとっての住み良い環境が損なわれることが懸念される。デザイン性，QOL（生活の質）を高める生活機能，人間行動，居住性，健康性といったヒューマンファクターと，省エネルギー性とを両立させることが重要である。

ヒューマンファクターを活用した省エネルギー手法の一つとしては，人間の持つ適応力を活かした環境選択型技術の導入がある。一般に，ヒューマンファクターを活用したデザインは，従来の均一環境を達成することを目指すものではなく，むしろ不均一環境（空間的変動・時間的変動）を活用したものとなる。タスクアンビエント空調・照明は，機器を利用する側が，個人感覚に合わせた快適性を求め複数機器を連動させて快適空間を作り出す試みの代表であり，アダプティブモデル，局所温冷感などを活用した設計が求められる。具体的な設備システムとしては，実験的な取り組みを含め，以下のような例を挙げることができる。

① 空調：パーソナル空調／吹出口・環境選択

型空調・変動型空調，人感センサーと連動した局部空調，ウェアラブル個別冷暖房（ネッククーラーを用いた頸部冷却[4]など），体感温度センサー
② 照明：タスク照明，色温度可変照明，サーカディアンリズム照明
③ その他：アロマ空調，室内環境デザイン，感応と人間行動工学

いずれも，人間の生理・心理・行動等に係る要素技術であり，現状では定量的評価が困難で，技術の裏付けとなる理論や根拠が不十分であることから，実証研究データの蓄積が急ピッチで進んでいる[1]。

3.1.3 ヒューマンファクターを活用したデザインの実例

(1) 小規模商業建築における動的な省エネと環境デザイン：浜松信用金庫 駅南支店[5]

図 3.1-2 浜松信用金庫 駅南支店 外観
（写真：フォワードストローク）

浜松信用金庫駅南支店では，異なる温熱生理・心理の来客者が混在する小規模商業店舗の特徴に着目し，来客者の多様な好みに応えることができる「環境選択式の設備システム」を採用している。

小規模商業店舗における環境設計の課題としては以下の3点がある。
① 異なる温熱生理・心理状態の執務者・来客者が混在：常時空調空間にいる執務者と，屋外から建物内に入ってくる来客者では，温熱生理・心理状態が大きく異なり，双方の快適性を満足する温熱環境の実現は難しい。
② 商業建築におけるクールビズ／ウォームビズの難しさ：屋外の暑熱・寒冷環境から建物内に入ってくる来客者にとっては，クールビズ／ウォームビズ空間は快適な環境とは言い難い。
③ 省エネ手法が限定的：小規模商業建築は省エネメニューの豊富な中央熱源を採用できる規模ではないため，個別分散空調を採用する場合が多く，省エネメニューが少ない。

本建物では，表 3.1-2 と図 3.1.-3 に示す動的な省エネと環境デザイン手法を採用することで，小規模商業建築における課題の解決を試みている。

地場産の天竜杉と円弧上の室内空間と季節に応じ変化する色温度可変照明システムやクール／ウォームソファを利用したタスクアンビエント空調を一体化させ，近未来の小規模環境建築をイメージさせる動的な環境デザインを導入した。

局所空調として，夏は涼風，冬は温風を染み出す「クール／ウォームソファ」により，来店者の廻りのみをスポット的に空調している。ロビー・

表 3.1.2 ヒューマンファクターを活用した環境デザイン手法

来客者個人の温熱生理・心理状態に対応した環境選択型空調システム ・クール／ウォームソファによるスポット空調 ・ソフトブリーズファンによる気流スポット
季節の移ろいに応じて色温度を可変させ，視覚的な涼しさ暖かさを演出 ・色温度可変照明
居住者の自然換気行動を誘導 ・居住者行動誘発型自然換気システム（エコランプ）

図 3.1-3 浜松信用金庫 駅南支店 内観
（写真：フォワードストローク）

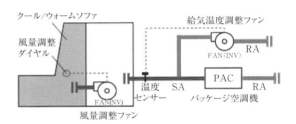

図 3.1-4 クール／ウォームソファ概念図

ATMコーナーの照明には「色温度可変照明」を採用し，季節によって照明の色を変えることで，視覚的な涼しさ・温かさを演出した。

居住者行動誘発型自然換気システムとして，外気温度が室温より低い時にランプを点灯し自然換気を有効利用できることを執務者に知らせる「エコランプ」を設置し，執務者自身の自然換気利用行動を促進させている。執務者自身の判断で自然換気を行うことで，自己効力感が高まり，温熱的快適域を外れる外気温湿度条件でもクレームなく自然換気を利用できる可能性が高い。ロビー側からの自然換気窓から新鮮外気を取り入れ，営業室側の自然換気窓より排気を行う。エコランプは執務者からも，来客者からも見えやすい位置に設置することで，自然換気利用行動を促すとともに環境配慮のアピール効果も期待できる。

図3.1-5　エコランプ外観

(2) 行動観察を活用した省エネルギー改修：大阪ガス北部事業所改修工事[6]

スマートエネルギービルと称する，従来よりも高い省エネ効果を得る仕掛けを有するビルの計画である。再生可能エネルギーの利用や高効率な機器の導入といった「ハード」の技術と，建物のエネルギー計測や管理といった「ソフト」の技術に加え，「ヒト」の行動に着目しさらなる省エネルギーを図っている。

省エネルギー改修前の設計段階において，行動観察の手法を取り入れたことが特徴の一つである。入居者に対して「一般的なアンケート」，「行動観察」，「インタビュー」の3種類の調査を実施し，潜在意識や行動に基づいた課題を抽出し，その解決策を改修内容に盛り込んでいる。ここでは代表的な改修内容4項目について紹介する。

① IP電話を用いた在室者検知による温度設定制御

電話（社内用携帯電話）の在室者検知機能を利用した温度設定制御である。行動観察の結果より，オフィス内の在席率の変化，温冷感の個人差が大きいことが分かった。そこで，アドレスによりゾーンごとに在室者の属性を把握し，属性別の在席割合によって空調制御を行う。この試みにより，必要な所に必要な空調制御を行い，快適性を損なわず，省エネルギーな空間づくりが可能となった。

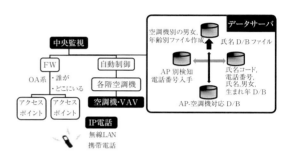

図3.1-6　在室者検知と温度設定制御システム

② クーリングルーム（涼み処）の設置

夏期を例として挙げると，暑さを感じた外勤者が帰社時に，クーリングルームに入ることで体内蓄熱を除去し，快適感を向上させるのが狙いである。外勤者が直接自分のデスクに戻る時よりも事務所内の空調設定温度を下げる必要が無いため，省エネルギーにも貢献する。

③ 入居者を省エネ行動へ誘導するBEMS「BEICS」（Building Energy and Interactive Communication System）

これまで設計者や設備管理者だけのものであったBEMSを入居者が主体的に省エネ行動しやすいように改変した。北部事業所での消費エネルギーを細かく見える化することで，省エネ意識を醸成する。お知らせ機能により入居者の関心事を表示することにより，継続的な省エネ行動への取り組みを維持する計画である。

④ 温冷感申告による室温設定制御

自分のPCから温冷感申告をすることで，入居者自ら空調管理に携わることが可能にな

3.1 ヒューマンファクターを見る　33

図 3.1-7　クーリングルーム（涼み処）

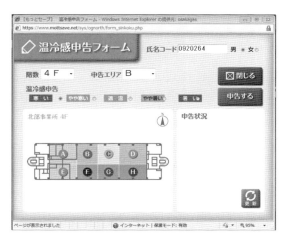

図 3.1-9　温冷感申告の入力画面の例

図 3.1-8　BEICS 表示画面の例

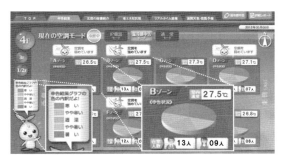

図 3.1-10　温冷感申告の結果画面の例

り，納得感のある空調制御を実現する。

　温冷感申告画面にはBEICSのTOP画面から入ることができる。モバイルPCの場合もあるため申告時には座席ゾーンの入力を行うこととしている。温冷感申告は30分に一度制御に反映されると同時に階別・ゾーン別に温冷感申告結果が表示される。入居者は周囲の温冷感状況を知ることにより温度設定に対する入居者の納得感を得やすく，また，ビル管理者が入居者の温冷感状況を把握することにより空調運用へのフィードバックが可能となる。

3.1.4　ヒューマンファクターを活用した建物紹介

建物名称	住所	用途	特徴
大阪ガス 北部事業所	大阪府高槻市藤の里町	事務所	クーリングルーム・在席者検知による温度設定制御・温冷感申告による温度設定制御・見える化拡張版 BEMS（BEICS）
浜松信用金庫 駅南支店	静岡県浜松市中区砂山町176	銀行店舗	クール／ウォームソファによるスポット空調・ソフトブリーズファンによる気流スポット・色温度可変照明・居住者行動誘発型自然換気システム（エコランプ）
コクヨ 東京ショールーム	東京都港区港南 1-8-35 品川ライブオフィス「SHIPP」	事務所	知的照明システム・在・不在検知による風量調節空調システム・屋外ガーデンオフィス
立命館大学トリシア	滋賀県草津市野路東	大学研究室	パーソナル空調（指向性・拡散性切換型吹出口）
大林組技術研究所 本館	東京都清瀬市下清戸	研究所	タスクアンビエント照明・クールシャワー・アロマ効果の評価
鹿島技術研究所 本館研究棟	東京都調布市飛田給	研究所	タスク空調，タスク照明
清水建設本社ビル	東京都中央区京橋二丁目	事務所	パーソナル床吹出口・タスク照明

3.2 ヒューマンファクターを使う

3.2.1 行動観察を活用した省エネ設計

　ヒューマンファクターに着目したデザイン手法の一つに，行動観察を活用した省エネデザイン手法がある。ここでは，大阪ガス北部事業所の省エネルギー改修に適用した事例を紹介し，この手法について解説する。

(1) 行動観察とは

　行動観察とは，人間工学や社会心理学・環境心理学・しぐさ分析・表情分析などを駆使し，人間の行動をくまなく観察することで潜在的な課題やニーズを抽出するものである。行動から本質的なインサイト（洞察）を得て，ソリューションを提案する方法論として，「商品・サービスの新たな価値創造」や「サービスの生産性向上」，「組織開発」などに成果をあげている[1]。

　環境建築の設計においても，居住者が何を望んでいるのかを知る必要があるが，従来のアンケート調査やインタビューだけでわかるニーズは，顧客が自分で言語化した「顕在ニーズ」だけである。実際の居住者の行動を観察して，まだ居住者自身も言語化できていない「潜在ニーズ」にいち早く気付き，顧客に価値のある「空間」や「経験」を提供することが重要である。

　図 3.2-1 に一般的な行動観察のプロセスを示す。

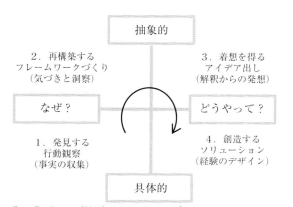

Sara Beckman（2010），Design Processと
Joanne Mendel（2010）Differentiation Modelをもとに作成

図 3.2-1　行動観察のプロセス[2]

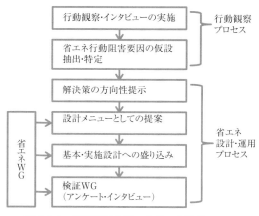

図 3.2-2　行動観察を用いた省エネ改修フロー

本事例では，この手法に着目し，図 3.2-2 に示すように省エネ設計・運用プロセスとの組み合わせにより，一歩先んじた省エネルギーを目指すこととした。

(2) 行動観察の実施概要

　表 3.2-1 に行動観察の実施概要を示す。本施設のエネルギー消費傾向から，夏期の空調における省エネを重視し，盛夏日における入居者の行動を観察した。観察対象数は多いほど良いが，「仮説抽出・特定」のための観察の深掘りや仮説の試行がより重要であり，いたずらに対象数を増やすことは得策でないとされている点に留意が必要である[1),2)]。今回は行動観察に加え，ビル管理者・利

表 3.2-1　行動観察実施概要

■実施日時：2010 年 8 月 26 日（木）9：00 ～ 20：00
■実施内容
○行動観察：
・交流的観察
観察員がフロアに入り込み，オフィス内空調，照明の運用に関するオフィス利用者の行動や反応を終日観察
・オフィス利用者の方々の反応や行動を理解するために，対象の方にその場で簡単な質問を実施
○オフィス利用者およびビル管理者へのインタビュー：
・オフィス利用者 2 名（男女 1 名ずつ），総務担当者 1 名，ビル設備管理者 1 名を対象に，省エネ行動の実態や意識，組織での運用などについてインタビューを行う。
○事後アンケート：
・当日の温冷感，作業生産性に関する主観評価，属性項目などのデータを収集
■分析の視点：
・ビル内エネルギー消費行動の動線，エネルギー消費行動に影響を与える要因（人間工学，環境心理学など）
・エネルギー消費行動の意識（社会心理，組織心理など）

用者へのインタビュー，事後アンケートを行った。

(3) 行動観察の結果概要

インタビューを含む行動観察の結果を図3.2-3，3.2-4と以下に示す。

① 観察された事実
- 内勤者と外勤者で構成され，外勤は男性，内勤は女性が多い。
- 時間により在席率の変化が比較的大きい。
- 冷房時には外勤者にとっては暑い。一方，女性の防寒行動が見られるが，互いの温冷感に気遣っているため温冷感は言いにくい。
- ビル設備管理者は入居者の状況が直接分からず空調設定温度はクレームに対する安全側に偏る傾向にある。
- ビル管理者は設定温度に対するフィードバックを受ける機会がなく判断に困ることがある。

② 省エネルギー行動を阻害している要因
- 温冷感の個人差。
- 省エネルギー意識の個人差。
- 入居者と管理者のコミュニケーション機会が無い。

③ 解決策の方向性
- オフィス利用者それぞれの特性を踏まえた設備や運用施策の実施。
- 関係者のコミュニケーションや環境意識を醸造する「場」を提供する。

(4) 行動観察から導入した省エネ手法（図3.2-5）

以上の結果を踏まえ，入居者の在席率や温冷感の違いを温度設定に反映できる仕組みとして，「在室者検知による温度設定制御」と「温冷感申告による温度設定制御」[3]を導入した。

前者は在室者を青年・壮年×男・女の四つの属性ごとに分け，温冷感に関する近似式を想定し，在室者属性別の割合で設定室温を変化させる。制御単位は70 m² 程度に設定している。図3.2-6に温度設定制御式を示す。

後者は簡易型クラウドBEMS機能を拡張した「BEICS」により実現した。「BEICS」は，消費エネルギーなどの基本情報に加えて，温冷感申告機能と集計結果の表示を行い，納得感を持ちながら温度設定（緩和）を行えるシステムとした。

図3.2-7に示す概念図に基づき，外勤者が帰社

ひざ掛けを使用する女性

各所で使用されているうちわ

夕方にかけて稼働率が上がる扇風機

図3.2-3　行動観察で確認された室内の様子

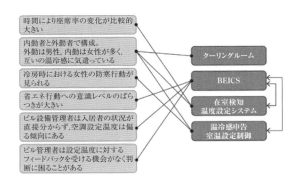

図3.2-5　行動観察に基づいて導入した省エネ手法

<在室者検知を利用した温度設定制御>
$$Ts(i) = T(i,j) \times \Sigma \alpha(j) \times N(i,j) \div \Sigma N(i,j)$$
- Ts ：設定温度
- T ：初期温度
- α ：重みづけ
- N ：検知人数
- i ：時間
- j ：属性［年齢×性別（a〜d）］

<温冷感申告による温度設定制御>
$$Ts(i) = T(i-1) + \beta(j) \times \Sigma R(i,j) \div N$$
- Ts ：設定温度
- T ：エリア温度
- β ：重みづけ
- R ：申告
- N ：エリア人数
- i ：時間
- j ：属性［当初設定：年齢×性別（a〜d）］

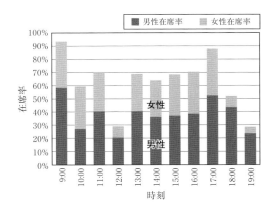

図3.2-4　行動観察で確認された在席率の変動

図3.2-6　温度設定制御式

時に体内蓄熱を解消できる「クーリングルーム」を設置した。各採用手法については，3.1節も参照されたい。

図 3.2-7　クーリングルームの概念図

(5)　運用フェーズにおける省エネ行動と検証

入居者の省エネ行動への誘導は省エネWGを通しての啓蒙活動に加えて，BEICS画面を用いて積極的に行った。**図 3.2-8** に示すように，BEICS画面は省エネWGでの意見も取り込み，単純な消費エネルギー情報を表示するだけでなく，利用者へのわかりやすさと親しみやすさ，飽きさせない工夫を盛り込み，省エネ対決や天気情報，ウォーキング指数等の生活情報も表示した。

省エネ行動への誘導をはじめとする省エネ意識の啓蒙に対する効果を検証するため，改修前，改修直後，改修半年後の3回に分けて入居者の省エネに対する意識や省エネ行動の変化についてWebアンケートとインタビューを行った。**図 3.2-9** に入居者が行う省エネ行動についてのアンケート結果を示す。「未利用の部屋の消灯」や「離席時のPCのスタンバイ」，「服装での温度調整」については運用開始前と比較して大きく向上し，

85％前後の高い水準で行われていることがわかる。竣工後の行動観察においても，上記のような比較的容易に取り組みが可能な，普段の行動の延長で対処できる省エネ行動は，入居者が自然に行っていることが確認されている。一方，「階段の積極的利用」や「待機電力の遮断」などさらに意識を必要とする省エネ行動についての実施率は50％前後であった。また「ブラインド開閉による外光導入」も同程度で，こちらは周囲の入居者に対しての遠慮が働くことが実施率の向上を妨げる原因だと考えられる。

図 3.2-10 はアンケート・インタビューに含まれる省エネへの意識を表す項目を，改修直後と半年後で比較したものである。入居者の省エネに対する意識はすべての項目で向上しており，BEICS導入を含めた省エネ啓蒙活動の効果が得られている。以上のように，省エネ意識の啓蒙により，省エネへの興味・関心の底上げに効果が見られ，実際の行動へも結びついていることが分かった。一方で実施率の低い省エネ行動については，継続的な啓蒙活動が必要である。

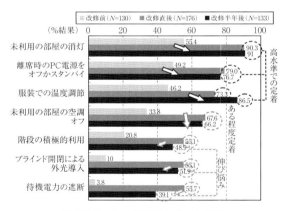

図 3.2-9　入居者が行う省エネ行動

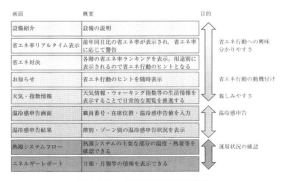

図 3.2-8　BEICS の画面構成

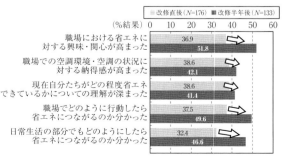

図 3.2-10　入居者の改修直後と半年後の省エネ意識の変化

3.2.2　快適・省エネ ヒューマンファクター

省エネルギー技術開発の重要項目の技術の一つとして，「快適・省エネ ヒューマンファクター」と呼ばれる，個人ごとに異なる快適性や嗜好性を尊重しながら，これらを巧みに活用・応用することで省エネルギーを進展させる概念（手法）が注目されている[4]。個々人の快適性や嗜好性を理解したうえで，制御技術，センサー技術などを駆使して，最適な業務・居住環境を省エネで実現する技術である。ヒューマンファクターは機械では制御できないため，快適性向上のためには，Adaptive Comfort の理論などを活用して，入居者自らが室内環境をコントロールできるようなシステム構築も必要となる。主に空調クレーム調査からの考察により，同一環境下でも環境選択権の有無，すなわち与えられた環境（自己効力感なし）ではクレームが多いが，環境を自ら選択する（自己効力感あり）場合にはクレームとはならないなどの研究[5]が行われている。このことを拡張し，パーソナル空調やゆらぎの活用により，ヒューマンファクターを考慮した次世代型の省エネが期待されている。

3.2.3　行動変容と省エネルギー

(1)　行動科学と省エネルギー行動

英国・米国では，行動経済学や行動心理学など行動科学の知見を省エネルギーに積極的に応用する取り組みが始まっている。行動科学の取り組みは，すでに禁煙や肥満防止，生活習慣病予防等で成果を上げている。ICT の普及により行動変容を図るツールの進化も目覚ましく，生活習慣を変えるための手法や理論的枠組みは，行動変容論と呼ばれ体系化が進んでいる。

行動科学の代表例な知見として次の①～③がある[6]。行動経済学などの学術的根拠を伴う知見の省エネルギー行動への展開が期待されている。

① Discounting the future：将来のことを割り引いて考える傾向

現時点での見返りを将来にわたる見返りよりも好ましいと考える。このため，現時点で投資する人に，より多くの見返りが与えられるような施策の考案が必要となる。

② Social norms：社会的規範に左右される傾向

周りの人の行動に影響されやすい。エネルギー消費に関して，周囲の人との比較情報を提供したり，コミュニティやグループ，個人に見返りを与えて規範を浸透させることが必要となる。

③ Defaults：デフォルト事項をそのまま採用する傾向

申請書，契約書などの作り方の工夫が必要である。

(2)　行動変容による省エネルギーのポテンシャル

住宅においては，世帯ごとのエネルギー消費は住まい手の行動により大きく異なることが知られており，気候や世帯人数が同じでも，省エネルギー行動の実践度によりエネルギー消費量に大きな差が生じている。

米国における省エネルギー行動のポテンシャルは，ライフスタイルに影響を与えない範囲の行動変容による削減余地は，米国の家庭用エネルギー需要の 16～20 % と推計されている。主な削減内訳としては，暖房温度の違いで 5～6 %，冷房温度で 2～3 %，その他の給湯温度や使用時間短縮で 4～5.4 % である[7]。

日本国内の東京以西の 3 人世帯 2 637 世帯を対象としたライフスタイルの省エネ度別の年間エネルギー消費量調査結果より，省エネ度の得点中間層である一般型世帯と比較して，得点上位の省エネ型世帯のエネルギー消費量は▲13 %。得点下位の多消費型世帯のエネルギー消費量は＋15 % と，ライフスタイルによるエネルギー消費量の違いが比較的大きなものであることが明らかとなっている[8]。

2014 年から BECC JAPAN（行動・エネルギー・気候変動会議 Behavior, Energy & Climate Change Conference）が開催され，多数の行動変容による省エネルギーの事例が紹介されている。クールビズの普及や東日本大震災の際の節電行動などと併せ，人間の行動や意志決定に焦点を当てた省エネルギー行動研究に大きな期待が寄せられている。

3.3 ヒューマンファクターを学ぶ

3.3.1 ヒューマンファクターと建築設備

　ヒューマンファクターが注目されている背景には，これまで人を対象とした設備でありながら，実際は個々の人を対象としているわけではなく，人の個人差や多様性を考慮せず仮想的な平均人を想定して均質環境を形成してきたことに対する反省がある。そして，この個人差を考慮することで，居住者の満足度を高めるだけでなく，エネルギー使用の少ないシステムの設計・運用管理が可能となるのではないかという思惑もある。例えば，冷房時に寒いと感じる人や暖房時に暑いと感じる人に対しては過剰な冷暖房をしていることでもあり，この分を緩和することでエネルギー消費を押さえられるのではないかという考えである。

　ヒューマンファクターとは文字通り「人的要因」のことであるが，建築設備は多くの部分で人と関係している。見通しを良くするために建築設備を環境制御システムとしてとらえ，①制御目標（室内環境水準），②負荷要素（外乱），③観測，④操作の4つの要素に分けて，それぞれにおけるヒューマンファクターを例示したものが表3.3-1である。①の制御目標は，実際は空気温度などの物理量に置き換えられることが多いが，居住者の快適性，健康等が上位の目標として存在している。何のためにその場所に人がいるのかということにいう根本に立ち返れば，事務室であれば知的生産性，教室であれば学習効率，商業施設であれば購買意欲などが上位の制御目標になる。これらは，さらに企業利益などを通じて社会経済システムに組み込まれることになり，その際には制御システムの構築・運用に係るコスト等も同時に考慮されることになる。②の負荷要素には，人そのものと人の行動に由来するものがある。③の観測では，人自身がセンサーとして直接，環境制御システムに組み込まれることは今までほとんどないが，④の操作と一体となって制御システムの一部を構成しているとみなすことができる。しかし，心拍数，呼吸数，血圧，体温などのバイタルデータや活動量，栄養状態，睡眠状況等を常時モニタリングし健康管理に役立てるための機能を持ったデバイスの開発が加速しており，今後普及が見込まれている。発汗や血流量の状態からストレスや快適性自体も直接計量できる可能性も高い。また，人ごとの曝露環境（温湿度，大気圧など）も同時に記録される場合もある。これらのデータの利用が日常化するとしても空調制御用に公開されるデータは限定的だろうが，人の個人差のみならず，その時，その場所での人の体調や環境履歴によって，制御目標自体を動的に変化させることが可能となる技

表 3.3-1　空調・照明におけるヒューマンファクターの例

	制御目標	負荷要素（外乱）	観測	操作
室内環境（総合的）	快適性　健康性 生産性　購買意欲	人そのもの 人の行動に由来する負荷	心理量　活動量 生理量（血流量等）	環境調整行動 （行動性調節）
温熱環境	熱的快適性 （PMV, SET*, …） 空気温度・湿度，放射温度，気流	内部発熱要因 人そのものの発熱 人の行動に由来する発熱 （OA機器等）	温冷感申告 皮膚温 発汗量（濡れ率）	着衣量調整 窓操作等 空調機器操作
空気環境	空気質的快適性 汚染質濃度（CO_2濃度，粉塵濃度等） 吸気の空気齢	汚染質の発生 人そのもの（呼気・体臭） 人の行動に由来する汚染質発生	清浄度申告 におい申告 （生理的なセンサーは不十分）	窓操作等 清掃 空調機器・換気装置・空気清浄器等の機器操作
視環境	視的快適性 机上面照度 輝度分布	発光・反射・遮蔽 人そのもの（反射・影） 人の行動に由来する発光（ディスプレイ等）	視的快適性申告 視認性 明るさ感	ブラインド操作 照明機器操作 メガネ・コンタクト

術であり、将来的にはウェアラブルデバイス自体が個人の状態を判断し、空調制御システムに要求する方向に進化すると考えられる。

ところで、個々人の生理的・行動的多様性を考慮するということは、制御の末端の部分で多様なニーズを把握しそれに対応しなくてはならないということを意味する[1]。建築設備としてどのようにこれを合理的に実現するかが、現在大きな課題となっている。

3.3.2 人の温熱感覚・代謝量の個人差

人を対象とした空調において、温熱環境をどのように設定すべきかは最重要の課題であり、古くから至適温度（最適温度）に関して議論されている[2]。石川[3]は至適温度を①主観的至適温度、②生産的至適温度、③生理学的至適温度の3つに分類しているが、これは今日においてもそのまま受け入れることができよう。①は快適温度、②は生産効率最大温度、③は体温調節に係るエネルギー最小温度である。小川[4]は、さらに健康維持のための至適温度はこれらとは一致しないこと、至適温度は一定不変なものではなく種々の要因により変動することを指摘している。健康維持のためには適度な熱ストレスを与えることも必要である。建物内でも適度に時間変動（時間的ゆらぎ）を与えることで、プレザントネス（積極的快適性）[5]を与えるという試みもある。

今日、熱的快適性に関してはPMV（予想平均申告）[6]とSET*（新有効温度）[7]が代表的指標として使用されている。これらは温熱感覚の6要素、すなわち、代謝量、着衣量、気温、湿度、放射、気流を統合して一元化したものである。PMVは集団の平均的な温冷感を表すモデルで、SET*は平均人の温冷感モデルとなっている。PMVは周知のように「寒い」から「暑い」に対応する−3〜3の数値として表現されるが、0の温熱中立時においてもPPD（予想不満足者率）は5％とされており、万人が満足する環境は存在しない。なお、PMVとPPDが提案されてからその検証が多く

の研究者により行われてきたが、van Hoofら[8]によると図3.3-1に示すようにPPDの最小値を50％弱とする研究すらあり、個人の温冷感は想定以上に大きい可能性がある。

佐々ら[9]は、日本人被験者（若年女性延べ58名）に、相対湿度50％、気温≒平均放射温度、気流速度0.15 m/s以下、椅座安静、着衣量0.3 cloの状態で最も快適となる気温を自由に選択させる実験（冬期と夏期に同条件で実施）を実施し、至適温度はSET*に換算して標準偏差2.1 Kの正規分布となることを示している（図3.3-2、佐々らは夏・冬別々に示しているが差はわずかなため、図では統合した結果を示している）。佐々らの結果はMcIntyreおよびFangerの欧米人を対象とした結果の間に位置しており、ばらつきはかなり大きい。放熱量も同時に測定されており、快適状態における体表面積当たりの放熱量（全熱）は30〜80 W/m²の広い範囲に渡っている（図3.3-3）。

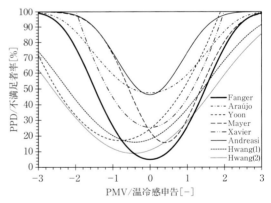

図3.3-1　PMVとPPDの関係[8]

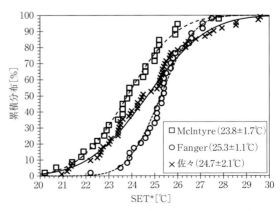

図3.3-2　選択気温（SET*に換算）の累積分布[9]

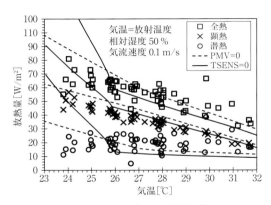

図 3.3-3 選択気温と放熱量[9]

佐々らの結果に，代謝量を変えて PMV=0 および TSENS=0（2ノードモデル）となる気温を追記したが，定常状態では放熱量＝代謝量であるから，この場合，代謝量の違いにより選択気温がほぼ説明できている。ただし，計算では代謝量が 1 met（58.15 W/m^2）を超えると，調整発汗が生じた方が快適となるため折れ曲がりが生じるが，実験ではほぼ不感蒸泄の範囲に収まっており折れ曲がりは見られない。近年，褐色脂肪細胞が成人でもわずかながら存在することやベージュ脂肪細胞の発見[10]など新たな非震え熱産生の機構が解明されつつあり，今後，代謝量の個人差が生理学的にモデル化されることとなろう。なお，実代謝量の違い以外にも，脂肪層の厚みによる断熱性の違い，血流量調整の違い，発汗制御の違い，コア温度の違いなどが個人差の要因とされているが，高田ら[11]は2ノードモデルの内部パラメータを調整することで個人差を表現できるとしている。

活動状況が同じであっても，実代謝量は幅広く分布しており，これが快適温度の個人差の主要因となっているようである。照明や機器の発熱量が減少傾向にあるなかで，人体発熱は最後まで変わらず残り，最大の内部発熱要素となることが想定されるため，代謝量は内部発熱の観点からも重要である。そこで代謝量についてもう少し詳しく述べることにする。

日本人の基礎代謝量（BMR：Basal Metabolic Rate，仰臥覚醒安静状態で空腹時の代謝量）の推定式として，国立健康・栄養研究所の式[12]［MJ/日］

$$BMR = 0.0481W + 2.34H - 0.0138A - C \quad (3.3.1)$$

が栄養学の分野で用いられている。ここで，H：身長［m］，W：体重［kg］，A：年齢［歳］，C：性別定数（男性：0.4235，女性：0.9708）で，推定精度（変動係数＝標準偏差／平均値）は 8 % 程度である[13]。また，日本人の食事摂取基準 2015[14] では，年齢階級別に体重当たりの BMR の基準値も示されている。式 (3.3.1) は体重等の線形式になっているが，べき乗式で示した方が誤差伝搬を解析的に評価できるため，

$$BMR = CW^{0.545}H^{0.675} \quad [W] \quad (3.3.2)$$

を作成した（C は男性：5.00，女性：4.60）。年齢因子を無視したことも入れ，推定精度は 11 % 程度である。

体格の違いは体表面積当たりにすることでおおむね吸収されるとされてきたが，最近では単純に体重当たりで示した方が良いとされている（更に除脂肪体重との相関が高いとされている）。しかし，人体熱収支の観点からは，体表面積当たりで代謝量を表したい。そこで，蔵澄ら[15]の体表面積推定式（推定精度 3 %），

$$BSA = 0.244W^{0.383}H^{0.693} \quad [m^2] \quad (3.3.3)$$

を用いて，式 (3.3.2) を体表面積当たりにすると，

$$BMRs = CW^{0.162}H^{0.018} \quad [W/m^2] \quad (3.3.4)$$

となる（C は男性：20.5，女性：18.9）。日本人成

表 3.3-2 日本人成人（20〜69 歳）の基礎代謝量（BMR）と安静時代謝量（RMR）

性別	項目	身長 (m)	体重 (kg)	BMI (kg/m^2)	BSA (m^2)	BMRs (W/m^2)	BMR (W)	BMR 実測値[13] (W)	RMRs (W/m^2)	RMR (W)
男性	平均	1.689	67.42	23.62	1.76	41.1	70.9	71.2	49.7	87.2
	標準偏差	0.064	10.73	3.37	0.14	4.7	10.6	10.4	8.0	15.8
女性	平均	1.560	53.86	22.09	1.53	36.5	54.7	55.0	44.1	67.2
	標準偏差	0.057	8.96	3.57	0.12	4.1	8.2	6.3	7.1	12.1

人の身長と体重それぞれの対数はおおむね2次元正規分布となるが、BMI（Body Mass Index, W/H^2）の分布が合うように身長・体重の対数値の相関係数（男性0.442、女性0.284）を定めた上で、代謝量の分布を算出した結果を**表3.3-2**に示す。算出には日本人成人（20～69歳）の統計データ[16]を用いた（BMR実測値[13]は18～69歳）。BMRsは男性41.1±4.7、女性36.5±4.1 W/m^2、変動係数（標準偏差／平均値）は11 % である。安静時代謝量（RMR：Resting Metabolic Rate、REE：Resting Energy Expenditure ともいう）は、食事誘発性熱産生（DIT：Diet Induced Thermogenesis、後述）を含まない場合BMRの1.1倍、含む場合1.2倍とされているが、建築分野の研究ではDITを含むと考えるのが適切である。これよりRMRs（体表面積当たりのRMR）は男性49.7±8.0、女性44.1±7.1 W/m^2 となる（RMRsの変動係数は蔵澄ら[17]などを参考に16 % とした。個人内変動も10 % 程度あるとされる。前述の佐々ら[9]では女性56.2±9.7 W/m^2 で変動係数は17 % で同程度だが、平均値は12 W/m^2 大きい。自由選択環境下であることが影響しているのかもしれないが原因は不明である）。PMVやSET*では、RMRを1 met = 58.15 W/m^2 としているが、以上のように日本人はこれよりかなり小さい値になる。このことはこれまで多くの研究者によって指摘されているが[17]等、実際の温熱環境評価ではあまり参照されているとは言えず注意が必要である。

また、RMR/BMRを1.2としたがこの値自体の変動係数も11 % 程度あると考えられる。

次にDITについてだが、建築分野ではこれまで明示的に扱われていない。DITは総エネルギー消費量（TEE：Total Energy Expenditure）の6～10 % 程度とされている（蛋白質20～30 %、糖質5～10 %、脂質～5 %）[18]。TEEをBMRで除した身体活動レベル（PAL：Physical Activity Level）の標準値は1.75とされている[14]。これよりDITはBMRの11～18 % となるが、時間変動がある[19]ためばらつきに及ぼす影響は大きく、別に扱ったほうが本来好ましいと考えられる。

オフィス内の事務作業に関しては、RMRの1.2倍程度の値が用いられることが多いが、Ainsworth, B.E. et al.[20]では事務作業（座位、一般的な事務作業、打ち合わせ）の活動強度METsは1.5とされている。METsはDITを含まないRMRを基準としている（BMRの1.1倍）ため、DITを含んだRMRを基準とすると1.4倍弱だが、それでもかなり大きい値である。ただし、男性のRMRsを50 W/m^{2}とすると50×1.4 = 70 W/m^2 = 1.2 metと代謝量の絶対値は同じとなる。1人当たりの代謝量でみると男性120 W、女性92 Wが平均値となるが、変動係数は20 % 以上あると想定される。非運動性熱産生（NEAT：Non-Exercise Activity Thermogenesis）が近年注目されているが、オフィス内での実代謝量に関しては分布や時間変動も含め、更なる調査研究が必要であろう。

コラム 空調技術の行き着く先

空調技術はいつでもどこでも人が快適に過ごすことを可能とした。このことは均質で、ある意味退屈な建築で世界を満たすことにもつながった。この反省として地域に合った建築をというのがバイオクライマティックデザインである。これを建物外の多様性配慮とするならば、建物内の多様性、すなわち、建物の使われ方や人の多様性も受容するのがヒューマンファクターに配慮したデザインということになろう。それでは空調はどのようにこれに対応すればよいのであろうか。建物内に様々な温熱環境を作り、好きな場所を選択するというアプローチは最も省エネだがフリーアドレスが認められる必要がある。究極のパーソナル空調はウェアラブル冷却加熱デバイスだが、建物側からは個々人の代謝量が機器使用エネルギーだけ増大することと同値で望ましいとは言い切れない。感覚の共有が失われ「今日は暑いですね」という挨拶がなくなる未来もまた退屈な気がする。

第4章
ハイブリッド空調

4.1 ハイブリッド空調を見る

4.1.1 ハイブリッド空調 自然と機械 エネルギーの併用とアシスト

(1) 経済性と快適性

自然換気を行いながらエネルギーを使って空調をすることがハイブリッド空調の一般的な解釈とすると、たとえるに、オープンカーで走りながら冷房や暖房をかけるというネガティブなイメージにとらえられるかもしれない。しかし、「経済性」という点ではエネルギーの垂れ流しのようにも受けとめられるが、必ずしもそうではない。また「快適性」という点からも、自然換気と空調の併用は意外に快適であることが、一度、体感してみるとわかる。

図 4.1-1　オープンカー

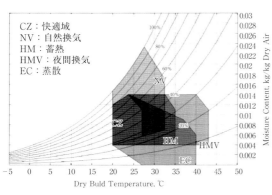

図 4.1-2　空気線図上の各手法適応範囲

図 4.1-3　大東文化大学　外観

図 4.1-4　大東文化大学の「なりゆき空調」事例

(2) 空気線図でみた自然エネルギー利用：「なりゆき空調」

「機械空調で一定の温湿度条件下の環境をつくる」という前提に対し、自然エネルギー利用でつくられる環境は「なりゆき空調」と呼ばれ、温湿度環境は「ある枠」に入っても、一定でなく、また場所によって均質でないため、機械エネルギーで「アシスト」することで最適な環境をつくることに「ハイブリッド空調」の本質がある。

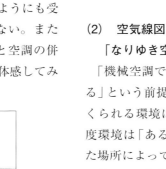

1. 夏季、中間期の昼間は日射を遮蔽+自然換気
2. 夏季、中間期の夜間は自然換気で躯体冷却
3. 冬季は日射を入れ、温室効果をねらう
4. 通年で自然採光を最大限に活かす
5. 多数の学生が集まる時はスポット空調を用いる

図 4.1-5　シミュレーション結果

自然エネルギー利用+スポット空調により空調負荷を76%削減

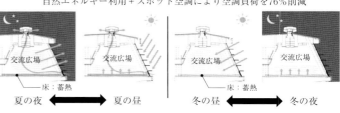

図 4.1-6　環境制御概念図

(3) 切替から連続へ：
自然換気＋機械空調の「アシスト」

自然エネルギー利用をベースに機械空調がアシストすると考えると，中間期の「機械空調」から「自然換気への切替」でなく，「自然換気でベースの環境をつくり」「スポット空調」を補助として使い，「自然換気をしながら同時に空調する」ことが可能となる。

4.1.2　ハイブリッド空調事例 IOC本庄早稲田

前述の事例では，「自然換気」と「機械空調」という対比でとらえたが，建物そのものを空調機械としてとらえることが可能である。次の事例はソーラーチムニーを利用した自然換気＋水冷パネルを併用し，中間期から夏季まで自然換気の期間を延長し除湿も行っている。空気の導入口は一般的な窓で，窓に面して設けた放射冷房パネルを外気が通りぬける過程で空気が冷やされると同時にパネルを直接結露させることで除湿が行われる。運用は利用者による窓の開閉で行っているため，自然換気時の室内温熱環境を完全にコントロールすることはできないが，中間期のみならず夏季においても自然換気の快適性を享受するとともに空調搬送動力削減で「快適性」と「省エネルギー」を両立させている。

窓から導入された外気は廊下との間の開閉式のドアガラリを通過して，ソーラーチムニーによる上昇気流で吸引されて屋上に排気される。

自然換気と水冷パネルに加え，スポット空調として，天井吊のファンコイルユニットが，用いられており，水冷パネルと同じ熱源を使用している。

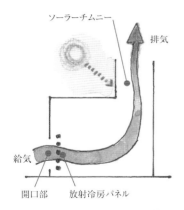

図 4.1-7　IOC 本庄早稲田の概念図

図 4.1-8　IOC 本庄早稲田　外観

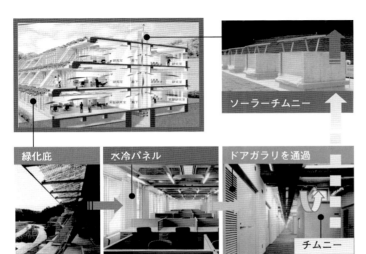

図 4.1-9　IOC 本庄早稲田の自然換気経路

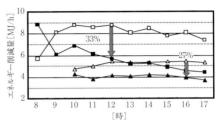

図 4.1-10　実測結果

4.1.3 ハイブリッド空調事例 白河データセンター

次の事例の用途はデータセンターで，基本の構成は「本庄早稲田」と同じくソーラーチムニーを利用した自然換気＋水冷コイルだが，前述の例が温熱環境を「なりゆき」としているのに対し，もどりのバイパスを設け，ダンパーによって空気の通り道を6つのmodeで自動制御で切替え，ASHRAEの基準を満たすべくコントロールしている。建物全体がひとつの空調装置ともとらえることができ，通路や部屋がダクトに相当し，空気の流れ

Mode 1 全量循環：冷却

Mode 4 全量外気：冷却

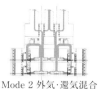
Mode 2 外気・還気混合：冷却・除湿

Mode 6 外気・還気混合：加湿・冷却

Mode 3 外気・還気混合

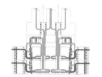
Mode 5 外気・還気混合：加湿

図 4.1-15　空調モード

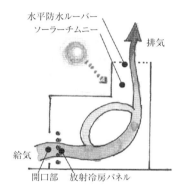

図 4.1-11　白河データセンターの概念図

図 4.1-12　白河データセンター外観

コールドアイル断面　　ホットアイル断面（床は空気が通れるグレーチング）

図 4.1-13　ホットアイルとコールドアイル

と人の動線とが同じスペースを共有し，建築の内部空間はまるで空調機の中のような構成となっている。

空気の内部循環の3つのルートはモーターダンパーの自動制御によりコントロールしている。

空気線図上で中央のASHRAEの推奨ゾーンに対して，温湿度環境別に6つのModeに分け，建物内の空気の流れを可変させ，外気と内部の熱い空気を混合させることでサーバーの温湿度環境を最適な状態に制御する。自然換気と内部循環の基本パターンに，冷水コイルによる「冷却と除湿」と空調機による加湿を機械エネルギーで補助し，年間で自然エネルギーにより負荷の83％をカバーしている。

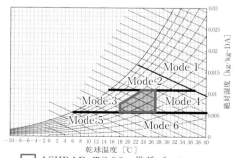

☐ ASHRAE TC 9.9 推奨ゾーン

図 4.1-14　室内環境推奨ゾーン

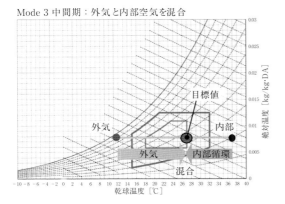

図 4.1-16　Mode3 空気線図

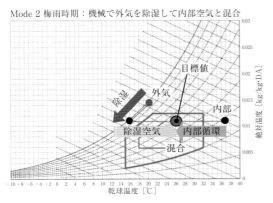

図 4.1-19　Mode2 空気線図

4.1.4　空気線図でみたハイブリッド空調：温湿度環境のコントロール

　自然換気で温度を下げることはできても除湿は難しいため，その部分を機械エネルギーで補完することで，理想的な温湿度環境へ制御することが可能である。最も単純な例として，通常の自然換気と機械による自然換気に除湿を加えた Mode2 と 3 の 2 つのケースの比較である。

　Mode3 では冷たい外気と内部の熱い空気を混合して最適な温度に制御するのに対し，Mode2 では外気を水冷コイルで結露させて除湿してから，内部の熱い空気を混合させることで最適な温湿度条件に制御する。

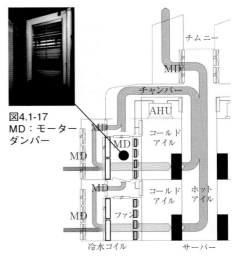

図4.1-17　MD：モーターダンパー

図4.1-18　Mode3

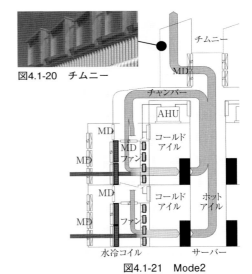

図4.1-20　チムニー

図4.1-21　Mode2

4.1.5　ハイブリッド空調の建物紹介

[1]　堺ガスビル　大阪府堺市住吉橋，用途：事務所，延床：7 155 m²，特徴：シーリングファン併用ハイブリッド

[2]　ヒューリック新本社ビル　東京都中央区日本橋大伝馬町 7-3，用途：事務所，延床：7 688 m²，特徴：ブースターファンを利用した換気駆動力のアシスト

[3]　電算本社ビル　長野県長野市大字鶴賀字河原 276-6，延床：9 873 m²，特徴：天井放射併用ハイブリッド

4.2 ハイブリッド空調を使う

4.2.1 ハイブリッド空調とは

　ハイブリッド空調という言葉を，ここでは「自然換気併用ハイブリッド空調」を指すものとし，自然換気システムの欠点を補い，省エネ性・快適性という長所を最大限享受するために機械空調によって最低限のエネルギーでアシストするシステムと想定する。アシストの概念を図 4.2-1 に示す。室内と外気のエンタルピーを比較して，外気の冷却効果が認められる場合に換気口を開放する条件としている場合，機械空調に切り替わると，その日のうちにふたたび自然換気に戻すことは難しい。それに対してハイブリッド空調は，一時的な冷房負荷処理や換気量の不足を補い，自然換気に近い室内環境に維持する事で，連続的に双方向の切替を可能にする。このようなシステムが実現できれば自然換気の時間数・省エネ性・快適性を最大化することが可能となる。

4.2.2 ハイブリッド空調システム事例

　換気窓付近に設置された結露許容型放射パネルと併用するハイブリッド空調としてIOC本庄早稲田を紹介する（図 4.2-2）。放射パネルは補助冷房と若干の除湿を行い，自然換気による冷却効果をアシストしている。最低換気量はファンで確保し，ソーラーチムニーを経由して温度差換気で排気しているため，ハイブリッド冷房とハイブリッド換気の両方に取り組んだ事例と言える。

4.2.3 ハイブリッド空調システム比較

　自然換気併用ハイブリッド空調は，図 4.2-3 に示すように，換気・冷房・快適性のうち，どの要素に対して機械空調でアシストを行うかによってシステムが分類できる。ハイブリッド換気のシステム例と定義は ANNEX35 の報告書[2]に詳しく記載されている。換気と冷房など複数の要素に対

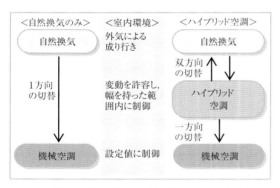

図 4.2-1　自然換気併用ハイブリッド空調の概念

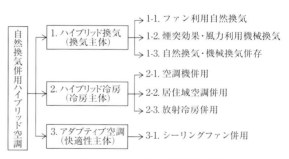

図 4.2-3　ハイブリッド空調の分類

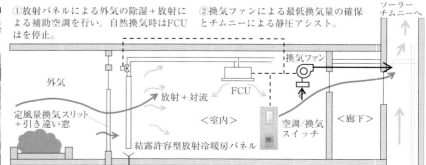

図 4.2-2　システム概念図（IOC本庄早稲田）

してアプローチした複合的なシステムもありえる。また，今後これ以外のシステムが考案される可能性も十分にある。表4.2-1，4.2-2に具体的なシステム比較を示す。

表4.2-1　ハイブリッド換気　システム比較

		1-1　ファン利用自然換気	1-2　煙突効果・風力利用機械換気	1-3　自然換気・機械換気併存
概念図				
概要		排気シャフト内に軸流ファンを設置し，換気駆動力をアシストする。	トイレの排気ファンや空調機の全外気モードを主体とし，自然換気の駆動力はアシストとして働く。	自然換気量が不足するゾーンのみ機械換気に切り替える。また季節により自然換気と機械換気を切り替える。
特徴		自然換気時と同じ換気経路で建物全体の換気量をアシストする方法である。軸流ファンの騒音や内部抵抗，動力に関して配慮が必要。	ゾーン毎に設置されたファンによって室毎の換気量のアシストが可能。自然換気時の換気経路とは別経路であり，機械換気からの逆流や風の流れの変化に配慮が必要。	各室の条件に合わせた選択には，自然換気システムの系統分けの細分化が必要となる。部分的に機械換気を行なった場合，給気口と排気口の面積比が変化して自然換気量に影響する。
適した条件	目的	換気駆動力の変動に対して一定の換気量を確保	機械換気の給排気経路において自然換気駆動力を利用	季節や時間帯によって負荷が大きく変動する用途や気候に対応
	自然換気方式	温度差換気主体	機械換気主体	
	その他	集約された自然換気用の排気シャフトをもつ場合	活用できる排気ファンや空調機・外調機が設置されている場合	—
代表事例		ヒューリック本社ビル	奄美病院 白河 DC	多数存在する

表4.2-2　ハイブリッド冷房・シーリングファン併用　システム比較

		2-1　空調機併用	2-2　居住域空調併用	2-3　放射冷房併用	3　シーリングファン併用
概念図					
概要		空調機による補助冷房や全外気送風と自然換気を併用	アンビエント域は自然換気を行ない，タスク域を空調により快適域に制御する。	放射により補助冷房を行う	シーリングファン等により気流感を増加させて快適性を確保する。
特徴		室内の温度ムラや湿度制御への対応が可能。自然換気時のVAVセンサーへの影響や吹出口の結露等への配慮が必要。	アンビエント空調用の自然換気口の位置とタスク空調用の空調吹出口の位置関係の検討が必要。	放射環境の制御により，許容室温の緩和にも寄与する。天井放射パネルでは結露への配慮が必要。	気流感と快適性に関して検討が必要。
適した条件	空調負荷	負荷密度および変動が大	負荷密度および変動が大	負荷密度および変動が小	負荷密度および変動が小
	天井高	事務室程度	高天井	事務室程度	事務室～高天井
	室の奥行	深い	深い（床吹出空調では20m程度まで）	浅い	浅い
	湿度制御	ある程度制御が必要	ある程度制御が必要	成り行きでもよい（結露への配慮は必要）	成り行きでもよい
	その他	大部屋	タスク空調が支配的な場合	中～小部屋	室内温湿度の許容範囲が広く，省エネ重視の用途
代表事例		竹中工務店東京本社	日産自動車グローバル本社 NEXUS HAYAMA	電算本社ビル IOC 本庄早稲田	堺ガスビル

4.2.4 設計のポイント

(1) ハイブリッド空調が適応される外気条件

東京での自然換気に適した外気状態とその時間数を空気線図上で表したのが図4.2-4である。一般的な自然換気口開放条件では，中間期昼間の合計時間数1820時間のうち自然換気に適した外気状態は600時間程度であり，中間期全体の1/3程度であることがわかる。しかし，条件によって即座に全面的な機械空調に切り替えるのではなく，領域によっては補助空調によって外気の状態を整え，室内環境への影響を緩和する事で自然換気を継続する事もできる。例えば図4.2-4の「ハイブリッド空調」の領域であり，含まれる時間数は400時間以上存在する。

(2) 自然換気の必要換気量

自然換気では外気風と室内外温度差により換気量が変動するため，機械換気にて最低換気量を確保する事が必要となるが，ハイブリッド冷房を行う場合は最低換気量以上の風量が必要となる。自然換気システムの設計時は図4.2-5のように中間期の負荷と設計室内外温度差から必要換気量を求め，確保する換気量（換気回数）を決定する。しかし，室内外温度差が小さくなる時間帯はハイブリッド換気でのアシストを考えるべきである。室温設定値に近い24～26℃の外気によって負荷を処理することは風量的にも現実的でないことが多く，置換空調等により温度成層を形成し，排気温度を上げるなどの対応が考えられる。

(3) 内部発熱と外気冷房効果

温度差換気時の自然換気による処理負荷量とその時の室内温度，外気温度を示したものが図4.2-6である。図にあるように負荷は外気温と比例して右上がりに増加する傾向にあるが，自然換

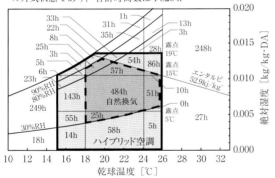

図4.2-4 中間期の外気状態（東京 中間期 昼間）

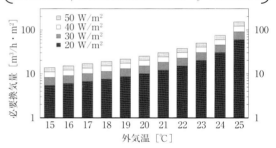

必要換気量 $Q = H/(0.33 \cdot (t_i - t_o))$ (4.2.1)
ここで，Q：必要換気量[m³/h·m²]，H：自然換気時の平均冷房負荷[W/m²]，t_i：目標室内設定温度26[℃]，t_o：外気温度[℃]

図4.2-5 室内外温度差と必要自然換気風量

自然換気の処理負荷は以下の考えにて算出している
室内負荷と自然換気により処理負荷が等しく，定常状態になっていると仮定すると
$H - \sum UA_i \Delta\theta = C_p \rho V \Delta\theta$ (4.2.2)
が成り立つ。これに温度差換気基本式
$V = \alpha A \sqrt{2/\rho_0 (\rho_0 g \Delta h_i \Delta\theta/\theta_i)}$ (4.2.3)
を代入して，ある外気温での自然換気処理負荷と定常状態の室温を求めた。
中性帯と給気口高低差 h_i は20 mと想定し，左記グラフにて $\alpha A = 0.004$(m²)としている。

<凡例>H：内部発熱・日射負荷[W/m²]，U：外皮熱貫流率[W/m²·℃]，A_i：外皮面積[m²]，$\Delta\theta$：室内外温度差[℃]，C_p：空気比熱[J/kg·K]，ρ：空気密度[kg/m³]，V：換気量[m³/s·m²]，αA：換気口実効面積[m²]，h_i：中性帯と換気口の高低差[m]，$\Delta\theta$：内外温度差[K]，θ_i：室内温度[K]

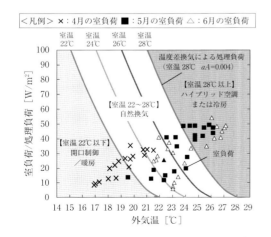

図4.2-6 温度差換気による自然換気処理負荷量と室負荷がバランスする範囲

気による冷却効果は右下がりに減少する傾向にあることがわかる。換気口の面積を室温に応じて調整することができない場合は，中間期の負荷のすべてを自然換気のみでカバーすることは難しい事がわかる。よって，図 4.2-6 の場合，ハイブリッド空調では，室温 28 ℃ のライン以上にプロットされる負荷に対して，機械空調で不足分の負荷の処理をアシストするように考える。

(4) ハイブリッド空調の切替条件

図 4.2-7 に空調機によるハイブリット空調モードの自動制御フロー例を示す。各モード（自然換気・ハイブリッド空調・空調）の切替条件の設定が特に重要となる。一般的には室温のみで判断することも多い。例では CO_2 センサーと室温センサーを用いた制御としているが，人感センサー，外気温湿度センサー，差圧計等による制御事例などもあり，運用法とシステムの多様化に配慮して決定する必要がある。

(5) ファン併用時の換気量

最低換気量は建築基準法上の換気量や CO_2 濃度を基準とし，外調機やファンの CO_2 制御などによって行う。また，最低外気量のみ換気設備にて常に確保する方法も考えられる。

自然換気と機械換気の併用時は，ファンの特性を理解して設計する必要がある。図 4.2-8 に P-Q 特性図を利用した自然換気と機械換気併用時の換気量の検討例を示す。自然換気駆動力とファンの性能を直列合成し，経路の抵抗曲線との交点を求める方法である。詳細に関しては文献 4) を参照のこと。

4.2.5 シミュレーションによる検証

設計時にはシミュレーションによる性能確認と最適化が重要である。ハイブリッド空調の効果は BEST プログラム（専門版）の自然換気計算機能などで検討する事が可能である。都市の違いによる効果の違いを試算した例を図 4.2-9 に示す。都市による自然換気時間数，省エネ効果の違いが確認でき地域特性を充分に考慮した設計が重要であることがわかる。

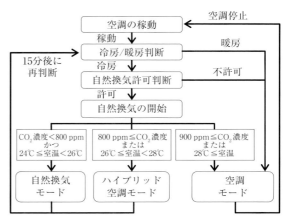

図 4.2-7 自動制御フロー例

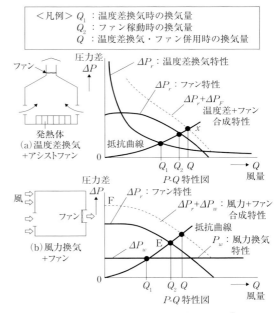

図 4.2-8 機械換気と自然換気の併用 [4]

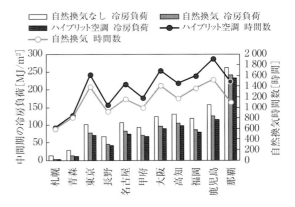

図 4.2-9 BEST 専門版による検討例 [6]

4.3 ハイブリッド空調を学ぶ

4.3.1 ハイブリッド空調の利点

自然換気併用ハイブリッド空調は，快適性と経済性を両立できる点ですぐれたポテンシャルを有している。ハイブリッド空調の利点は以下の四つと考えられる。

① 冷房用エネルギーの削減
② ファン動力の削減
③ 静粛性
④ BCP 対応

4.3.2 ハイブリッド空調の利点を活かす原理

(1) 外気導入のメリット

空調時（冷房）においても，自然換気によって室内よりもエンタルピーの低い外気が導入されれば，室内の発熱を除去することができる。いま簡単のために，顕熱だけを考えることとし，室内負荷（発熱量）を H [W]，外気温度を θ_i [℃]，自然換気量を Q_N [m³/h]，室内空気温度を θ_i [℃]，空調（冷房）による熱除去量を H_{AC} [W] とし，定常状態を仮定すると次式が成り立つ（$c_p\rho$ は空気の容積比熱 [Wh/m³℃]）。

$$H_{AC} = H - c_p\rho Q_N(\theta_i - \theta_o) \quad (4.3.1)$$

式 (4.3.1) より，外気温 θ_o が室温 θ_i より低い場合には空調による熱除去量は少なくてすみ，その分省エネルギーが図れることになる。

一方，この式を変形すると，次式が得られる。

$$\theta_i = \frac{H - H_{AC}}{c_p\rho Q_N} + \theta_o \quad (4.3.2)$$

右辺第1項は外気温度からの昇温を意味しており，当然のことではあるが，この項は空調による処理エネルギー H_{AC} が大きいほど，また自然換気量 Q_N が大きいほど，室温上昇が小さいことがわかる。

(2) 室内混合性状と温度分布

ここで，対流式の通常空調の場合，還気の温度を θ_R [℃]，空調の給気温度を θ_S [℃] とし，顕熱だけを考えると，空調処理熱量 H_{AC} は次式で表される。

$$H_{AC} = c_p\rho Q_{AC}(\theta_R - \theta_S) \quad (4.3.3)$$

室内が完全混合であれば，$\theta_R = \theta_i$ となり，式 (4.3.3) とともに 式 (4.3.1) に代入することにより，式 (4.3.4) となる。

$$\theta_i = \frac{H}{c_p\rho(Q_N + Q_{AC})} + \frac{Q_N\theta_o + Q_{AC}\theta_S}{Q_N + Q_{AC}} \quad (4.3.4)$$

この式の右辺第1項は，総風量 $Q_N + Q_{AC}$ により発熱を希釈した温度上昇，第2項は空調空気と自然換気による給気を総合した等価給気温度とも言えるものである。ここで，もし室内が完全混合ではなく，温度分布がある場合には，居住域の温度を θ_i より低くすることにより，θ_i を高く設定できることになり，より省エネルギーを図ることができる。

ここで室内気流分布と室温との関係について，考えてみたい。通常の空調設計では，室温と還気温度あるいは排気温度が等しいものと仮定することが多いが，実は必ずしも還気温度や排気温度は室平均温度とは等しくない。室平均温度は発熱の移流・拡散性状によって決まるため，熱バランスで決まる還気温度や排気温度と等しいとは限らないのである。

(室平均空気温度) ≠ (還気温度) or (排気温度)

ここで図 4.3-1(1)，(2) をご覧頂きたい。室内の気流が完全混合の状態になっている場合，室内での発熱は瞬時に拡散・混合するために，室内には温度分布が生じない。しかし，例えば全面床吹き出し空調のように，室内にピストン流が形成される場合には，給気から排気口までの間に発熱分布によって温度分布が形成され，居住域を給気口に近い位置に配置できれば，給気温度を高く設定することができ，除湿しにくくなるものの外気負荷が小さくなり，室内外の平均的な温度差もやや小さくなり，省エネルギーが可能になることがわかる。

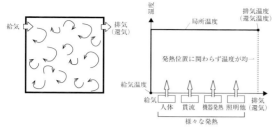

(1) 完全混合の場合

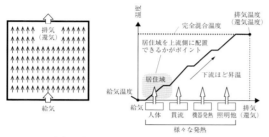

(2) ピストン流の場合（床面吹出し）

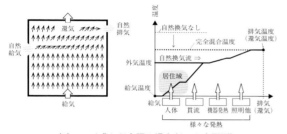

(3) ハイブリッド空調の場合（タスク空調型）

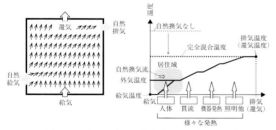

(4) ハイブリッド空調の場合（タスク外気導入型）

図 4.3-1 室内気流性状と空気温度分布との関係

ここで，図 4.3-1(3) のように室上部の高温空気を自然換気によって効率的に排出できれば，さらに空調への投入熱量を減らすことができる可能性があることがわかる。この図は，外気はいわゆるタスク域には導入せず，アンビエント域の熱除去に効果的に使うタイプであるが，図 4.3-1(4) のようにうまくタスク域に自然換気を取り入れる方法もあり得るだろう。このように自然換気の導入方法には外気温度に応じて，さまざまな方法が

考えられ，設計には外界条件に応じた室内気流のCFD 解析など，複雑な予測計算が必要となる。

(3) ハイブリッド空調の省エネルギー性

ここで改めて，ハイブリッド空調の省エネルギー性について考えてみたい。図 4.3-1(3) のように，室内を居住域と非居住域に分けて考えることにより，空調の効果は大きくなる。しかし，ことはそれほど簡単ではない。室内気流と熱移動を制御するためには，流体力学の力を借りなければならない。現状では，ハイブリッド空調の性能の正確な予測は実験や CFD などに頼らざるを得ないと言える。

図 4.3-2 は，ハイブリッド空調を採用したモデル事務室を対象として，CFD によって求めた自然換気の流入温度と空調投入熱量との関係[1]である。このモデル事務室では，窓上部から自然風を取り込み，対向面の窓上部から自然排気が行われる。図は，自然換気の換気回数を 10 回/h とし，絶対湿度を固定条件として，居住域（タスク域）の平均温度を 26℃ になる様に空調を制御した場合である。この図から，室内の気流を適切に制御することで，空調への投入エネルギーを削減し，自然換気の省エネ性を高めることができることがわかる。この理由は，図 4.3-1(3) と同様に，居住者の温冷感を快適に保つために，非居住域で発生した例えば照明などの熱を居住域に拡散させずに自然換気によって屋外に排出することができるからと考えることができる。

室内の気流と熱の混合性状によって省エネルギー性が変わること，また，外気温度によって自然風の利用の仕方を変えることが重要であると言

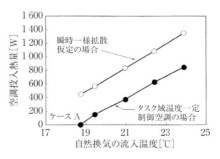

図 4.3-2 自然換気流入温度と空調投入熱量との関係[1]

4.3.3 自然換気と空調の組み合わせ方法

ハイブリッド空調において，自然換気による外気の取り入れ方法と空調吹き出し方法の組み合わせによって，エネルギー効率と快適性はどう変化するのかを見てみたい。

LIMら[2]は，南北に長い中規模事務所ビルを対象として，さまざまな空調吹き出し方法と自然換気導入方式の組み合わせについて，エネルギー効率とCFDによって検討を行った。

表4.3-1は，空調と自然換気の組み合わせ条件を示したものであり，図4.3-3は，各条件の空調処理熱量と室内居住域平均温度の関係を示したものである。なお，空調の吹出し風量は，外気温度を18℃，空調吹出し温度を20℃，室温を24.9℃と固定し，完全混合を仮定した熱収支より求めている。

図4.3-3から，検討された8通りの組み合わせ条件のなかでは，AC-NW$_H$，すなわち，自然換気は天井面付近から導入し，空調は天井面からの吹き出し・吸い込みとする条件が最も空調処理熱量が小さく，居住域温度も低く抑えることができる

表4.3-1 空調吹出しと自然換気導入の組み合わせ条件[2]

		Introduction Method of Natural Ventilation (⇨)			
		NC	NX$_H$	NW$_L$	NF
Supply Method of Air-conditioning (→)	AC	AC-NC	AC-NW$_H$	AC-NW$_L$	AC-NF
	AF	AF-NC	AF-NW$_H$	AF-NW$_L$	AF-NF

図4.3-3 空調負荷処理熱量と室内居住域温度との関係[2]

ことがわかる。このような検討は，一つのアプローチではあるが，別途温度分布についての検討が必要であると言える。とくに，日本のオープンプランのオフィスでは，平面的に大きな温度分布が生じることが懸念される。とくに，自然換気口の近くの執務スペースでの気流感と温度低下による熱的不快感には十分な配慮が必要である。

例えば，側窓から外気を取り入れる場合，側窓付近の在室者の温冷感で，自然通風が利用できる外気の最低温度がほぼ決まってしまうことになる。図4.3-4[3]は，自然換気によって窓下のペリカウンター上部から吹き出す場合と，天井面近くから吹き出す場合での室内気流と温度分布をCFD解析により予測し，比較した例である。図の左端が窓であり，右側には室が続いている。図だけからはわかりにくいが，ペリカウンターから外気導入を行う場合には，外気がそのまま窓際の在室者に当たるため，外気が低温の場合には不快感が予想され，自然換気の利用が困難と判断されるのに対し，天井面に沿って吹き出す場合には，室奥まで外気が到達し，窓際在室者の不快感を回避でき，外気の利用期間が長くなると考えられる。

図4.3-5は大阪市内の高層オフィスビル（図4.3-6に同じ）を対象として，導入下限温度と自然換気時間との関係を示したものである。下限温度を低く設定するほど自然換気時間を長く取ることが可能となり，より省エネルギーが図れることがわかる。

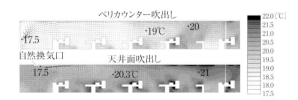

図4.3-4 ペリカウンター吹出と天井面吹出の温度・気流の比較[3]（外気温：17.5℃，外部風速：5m/s）

図4.3-5 天井面吹出時外気導入下限温度と自然換気時間[4]

4.3.4 室内気流の評価手法

(1) 給気の分配と給気口の効果の評価手法

ここまで，ハイブリッド空調では温度分布が重要であることを述べた。しかし，温度分布だけでは熱や空気の移動に関する情報がないために，最適な設計を行うことは容易ではない。そこで，取り入れる外気や空調空気の分配に関する評価手法の活用が考えられる。これまでに，室内の混合性状を評価するためのさまざまな指標が提案されているが，給気口の勢力を評価する指標としては，以下の指標が有効であると考えられる。

a. 給気口別局所空気齢[5]

LIMら[5]がその現場測定方法とともに提案している指標であり，各給気口から，室内各点まで到達する外気の平均時間を評価するものである。これは，加藤ら[6]の提案した換気効率指標第3（SVE3）に名目換気時間を乗じたものに等しい。

b. 換気効率指標第4（SVE4）

小林ら[7]が提案した指標であり，吹出し口の勢力範囲として，対象とする吹出し口からの空気がどの程度到達しているかを評価する指標である。複数の吹出し口がある場合に，どの吹き出し口からの勢力が大きいかを判断することができる。予測はCFDでの解析を必要とするが，LIMら[5]により現場や模型実験での測定法も提案されている。

c. 温熱環境形成寄与率第3（CRI3）

加藤ら[8]が提案した指標で，室内各点の温度下降に対して，吹出し口を含む熱源の寄与の割合を評価する指標であり，例えば自然換気口と空調給気口のどちらによって，より温度が変化するかを知ることができる。CFDにより算出できるが，SVE4同様LIMら[5]により現場や模型実験での測定法も提案されている。

(2) 室内気流評価の実例

図4.3-6に示す風力換気併用ハイブリッド空調が導入された高層オフィスビルの事務室を対象に，CFD解析によりSVE4とCRI3の分布を求めた例を図4.3-7に示す。外部風速は西風（図の左からの風）とし，換気回数が5回/hとなる設定と

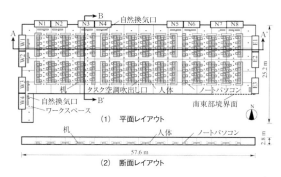

図4.3-6 風力換気併用ハイブリッド空調事務室の例[9]
（自然換気口：W1-W4, N1-N8, E1-E3）

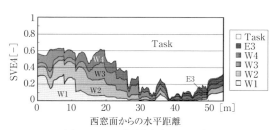

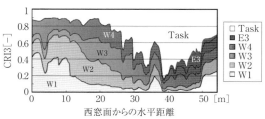

図4.3-7 西風時の室内SVE4およびCRI3の水平分布[9]
（床吹き出し口：Task）

した。図中の記号は図4.3-6中の自然換気口と床吹きのタスク吹出し口を意味する。図より，室内の場所によって自然換気口の効果が異なることがわかり，給気口配置の有用な資料となり得る。

第5章

デシカント空調
(潜顕分離空調システムによる省エネ/調湿システム)

5.1 デシカント空調を見る

5.1.1 デシカント空調の特徴

　政府は地球温暖化防止策のひとつとして，オフィスの設定温度を緩和するCOOL BIZ & WARM BIZを2005年に提唱している。一方で，夏季に室温を高めることは温熱満足度や知的生産性の低下につながることが指摘されており，省エネルギーと快適性を両立させる我慢しない省エネルギーが望まれている。

　日本を含めたアジア圏の空調は除湿，加湿を含めた調湿技術が執務空間の快適性を実現する要素の一つであり，さらに調湿に係るエネルギーをいかに削減するかは，省エネルギーの大きな要素である。

　デシカントとは，乾燥材で空気中の水分を直接的に除去し，取り除く仕組みである。デシカントは多湿な地域での採用や，外気を多く取り入れる会議室，ホールおよびCOOL BIZに取り組みながら低湿度を実現したいオフィス等への採用に適している。

　例えば，冷房の際，一般的な室内設定は温度：26℃，湿度50％（①）であるが，COOL BIZなどで一般的な空調機により室温を高めに設定した場合，湿度は制御できず50％を超え成り行き（②）となる。室内空気のエネルギー（エンタルピー）はそれぞれ図5.1-1のようになる。室内空気のエンタルピーが高い状態は，執務者にとっては不快な状態と考えられるため，執務者にとって②の状況は①の設定より，はるかに不快な状態となる。COOL BIZの不快感はこの現象が大きな原因となっている。この際，室内空気を高温とし（28℃程度），湿度を低湿度（40％程度）（③）とすることができれば，図のように従来の冷房設定と同等の室内状態とすることができる。

　上記のように高温低湿度の環境は，従来にある空調方式でも実現することができたが，一般的な空調に比べより多くのエネルギーが必要であった。

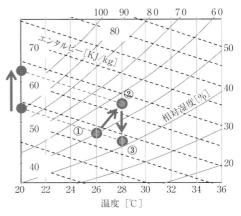

図 5.1-1　夏季の室内設定とエンタルピー

デシカント空調は，無駄なエネルギーを消費することなく高温低湿度の環境を実現することができ，快適性を維持することを可能とする空調方式である。

5.1.2 デシカントの基本的原理

　デシカント空調とは，冷水などを用いる空調システムと異なり，乾燥材（Desiccant）を用いて空気中の湿分を除去するシステムである。

(1) デシカント空調用除湿剤

　デシカント空調に用いられる除湿剤は，湿式と乾式に分類される。湿式は除湿剤の飛散の問題などから最近ではほとんど採用されていない。本稿では乾式の除湿剤について紹介する。

　乾式の除湿剤には，シリカゲル系やゼオライト系，高分子収着剤などがある。図5.1-2に各種デシカントの再生（脱着）温度範囲を示す。

(2) 吸着と脱着，収着と脱着

a. 吸着・脱着の原理

　デシカントに空気が接触すると空気中の水蒸気が吸着されて，空気が乾燥される。デシカントとして一般的なシリカゲル系やゼオライト系の水蒸気の吸着の原理は，デシカントの表面吸着と無数の細孔による毛細管凝縮による。

　シリカゲル系やゼオライト系では，個体表面に

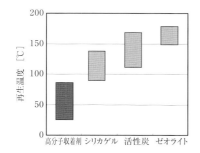

図 5.1-2　各種吸着剤の再生（脱着）温度範囲[1]

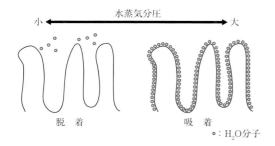

図 5.1-3　吸着のメカニズム[2]

水蒸気が吸着する現象を利用したもので，高温再生用除湿剤として用いられる（図 5.1-3）。

b．収着と脱着

最近では低温度領域で再生可能な高分子収着剤も開発が進み採用事例が増えてきている。高分子収着剤は高分子の架橋体が変形しながら，その周囲に水蒸気分子が比較的弱い結合力で付着し除湿を行う（この現象は「収着」と呼ばれる）。また，他の除湿剤と比較して多くの水蒸気を吸湿する。収着原理を図 5.1-4 に示す。また，水蒸気付着の結合力が弱いので収着剤の再生も低温で行うことができる。

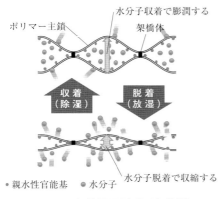

図 5.1-4　収着原理（高分子収着剤）

5.1.3　従来の空調とデシカント空調

(1)　従来空調（冷却除湿・再熱方式）

従来の空調は，空調機などに組み込まれたコイルに冷水などを通水し，冷えたコイルに空気を接触させることで，空気を冷却している。この際，コイル表面に空気中の水分を結露させ，空気と水を分離し除湿を行っている。一般的に空気を除湿（空気中の水分を結露させる）するためには，空調に適当な空気温度よりも空気を冷却する必要がある。過度に冷却した空気をそのまま室内に供給するのは，快適性を損なうことがあり，そのため，冷却した空気を再度加熱するなどを行い，適切な温度調整を行い室内へ空気を供給している（図 5.1-5）。

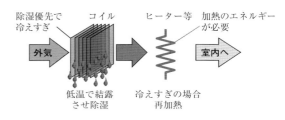

図 5.1-5　従来空調方式概念図

(2)　デシカント空調

デシカント空調は，室温を高めに設定しても相対湿度を低くすることで快適性を維持することが可能な空調方式であり，冷却除湿・再熱方式のように再熱を伴わず湿度を維持することが可能となる。

デシカント方式は，除湿剤によって水分を除去，分離する。従来方式は，空気中の水分を冷却し取り除く間接的な方式であるが，デシカント方式は，空気中の水分を吸湿させて直接的に取り除く方式である。デシカント空調は，デシカントにて除湿した空気をコイルなどで冷却することにより，適切な温度・湿度を供給するシステム（図 5.1-6）である。

デシカント空調は，湿度（潜熱）と温度（顕熱）をそれぞれ個別に制御することから，潜顕熱分離空調と呼ばれる。

(3)　デシカント空調のメリット・デメリット

デシカント空調は次のようなメリットがある。

- 従来方式のように過度に冷却する必要がない。

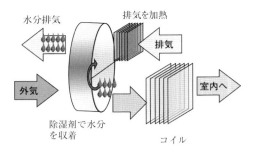

図 5.1-6　デシカント空調方式概念図

図 5.1-7　飯野ビル外観（手前のⅡ期工事部分は CG）

室内熱負荷が小さい場合などは，従来のように，除湿のために過度の冷却にて除湿を行う必要がない。

このため負荷が小さい場合は，冷たい空気を吹かなくて済む。室内温度と吹出し温度の差を小さく抑えられるため居住者に対してやさしい空調が可能となる。

- 湿度（潜熱）と温度（顕熱）をそれぞれ個別に効率良くコントロールすることができるため空調機の効率を向上することができ，省エネルギーに貢献する。また，COOL BIZ などのように室温を高めに設定する際に湿度コントロールが可能であり高温・低湿度が実現できる。
- 冬季には加湿に寄与する。
- 放射空調との相性が良い。

デシカント空調には次のようなデメリット（開発要素）がある。

- 除湿剤を空調機などに組み込むため，空調機機器が従来空調機に比べ大きくなる。
- イニシャルコストが従来空調機に比べ高い。
- 除湿剤再生のための温熱が必要となる。

5.1.4　デシカント空調の事例

（1）　飯野ビルディング（室温再生デシカントの事例）

飯野ビルディングは，1960 年に竣工した旧ビルの建替えである。計画にあたっては，"新たな 100 年へ航海する環境建築" としての都市型テナントオフィスビルの実現を目指し，①自然換気のできる全周ダブルスキンの高層テナントオフィス，②室温再生型デシカント空調とフリークーリング・超高効率蓄熱槽の採用，③放射・パーソナル空調制御とテナントの見える化を実現した BEMS，④資産価値の見える化に関する評価の4つのテーマを課題として計画・実施している（図 5.1-7）。

オフィスの空調計画においては，国内初となる「室温再生型デシカント空調機」を開発した。高分子収着材ローターを活用することにより，除湿剤の室温での再生を可能とし，室内からの戻り空気で除湿剤を再生させることが可能となった。

デシカント空調は，温度と湿度を個別に制御することで高い温度設定で低湿の空調が可能となり，快適性を損なわずに省エネルギーに向けた COOL BIZ 対応ができる。空調機械室およびデシカントローター外観を図 5.1-8 に示す。デシカント空調機の除湿処理プロセスを図 5.1-9 に示す。高温高湿の外気を冷却加熱兼用のプレコイルにて予冷・予除湿させた後，デシカントローターを通過させ

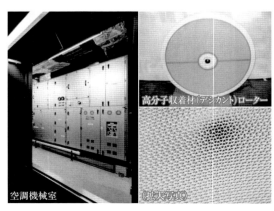

図 5.1-8　飯野ビル デシカント空調機・デシカント

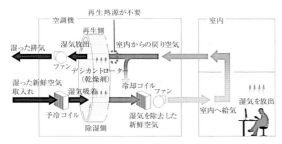

図 5.1-9 デシカント空調概念図

ることで低湿な処理外気を生成する。室内還気と混合させ，冷却専用のアフターコイルにて温度のみ調整し，室内へ給気する。デシカントローターの再生には常温の室内排気を利用している。

(2) 電算本社ビル（デシカントと放射空調の組合わせ事例）

長野県に拠点を置く，情報サービスを行う会社の本社ビルの新築計画である。「長野の恵まれた自然エネルギーの最大限利用」，「執務者の快適性と知的生産性を最大限に向上させるオフィス空間の創造」をコンセプトとし，建築設備一体となった最先端技術の導入によって，中小規模での環境配慮オフィスのプロトタイプを目指し計画された。

オフィスの空調は，天井，床，窓それぞれの放射を調整することができる，『全面放調システム』を導入した。

また，OAフロア内に外気をデシカント空調機で処理した空気を吹き出し，空気をOAフロアカーペット全体から染み出す床染み出し空調とし，新鮮外気を居住域に効率的に供給するシステムとしている。デシカント空調と放射空調を組合わせたシステムとして構築している（図 5.1-10）。

(3) 静岡ガス本社ビル（自然エネルギー活用型デシカントの事例）

地域を支えるエネルギー会社の本社として，次の3つの環境コンセプトを掲げ計画は行われた。①静岡地区における ZEB 実現の先導的役割を担う。②静岡駅前地区の BCP 性能の向上を図る。③将来的に静岡駅前地区のスマートエネルギーネットワークを実現する。

静岡ガス本社ビルでは，「地熱と太陽熱を組合わせた自然エネルギー活用型のデシカント冷房」を導入することで，大幅な省エネルギーと快適性向上の両立をめざしている。

5.1.5 デシカント空調（の建物紹介）

[1] 飯野ビルディング　東京都千代田区内幸町 2-1-1，用途：事務所，特徴：室温再生デシカント

[2] 電算本社ビル　長野県長野市鶴賀七瀬中町 276-6，用途：事務所，特徴：デシカントと放射空調の組合わせ

[3] 静岡ガス本社ビル　静岡県静岡市駿河区八幡 1-5-38，用途：事務所，特徴：デシカントと地熱の組合わせ

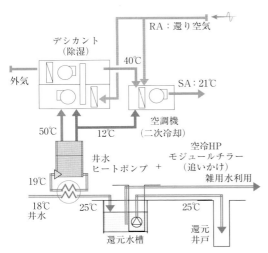

図 5.1-10 電算本社設備システムフロー（夏季）

5.2 デシカント空調を使う

5.2.1 デシカント空調のしくみ

(1) 除湿剤について

除湿剤としては，シリカゲル系吸着剤，ゼオライト系吸着剤，高分子収着剤などがある。

従来，多く用いられてきたシリカゲルやゼオライトは，その再生（脱着）に80℃以上の高い温熱が必要（図5.1-2）であり，また除湿剤（吸着材）の破砕劣化による機能低下などがあるため，産業用空調用途以外には普及が進んでいない。

(2) 高分子収着剤

高分子収着剤はポリアクリ酸高分子収着剤（図5.2-1）を採用している。この除湿剤（収着剤）は高分子の架橋体が変形しながら，周囲に水蒸気分子が比較的弱い結合力で付着し，除湿（収着）を行う（図5.1-4）。

■高分子収着剤の特徴

① 高分子収着剤は水蒸気付着の結合力が弱いので再生（脱着）は25～80℃の低温で行うことができる（図5.1-2）。

② 収着・脱着による性能劣化がないので，除湿ロータ（剤）の長寿命化が図れる。

③ 図5.2-2は，各種除湿剤に対する水蒸気の吸湿率（材料の質量に対する吸湿した水蒸気質量の割合）と相対湿度の等温吸着曲線である。高分子収着剤は高湿度域でシリカゲルの2倍以上の吸湿能力があることがわかる。

④ 高分子収着剤は，収着メカニズムにより，水蒸気は収着剤細孔表面に付着形成された水分薄膜で囲まれて形成された細孔への毛管凝縮現象によりトラップされることから，臭い成分もその薄い水膜に溶け込むが再生の際，水分とともに大気中へ放出されるため，蓄積が起こらない。

以上のような特徴より除湿剤として，高分子除湿剤の採用事例が徐々に増加している。

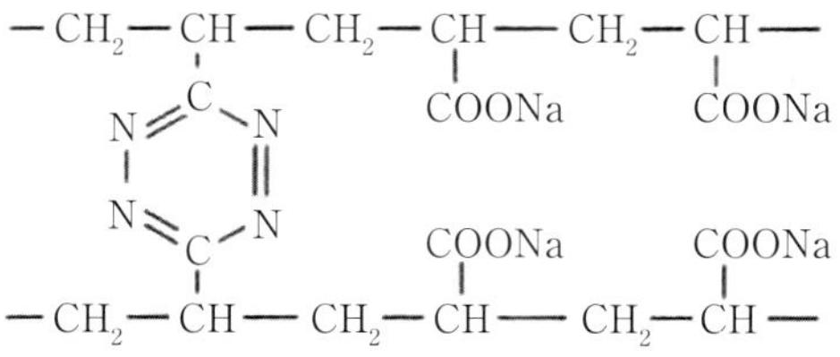

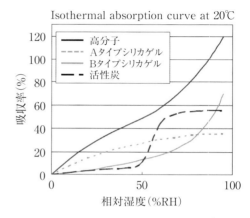

図5.2-1 高分子収着剤の分子構造[1]

図5.2-2 各種吸着剤の等温吸着線[2]

5.2.2 デシカント空調の設計フロー

デシカント空調の概略設計フロー（図5.2-3）について説明する。

(1) デシカントの再生熱源の検討

対象室の空調熱負荷（外気負荷，室内発熱，外皮負荷）を算出後，建物全体のシステム設計の過程でデシカント再生用温熱源の検討を行う。太陽熱などの自然エネルギー利用やコージェネレーション排熱の利用，室内レタン空気熱利用など建物全体のコンセプト，エネルギーシステムとしての最適化を図る。

(2) システム構成

顕熱交換器または全熱交換器との組合わせ，さらにコイルは予冷コイルや冷水コイル，温水コイル，デシカント再生用コイルの順番，配置をおよその制御フローをイメージしながら概略決定する。

(3) デシカント剤の選定

デシカント剤については前述のようにさまざまな材料がある。コストや耐久性，潜熱処理量などの検討要素をもとに総合的に決定する。デシカント剤の潜熱処理量はカタログなどでメーカー各社から提供されているものもあるが，まだ十分でない。必要に応じてシミュレーションや性能試験なども実施する必要がある。

とくに，ローター（回転式）形状のデシカントの場合はローターの回転スピードにより除湿性能，加湿性能も変化するため，必要に応じて性能試験にて確認を行う。

ケースバイケースで図5.2-3の設計フローを繰返し検討することで最適解を求める。

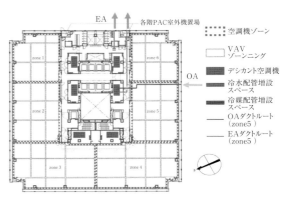

図5.2-4 空調基準ゾーニング

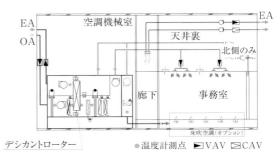

図5.2-5 基準階空調システム概念図

各階，各機器の単一ダクト方式とし，室内温度の変化に合わせVAV制御を行う。図5.2-4に空調ゾーニング，図5.2-5に基準階空調システム概念図を示す。

デシカント空調は，温度と湿度を個別に制御することで高い温度設定で低湿の空調が可能となり，快適性を損なわずに省エネルギーに向けたクールビズ対応ができる。

図5.2-6は飯野ビルにおける室温再生型デシカント空調システムの除湿プロセスを空気線図にしたものである。予冷コイルとデシカントローターにより潜熱を処理し，還気と混合後，冷却コイルで顕熱を処理する。給気を顕熱比（SHF）0.9，外気と還気の混合比を20：80，デシカントローターの絶対湿度交換効率を55％と仮定し，給気に必要な絶対湿度やデシカント処理出口の絶対湿度，デシカント処理入口温湿度（プレコイル出口温湿度）を求め，デシカントローターによる除湿量の目標値を設定した。室内温度26℃，50％RHの時，処理入口温湿度は12℃，8.26 g/kg'でデシカン

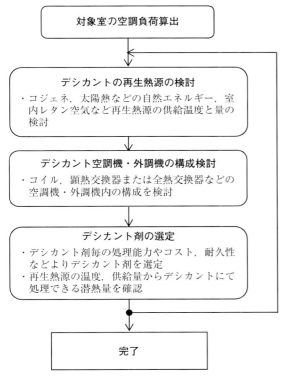

図5.2-3 デシカント空調設計フロー

5.2.3 デシカント空調の運用実績例

5.1.4 デシカント空調の事例［1］にて紹介した飯野ビルディングの運用実績について紹介する。

デシカント空調機は，テナントオフィス21フロア×6台/フロア＝合計126台を導入した。

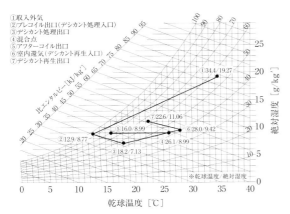

図 5.2-6　除湿プロセスの空気線図
（室内 28 ℃・40 % RH における設計値）

図 5.2-7　評価 ZONE および空調機仕様

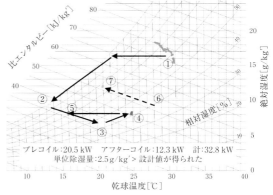

(a) 室内条件：26℃50%（2011年6月21日15:00～16:00）

(b) 室内条件：28℃40%（2011年6月30日15:00～16:00）

図 5.2-8　空調機廻りの空気状態

トローターによる除湿量は 1.26 g/kg′，COOL BIZ 設定 28 ℃，40 % RH の時，処理入口温湿度は 12.9 ℃，8.77 g/kg′でデシカントローターによる除湿量は 1.64 g/kg′の目標値とした．加湿時には室内排気中に含まれる水分をデシカントローターに収着させる．プレコイルにて加熱した外気をデシカントローターに通過させることで収着した水分を脱着させて補助的な加湿に利用する．デシカントローターと加湿器で室内湿度まで加湿を行うが，デシカントローターによる加湿量目標値は，$\Delta x = 2.72$ g/kg′とし，必要全加湿量の約 6 割を補うものとした．

(1)　実運用前の性能評価

開発した常温再生型デシカント空調機を実運用前に性能評価を行った．図 5.2-7 に示す ZONE6 を評価対象とし性能評価を実施した．評価対象とした空調機仕様も合わせて図 5.2-7 に示す．

室内設定温湿度 26 ℃ 50 %，28 ℃ 40 % の測定結果をそれぞれ図 5.2-8 に示した．湿度が安定したのち，空調機廻り空気状態の平均値データを空気線図に示している．④混合点は風量比から求め，⑤アフターコイル出口の温度は吹出温度設定値とした．

26 ℃ 条件では，① 28.4 ℃，14.2 g/kg′の外気をプレコイルで冷却除湿し，② 12.3 ℃，8.8 g/kg′となる．予冷した外気をデシカントローターに通すと水分が収着され，③ 18.1 ℃，6.9 g/kg′（露点温度 8.6 ℃）と乾燥した空気が得られる．室内還気と混合して④ 22.4 ℃，8.9 g/kg′となり，アフターコイルで冷却され⑤ 14.0 ℃，8.9 g/kg′の給気となる．デシカントローターの再生には⑥ 26.0 ℃，10.5 g/kg′（50 % RH）の室内還気を利用し，再生出口では⑦ 20.5 ℃，12.6 g/kg′となる．ローターでの単位除湿量は 1.8 g/kg′となり，設計値である 1.26 g/kg′を上回る除湿量が確認された．

28 ℃ 条件は，取入外気が① 29.8 ℃，16.9 g/kg′ であり，26 ℃ 条件に比べて外気負荷が大きい状態である。取入外気をプレコイルにて冷却除湿し，② 13.2 ℃，9.3 g/kg′ となる。予冷した外気をデシカントローターに通すと水分が収着され，③ 20.3 ℃，6.8 g/kg′（露点温度 8.2 ℃）と乾燥した空気が得られる。室内還気と混合して④ 24.7 ℃，8.1 g/kg′ となり，アフターコイルで冷却され⑤ 16.0 ℃，8.1 g/kg′ の給気となる。デシカントローターの再生には⑥ 28.4 ℃，9.2 g/kg′（38 % RH）の室内還気を利用し，再生出口では⑦ 20.9 ℃，12.0 g/kg′ となる。ローターでの単位除湿量は 2.5 g/kg′ となり，28 ℃ 条件においても設計値である 1.64 g/kg′ を上回る除湿量が得られ，還気そのものを再生熱源として利用しても除湿性能は十分確保できることが確認された。

(2) 期間空調消費電力量の比較

評価対象空調ゾーンにおける 2013 年 8 月の常温再生型デシカント空調機の消費電力実績値と，それを基に算定した各種空調システムの推定値と比較した。各システムの仕様は以下の通り（図 5.2-9）。

① 一般空調システム：取入外気を冷却一次処理した後，レタンと混合させ，室温を設定値に保つようにコイルで熱処理する。

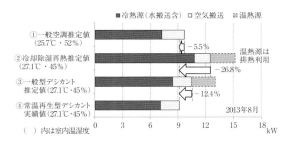

図 5.2-9 空調運転時間中（1 時間当たり）の空調消費電力平均値

② 冷却除湿再熱システム：取入外気を冷却一次処理した後，レタンと混合させ，必要な除湿を冷却コイルで行う。その後，室温を設定値に保つよう再熱コイルで調整する。

③ 一般型デシカントシステム：取入外気を予冷した後，デシカントローターを通過させることで必要な除湿を行う。除湿された外気とレタンを混合させた後，室温を設定値に保つようにコイルで熱処理する。

④ 常温再生型デシカントシステム　結果として，④常温再生デシカントシステムは，デシカントローターの圧力損失による換気系統の搬送動力の増加が若干みられるが，温度と湿度の両者を調整できる②③のシステムに比べて 12.4～26.8 % の消費電力削減効果が確認された。

コラム　ダブルスキンの効果

ダブルスキン（DSF）は，室外側のガラスと室内側のガラスの間にブラインドが設置され，そのガラス空間に外気を流す構造である。ガラス空間で日射熱を吸収し，煙突効果により排熱する仕組みであり，冬期の夜間など断熱性能が求められる時間帯には，上下の通気口を閉じて断熱性を高める。まず基本特性として，通気量を増加させると熱貫流率は増加するが，日射熱取得率が減少する。もしブラインドがないとすると機動力となる日射吸収熱が激減するのでブラインドの併用は必須である。ここで DSF の多層化は省エネであるか考察する。よく間違うのであるが，多層の方が一層とか少ない層数のものに比べて省エネであるという考えである。少ない層数，一層だけの方が省エネなのである。ただ一層ごとの DSF はショートサーキットとか有効ヘッドの減少には留意しなければならない。

多層になるとガラス空間での日射吸収熱は層数に比例して増加するが，通気量は層数に比例するほどは増加しない。多層になればなるほど少しずつ排熱効果は薄れるということだ。勘違いしているのは多層の時における最下階だけの排熱効果を見ているからであり平均階（すべての階）で評価する必要がある。

5.3 デシカント空調を学ぶ

5.3.1 デシカント空調の背景

近年、デシカント空調の導入事例が増加している。その背景には、東日本大震災における原子力発電所の事故を受けた、全国的な節電・省エネルギーの動きの広まりがある。原子力発電所の全面停止を受けて、とくに夏期の電力ピークを抑えることが社会的な重要課題となったが、これを受けて電力会社の社屋や官公庁建物を中心に冷房の設定温度をこれまでよりも高い28℃にする取り組みが広がり、設定温度28℃厳守が至上命題のようになっている。しかし、設定温度を28℃とすることは空調機からの吹出し空気温度の上昇に繋がり、それによって除湿量が低下するという新たな問題を抱えることになった。元々多湿な日本の夏期の環境で28℃設定としたことによりますます高湿な環境となり、執務環境としては暑く、執務に集中できないといった問題が表面化している。

こうした状況を解決する手段の一つとして潜顕分離空調が注目を集め、採用が増えてきている。潜熱処理は通常のコイルを用いた冷却除湿でも行えるが、除湿量が大きくなれば再熱を要する場合もあり、省エネルギーを志向する建物ではデシカント空調が選択肢となる。

デシカント空調を採用する場合、素子の吸湿性能を再生させるための熱源が必要である。この再生用熱源として期待されるのがコージェネレーション機器の排熱である。東日本大震災以後、省エネルギーだけでなく非常時の事業継続性確保の目的もあり、コージェネレーション機器の普及が進んできている。政府も分散型電熱源としてのコージェネレーション機器の普及を推進しているところである。コージェネレーション機器の課題として熱需要が小さい夏期に排熱の使い道がなくなることが挙げられるが、デシカント空調は夏期の排熱利用に一役買うことになり、コージェネレーション機器との相性が良い。同様にデシカント空調の再生用熱源として期待されるものとして太陽熱温水システムがある。自然エネルギーの活用への関心が高まり、ふたたびその価値が見直されている太陽熱温水システムもコージェネレーション機器と同様に夏期の熱の使い道が課題である。そのため、夏期に熱を利用できるデシカント空調との相性が良い。

この他、近年普及が進む放射パネル空調では、天井面にパネルを設置する場合に天井面での結露防止の観点から、室内空気の露点温度をパネル表面温度よりも低く抑える必要がある。そのため、デシカント空調と組み合わせて導入することが考えられる。

このように、デシカント空調は他の機器と組み合わせて導入することで省エネルギーや快適性の向上の観点から相乗効果を生むことができる機器であり、ZEBやZEHの実現に向けても欠かせない技術となりつつある。従来は産業用中心であったが、メーカーによる機器開発の努力も重なり、近年ではオフィスや家庭用としても導入されるようになってきており、今後ますます普及していくことが期待される。

5.3.2 デシカント空調の空気状態変化と除湿限界

図5.3-1は回転式ローターを用いたデシカント空調機の模式図である。ここで改めて、給気側、再生側それぞれの空気の状態変化を確認する。まず給気側についてみると、取入れられた外気(図中①)はデシカントローターを通ることで加熱・除湿される(図中②の状態)。その後、顕熱交換ローターで室内空気と熱交換され、冷やされて室内に吹き出す(図中③)。顕熱交換後でも室内に吹き出すには温度が高すぎる場合、空調機等に接続し、コイルでさらに冷やすことになる。次に再生側についてみると、外気(図中④)は、顕熱交

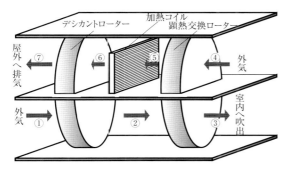

図 5.3-1 デシカント空調機の模式図

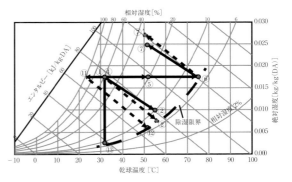

図 5.3-2 デシカント空調機での空気状態変化

換ローターで暖められた後（図中⑤），コイルで加熱される（図中⑥）。これは，再生用空気の温度を上昇させることで相対湿度を下げ，デシカント素子の再生に必要な高温低湿な空気をつくるためである。デシカントローターで，素子から水分を奪うとともに顕熱を失って，低温高湿な空気として排気される（図中⑦）。こうした空気の状態変化を空気線図中に示すと図 5.3-2 のようになる。デシカントローターでの空気状態量変化に着目すると，給気側は断熱除湿過程であるため，空気状態は理想的には等エンタルピー変化となる。そのため，理論的には等エンタルピー線上を移動し②′となるが，実際には暖められたローターからの熱やバイパスする空気の影響などにより，ずれる（②）。デシカントコーターの再生側では断熱加湿過程となり，給気側と同様に，理想的には等エンタルピー線上を移動することになる（⑥→⑦′）が，こちらも実際には⑥→⑦のようになる。給気側の吸着除湿限界は，再生側空気⑥の相対湿度で決まることになるため，十分な除湿性能を確保するためには再生側空気を加熱するなどして相対湿度を下げることが重要である。

また，同様に導入外気をデシカントローターに通す前に冷却することによっても除湿性能を上げることができる。図 5.3-2 の①の空気を冷却して⑪の状態にしてからデシカントローターによる除湿を行うと，除湿限界の相対湿度は変わらないため，より低い絶対湿度の空気を得ることができる（⑫）。

さらに除湿量を増加させる手法として冷却しながら除湿する方法がある。除湿時に冷却を同時に行うことができれば，例えば①→⑬のような空気状態変化が実現できる。この場合，①→②と変化する断熱除湿と比べてより低い絶対湿度が実現可能であり，非常に効率的である。また，断熱除湿と同程度の絶対湿度を得ることを考えた場合，再生側の空気相対湿度（除湿限界）を下げるための加熱量を減らすことができる。ヒートポンプと組み合わせることで実際にこうした空気状態変化を実現する機器も商品化されている。

こうした工夫に加え，デシカントローターの回転速度や風量，再生側の温度レベルなどデシカント空調の効率に影響する要素は非常に多い。そのため，その設計や運用の仕方についてはまだまだ検討の余地が大きく，シミュレーションや実験による研究の進展が期待される。

5.3.3 デシカント空調の計算法

ここではデシカント空調の数値シミュレーション研究で先行する義江らの研究[1]から計算手法を紹介する。デシカントローター部の空気状態変化を計算する一連の計算式となっており，式(5.3.1)～式(5.3.5)を連立させて解くことで解が得られる。

まず，デシカントローターから微少体積を切り出し，図 5.3-3 に示す直方体のようにデシカント層と通気層があると考える。このとき流路に直行する y 方向および z 方向には一様な温湿度状態であると仮定し，一次元での熱・水分の移動を考える。この時，流路内空気の水蒸気質量の収支について式(5.3.1)が得られる。これは流路を流れる空気の湿気の時間変化を移流と拡散，境界面での

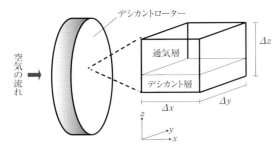

図5.3-3 デシカントローターのモデル化

移動の収支で表したものである。同様に流路内の空気の熱収支を式 (5.3.2) に示す。

$$\varepsilon \rho_a \frac{\partial X_a}{\partial t} = -\varepsilon u \rho_a \frac{\partial X_a}{\partial x} + \varepsilon \frac{\partial}{\partial x}\left(\lambda'_a \frac{\partial X_a}{\partial x}\right) \\ -\alpha' S(X_a - X_b) \quad (5.3.1)$$

$$\varepsilon C_a \rho_a \frac{\partial \theta_a}{\partial t} = -\varepsilon u C_a \rho_a \frac{\partial \theta_a}{\partial x} + \varepsilon \frac{\partial}{\partial x}\left(\lambda_a \frac{\partial \theta_a}{\partial x}\right) \\ -\alpha S(\theta_a - \theta_d) \quad (5.3.2)$$

次に、デシカント材の熱収支を式 (5.3.3) に示す。これは、吸着剤内部の熱量変化を拡散、吸着熱、境界面での熱移動の収支で表す式である。

$$(1-\varepsilon) C_d \rho_d \frac{\partial \theta_d}{\partial t} = (1-\varepsilon) \frac{\partial}{\partial x}\left(\lambda_d \frac{\partial \theta_d}{\partial x}\right) \\ + L\alpha' S(X_a - X_b) + \alpha S(\theta_a - \theta_d) \quad (5.3.3)$$

さらに、デシカント材の含水率の変化は絶対湿度差を駆動力とする湿気の伝達として式 (5.3.4) のように表せる。

$$\gamma \frac{\partial w}{\partial t} = \alpha' S(X_a - X_b) \quad (5.3.4)$$

最後に、デシカント材表面の絶対湿度と含水率の関係が瞬時に平衡含水率に従うという局所平衡の仮定から式 (5.3.5) が得られる。

$$w = f(X_a, \theta_a) = f(X_b, \theta_d) \quad (5.3.5)$$

ここに、ε：空隙率 $[-]$、ρ：密度 $[kg/m^3]$、X：絶対湿度 $[kg/kg']$、t：時間 $[s]$、u：空気の流速 $[m/s]$、x：長さ $[m]$、λ'：湿気伝導率 $[kg/(s\cdot m\cdot(kg/kg'))]$、$\alpha'$：デシカント材表面での湿気伝達率 $[kg/(s\cdot m^2\cdot(kg/kg'))]$、$S$：単位体積当たりのデシカント材表面積 $[m^2/m^3]$、C：比熱 $[J/(kg\cdot K)]$、θ：温度 $[℃]$、λ：熱伝導率 $[W/(m\cdot K)]$、α：デシカント材表面での熱伝達率 $[W/(m^2\cdot K)]$、L：水の吸脱着熱 $[J/kg]$、γ：デシカント材の充填密度 $[kgd/m^3]$、w：デシカント材の質量含水率 $[kg/kgd]$ である。なお、添え字 a は空気、b は吸脱着層（デシカント材表面）、d は固体のデシカント材を表す。

これらの5式を用いて解を得るには、有限体積法により空間の離散化を行い、式 (5.3.1) 〜式 (5.3.3) を完全陰解法で解いて、その結果を式 (5.3.4) と式 (5.3.5) に代入し、これら2式の間で収束計算を行って w と X_b を決定すればよい。

注）式 (5.3.1) 〜式 (5.3.5) は文献1) からの引用

5.3.4 デシカント空調の課題と展開

デシカント空調は発展途上の技術である。吸着素材として何を用いるのか、またどのように設計するのかについてはまだまだ発展の余地がある。場合によっては不適切な導入によって増エネルギーとなることもあり得るため、適切で簡易な設計方法の確立は重要な課題である。

デシカント空調の省エネルギー性は、再生熱源としてコージェネレーションやヒートポンプの排熱、太陽熱温水システムからの熱など大きなエネルギーを要することなく得られる熱源があることによって成り立つ。さらに吹出空気は除湿の際に暖められるため、これを冷やす（顕熱処理）必要がある。したがって効率の良い顕熱処理が行えることも必要となる。そのため、設計者にはシステムとしてデシカント空調と他の技術をうまく組み合わせる技量が求められる。

東南アジアを中心に今後経済成長していく地域は蒸暑地が多い。こうした地域で、「生活の質の向上＝エネルギー消費量の増加」とならないために除湿の技術はきわめて重要である。デシカント空調が、日本だけでなく世界の快適性と省エネルギーを支える基幹技術として発展していくことが期待される。

コラム　BIMの壁と夢

■BIM（Building Information Modeling）とは

BIMとは，コンピュータ上に作成した3次元の形状情報に加え，室等の名称・面積，材料・部材の仕様・性能，仕上げ等，建築物の属性情報を併せ持つ建物情報モデルを構築することをいう（国土交通省BIMガイドライン，2014年）。

と，紋切型の解説をするまでも無く，すでにBIMは一般常識となった。英国やシンガポールなど海外ではBIM義務化が始まっていると聞くと，BIMはできませんとは，とても言えない雰囲気である。

日本では2009年がBIM元年と呼ばれた。以降，建設会社を中心に設備施工会社，設計事務所が，効率化（工種間干渉・法規・数量チェック）・検討深化（高精度・高品質シミュレーション）・3次元可視化（コミュニケーション）をめざし，BIMを推進してきている。BIMを論じる場では，発注者BIM，設計BIM，施工BIMなどの用語も飛び交う。設計／施工／維持管理や意匠／構造／設備設計の一気通貫がBIMの最終目標とされるものの，まずは各者各様にメリットを追求する取り組みが進められている。

設備分野でも，計画初期の採光・通風・温熱シミュレーションや設計段階のダクト経路などの納まり検討を，早期に短時間で簡易に済ませておく設備BIMは，手戻りが少なくなり設計・施工段階の生産性向上のメリットがある。

■乗り越えるべきBIMの壁

良いことずくめのBIMだが，現時点では課題もあり，使いこなすには工夫が必要である。

課題の一つは，機器のデータベース整備や図面表現など作図上の問題である。現状では，一部の製品について部品データが無かったり，メーカー未決定段階のための標準データが未整備であったりする状態である。また，図面表現に関して，3次元データを現在のBIMソフトで2次元出力した場合には従来通りの表現は困難である。配管やダクトの3次元の納まりパースを併用し，設計図を補足説明するなどの工夫が必要である。将来的には，設計図は紙の上の押印や2次元表現にはこだわらず，3次元データそのもので，設計意図伝達が行われるようになることだろう。

現時点のもう一つの課題は，煩雑なデータ調整が必要なことである。調整役である「BIMマネージャー」の職能が確立していないことや，多様なソフトのデータ互換性の問題もあって，意匠／構造／設備の3次元データ連携やシミュレーションソフトとのデータ連携には調整の手間と時間が必要である。ただし，一次エネルギー消費量計算などのBIMアプリケーションの開発などが進んでいるなど，今後は設備設計の効率がさらに高まるであろう。

■ライフサイクルでの設備BIM活用と夢

設備設計BIMが威力を発揮するのは設備設計の段階だけではない。竣工BIMデータに引き継がれることによって，維持管理BIMとしても利用できるようになる。

設備BIM情報とFM（ファシリティ・マネジメント）ソフトの連携により，施設の維持管理計画をより精緻に行うことができる。竣工後のエネルギーマネージメントと連携し，実績値と計画値の比較により，劣化修繕だけに留まらない省エネを目的とした攻めの設備改修なども容易となる。BIMを突破口に新たなライフサイクルデザインの可能性が拡がっている。

ところで皆さんはSimCityやMinecraftといった都市開発シミュレーションゲームで遊んだ経験はお持ちだろうか。単に建物や都市を建設するだけでなく，電力などのエネルギー管理・経済・人口増減はもちろん，環境問題や災害など様々な事象に対応するゲームである。ゲームが先行しているとは言わないが，データ上で建物や街を作り，シミュレーションにより設計品質を高めていく取り組みの具体例でもある。進化したBIMと最近発展の著しいIoT／ビッグデータ活用やAI（人工知能）とを組み合わせれば，より高度なライフサイクルデザインが実践可能となりそうである。

第6章
データセンター空調

6.1 データセンター空調を見る

6.1.1 データセンターとはどのような建物か

データセンター (data center) とは，各種のコンピュータ (メインフレーム，ミニコンピュータ，サーバー等) やデータ通信などの装置を設置・運用することに特化した施設の総称。データセンターの中でも，特にインターネット用のサーバーや通信設備・IP電話等の設置に特化したものはインターネットデータセンター (Internet data center, IDC) と呼ばれる。

データセンターは耐震性に優れたビルに高速な通信回線を引き込んだ施設で，自家発電設備や高度な空調設備を備え，IDカードによる入退室管理やカメラによる24時間監視などで厳重なセキュリティを確保している。

システムインテグレーターの現場では「DC」と略される場合もある。サーバーを預かり回線や保守を提供するサービスを「コロケーションサービス」あるいは「ハウジングサービス」と呼ぶ。自らが用意したサーバーを顧客に貸し出すサービスをホスティングサービスという。データセンターと一口にいっても，その種類は多岐に亘る。分類するにあたり，発注者，事業の目的・優先度，ユーザー，サーバー所有形態，建築・非建築の面から分類したものを表6.1-1に示す。

6.1.2 データセンターでは何を目指し設計するか

データセンターを計画する重要目的は大きく3つあり，6.1.1で述べたデータセンターの種類によりそれぞれの目的への重視度が異なる。クライアントの要望をよく理解して合理的な設計を行うことが重要である (図6.1-1)。

1つ目の目的は，データセンターの機能がダウンしないように「安全性・信頼性」を確保することである。キャッシュディスペンサーの運用や，

表6.1-1 データセンターの分類

分類	項目	内容
発注者	金融系	金融系とは，銀行，証券会社，保険会社，等が含まれ，基本的に自社使用が多い。
	通信系	通信系とは，通信キャリア，ASP，等の通信会社が含まれる。
	事業系	事業系とは，インターネットサービスプロバイダやコンピュータメーカー，大手電機メーカー，情報システム会社，等が含まれるが，ディベロッパー系列，商社系列，エネルギー会社系列，等もある。
	官庁系 等	国などの最先端技術研究等のためのDCもある。
事業の目的・優先度	経済性 環境性 信頼性 機能性 (容量・スピード) 等	発注者により事業の目的優先度・方向性はかなり異なる。どのDCも左記項目に対して最低限のレベルは保つ必要があるが，各項目の優先度により，設計方針も大きく異なる。イニシャルコスト，ランニングコスト，環境性，信頼性，機能性，など，どの項目を優先させるか，計画段階で発注者と十分協議する必要がある。
ユーザー	金融系，通信系 等	金融系は基本的に自社使用。通信系はポータルサイトや，電子商取引事業者，ASP事業者，稀に一般企業。
サーバー所有形態	通信系・事業系：「コロケーションサービス」「ハウジングサービス」「ホスティングサービス」金融系，官庁系。	「コロケーションサービス」「ハウジングサービス」とはサーバーを預かり回線や保守を提供するサービスである。「ホスティングサービス」とは自らが用意したサーバーを顧客に貸し出すサービスである。基本的には自社所有，自社使用。
建築・非建築の別	建築型 コンテナ型	建築によって構築する従来型。コンテナ (非建築) に全てを収納する。近年出現。

株情報を取扱うデータセンター等はノンダウンが重要な要件であるが，一時を争わない技術計算センター等は，データ容量は大きいものの，ノンダウン要件は緩和される。

2つ目の目的は，データセンターの多様な要件およびその変遷に対応可能な「フレキシビリティ」である。サーバー負荷密度や信頼性要件の異なるテナントを受入れるテナント区画設定，サーバー負荷密度や信頼性要件の初期設定のミニマム化，将来変遷を見据えた建築計画が重要である。

3つ目の目的は省エネルギーであり，近年急速

に増大したサーバー容量・密度（オフィスの数百倍の負荷密度が頻出）によるエネルギー消費量の増大は経営上も地球環境上も大きな問題となってきており，その削減（省エネルギー）は喫緊の課題である。このように重厚でエネルギー多消費型であるデータセンターをいかに合理的なライフサイクルコスト（LCC）で設計するかは大変重要である。

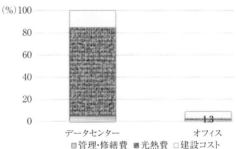

図6.1-2　LCCの例（オフィス100とした場合，50年）

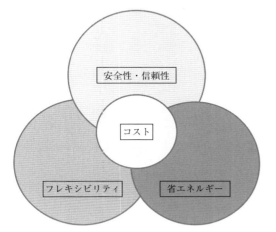

図6.1-1　データセンターの目的とその概要

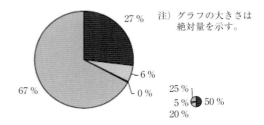

図6.1-3　光熱費例（データセンターとオフィス，5 kW/ラック）

6.1.3　データセンターの特徴

データセンターは設備技術者の役割がきわめて大きい建築といえる。具体的な理由は以下のとおりである。

- LCC（LCCO$_2$）がきわめて大きい（図6.1-2）。この図の試算条件はサーバー電力密度5 kW/ラック，ライフサイクル周期50年であるが，オフィスの約9倍という試算結果となっている。データセンターのLCD（ライフサイクルデザイン）における省エネの効果はきわめて大きいことがわかる。
- エネルギー消費量がきわめて大きい（図6.1-3）。この図の試算条件もサーバー電力密度5 kW/ラックである。データセンターの電力消費量はオフィスの約100倍，データセンターのサーバー電力消費量はオフィスの照明コンセントの約300倍，と試算される。
- 設備工事費が大きい，設備工事比率も大きい，設備設計費も連動する（図6.1-4）。この図の試

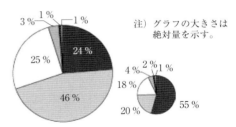

図6.1-4　設備工事費例（データセンターとオフィス）

算ではデータセンターの建設工事費はオフィスの約2.5倍，設備工事費はオフィスの約4倍と試算されている。

地域冷暖房並の熱源設備になることも珍しくない。

- 設備技術者のコンサル領域が広い（信頼性（冗長性）・セキュリティ・通信等の専門性を含むコンサル）。

6.1.4　データセンターのグリーン化

データセンターのエネルギー消費量が膨大になった背景にはインターネットをはじめとする通信量の急激な増大（情報爆発）・デジタル化・サー

バーの高性能化がある。西暦2000年頃は500 W/m^2程度の負荷密度であったものが，最近は1 kW～2 kW/m^2の負荷密度が標準化し，部分的には10 kW/m^2程度の負荷密度が出現している。このような超エネルギー多消費型ビルになったデータセンターは，その多くを占める空調エネルギー消費量の削減が経営上の喫緊の課題となった。このような背景下，PUEという指標でデータセンターのエネルギー効率が評価されている（下式）。

$$PUE = \frac{データセンターの総消費電力}{IT機器の消費電力}$$

PUEが1.0ということはサーバーに対する空調エネルギー等が0であるという理論上の理想値である。従来のPUEは2.0程度のものが多かったが，最近は1.2台のデータセンターも出現している。

このようにデータセンターにおけるグリーン化（省エネ化）をグリーンITと呼び，その検討・研究が活発である。その最たるものが外気冷房化である。サーバー廻りの温熱環境が緩和されてきたことに伴い最大限外気で冷房しようとするものであるが，外気空気質によるサーバーへの影響，加湿方法など慎重な検討が伴う。

その他，省エネ手法として，直流電源化による変換効率向上，サーバー仮想化（分散しているサーバーの働きを限定集約）と連動した限定集約空調など，さまざまなグリーンIT化が活発になってきた。

6.1.5　最新のデータセンター事例[1),2)]

(1) さくらインターネット「石狩データセンター」
ー建物と一体になった外気冷房システムー

2011年11月に竣工した省エネルギー型データセンター（北海道石狩市，発注者：さくらインターネット，延床面積：11 392 m^2，地上2階建，1 000ラック，大成建設設計施工，図6.1-5）。

北海道の冷涼な気候を活用し，ほぼ通年でサーバールームの外気冷房を可能としている。低温の外気とサーバーからの排熱を混合し，最適な温湿度の冷却風をサーバールームに供給している。外

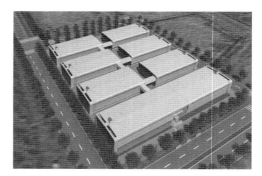

図 6.1-5　石狩データセンター俯瞰[1)]

気冷房の導入により，空調にかかる消費電力の大幅な削減を実現している（図6.1-6）。

給電システムでは，給電効率が90 %以上と優れる高電圧直流（HVDC）システムを導入している。従来のAC方式での給電システムと比較して，IT機器部分での電力の損失が非常に少なく効率に優れているとともに，UPS（無停電電源装置）やサーバー内部の電源ユニットを不要としている。

従来のAC方式では，安定した交流電源を確保するためにAC→DC→ACと2度のAC/DC変換が行われ，さらにサーバー内部の電源ユニットでも再度AC/DC変換が行われ，合計で3度のAC/DC変換が行われる。そのため，変換時には必ず電力損失が伴い効率は70～80 %にとどまる。

石狩データセンターでは，外気冷房を全面的に導入し，PUEは，北海道の低温外気を活用することにより，通年外気冷房のみで1.11，夏季に従来型の空調運転を行った場合でも1.21を目指している。また，温湿度条件を緩和した実験区画を設け，PUEは1.0台を実現している。

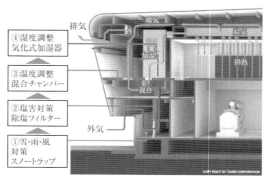

図 6.1-6　建築と一体になった外気冷却システム[2)]

2012年の夏期実績として，北海道としては，記録的な猛暑が続き，熱源運転時間は，標準年の外気温湿度よりも高く，熱源運転時間は，500時間（延べ20日程度）であったが，年間平均PUEは，1.19となり，従来の熱源冷房型データセンターと比較して，年間空調消費電力80％削減という，超省エネルギー型データセンターが実現できている。

(2) スーパーコンピュータ施設「京」

2011年1月に竣工した超高密度データセンター（兵庫県神戸市，発注者：理化学研究所，延面積：22 640 m^2，設計：日建設計）。稼動時（2012年）時点では10ペタフロップス^{*1}級の世界最高速レベルを達成した（図6.1-7）。

*1 「フロップス（FLOPS）」は，コンピュータの処理能力の単位で，1秒間に浮動小数点演算を何回できるかという能力を表す。1P（ペタ＝10の15乗）フロップス：1秒間に1 000兆回。

電算負荷密度も10 kW/m^{2}と他に例を見ない超高密度であり従来の2重床を利用した空調方式ではサプライ空気の搬送が困難であるため，空調搬送ゾーンを直下階としている（図6.1-8）。無瞬断切替えのコージェネレーションシステムにより一般電源のバックアップを行い，BCP対応をしている。

6.1.6 省エネ計画の前提

冷却したサーバーから排出される大量の排熱を室内に拡散することなく空調機に還気することが，近年の高密度データセンターにおける省エネルギー計画を行う上で重要となる。そのために，サプライゾーン（コールドアイル）とサーバーからの排熱を受け止めるリターンゾーン（ホットアイル）を明確に分離する計画が必要となる（図6.1-9）。従来のデータセンターではこの区切りを設けず，サーバーの吸込み空気に吹出し空気が混入し，空調効率を落としている例が多かった。

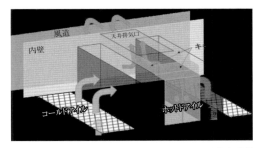

図6.1-9 ホットアイル・コールドアイル形成方法[3]

6.1.7 データセンターの建物紹介

最新のデータセンターの数例を以下に示す。

[1] 白河データセンター　所在地：福島県白河市，2012年10月開設，特徴：ファンを使わず建築と一体となって外気による冷却を行うシステム

[2] 松江データセンターパーク　所在地：島根県松江市，2011年4月開設，特徴：日本初の外気冷房方式コンテナ型データセンター（サーバー等のIT機器と空調設備・電源設備をコンテナに収容），直接・間接外気冷房方式

図6.1-7 スーパーコンピュータ施設「京」外観

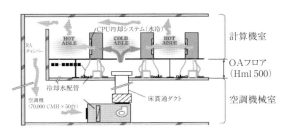

図6.1-8 空調搬送ゾーンを直下階とした計画

6.2 データセンター空調を使う

6.2.1 データセンター空調の設計のポイント

データセンター空調は，一般用空調と大きく異なった特徴を持つ。ここでは，項目別に設計のポイントを述べる。

(1) 負荷特性

データセンターの空調熱負荷は装置発熱による顕熱冷房負荷が大部分を占める。IT 装置の発熱は非常に大きく，今後もより一層の高発熱化が予測されている（表 6.2-1）。IT 装置以外の負荷として建物外皮負荷および外気負荷等があるが，装置発熱に対して非常に小さい。そのため，データセンターは IT 装置の稼働中，24 時間 365 日連続して冷却が必要となる。データセンター空調の要件として，年間連続運転が求められることとなる。

表 6.2-1 IT 装置の発熱量予測（2010～2020）[1]

タイプ		1ラックあたりの発熱量 (kW)		
		2010 年	2015 年	2020 年
サーバー	1U	42.0	46.2	50.4
ブレードサーバー	7U	33.0	39.0	45.0
ストレージ・サーバー		9.75	11.9	15.4
テープ・ストレージ		2.37	2.37	2.37
通信装置		23.7	30.3	35.5

(2) 空気環境条件

a. 温湿度条件

データセンター内の IT 装置を安定稼動させるため，指定された環境条件に温湿度を維持する必要がある。空調機から IT 装置に空気を供給するにあたり，温度の上限のみならず，下限側にも留意する必要がある。それは，過度に温度の低い空気は装置内部に結露を生じさせ，絶縁不良などの原因となることによる。一般的に，IT 装置前面の吸込み温湿度で空気条件を規定し，サービス品質保証制度（SLA：service level agreement）を採用するデータセンター事業者が多い。温湿度の規定については，計画段階でデータセンター事業者と十分に調整をしておかないと，竣工後のクレームや訴訟の原因にもなるため，注意が必要である。温湿度の範囲を規定した例として，ASHRAE による許容範囲，推奨範囲[2]が示されている。

許容範囲は IT 装置の許容限界として，A1 から A4 までの環境クラスに応じた温湿度規定があり，求められる信頼性グレードや装置の種類，用途に応じて定められる（図 6.2-1）。推奨範囲は空調設計の目標として，実現することが求められる。推奨範囲は温度 18～27 ℃ DB，露点温度 5.5～15 ℃ DP かつ相対湿度 60 % 以下である。

b. 空気清浄度

空気環境条件として，空気清浄度も重要な要件である。データセンターの空気内に塵埃や海塩粒子，腐食性ガスが含まれる場合，冷却不良や部品腐食による IT 装置の停止を生じかねない。外気を取り入れる場合，データセンター内の空気清浄度の規定による適切な空気処理が求められる。

空気清浄度を検討する際は，データセンターの立地条件により，外界の空気清浄度に大きな差があるため，留意する必要がある。空気環境条件に

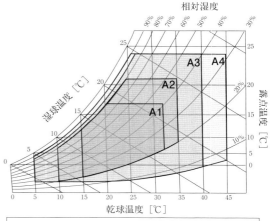

Class A1: Typically a data center with tightly controlled environmental parameters(dew point, temperature, and RH) and mission critical oparation
Class A2/A3/A4: Typically an information technology space with some control of environmental parameters (dew point, temperature, and RH)

図 6.2-1 ASHRAE による許容温湿度範囲[2]

関しても，温湿度条件と同様にデータセンター事業者と協議を要する。JEITA IT（電子情報技術産業協会規格）[3]は，腐食性ガス，温度，湿度，汚損度等の空気清浄度に関する因子のレベルを評価し，腐食性ガス環境のクラス分けを行っており，IT装置設置環境の規格の一例として挙げられる。

(3) 信頼性
a. 冗長化
データセンターの計画において，システムの信頼性は重要な項目である。システムダウンした際の影響が大きいデータセンターでは，目標とする信頼性を担保する手段として，複数の機器による冗長構成をとることとなる。冗長化の代表的な手段として，待機冗長方式と並列冗長方式とがある。待機冗長方式はコールドスタンバイとも呼ばれ，障害が発生した場合に普段は稼働していない機器などに切り替えることで復旧する方式である。一方，並列冗長方式は，ホットスタンバイとも呼ばれ，常時稼働し，障害が発生した場合に同時に稼働させている機器の負荷処理割合が増えることにより対応可能な方式である。並列冗長方式は信頼性が高くなるが，稼働費用は高くなる傾向にある。

b. ファシリティ基準
データセンターに求められる信頼性を実現するためのファシリティ基準として，Data Center Site Infrastructure Tier Standard[4]（以下，Tier基準）が知られている。要求される信頼性に合わせて，各種要件を，Tier ⅠからTier Ⅳの4つのレベルに定義づけている。Tier Ⅰでは機器の冗長構成が無く，4つのレベルの中で最も信頼性が低い。Tier Ⅱは，機器の冗長構成を持たせている。Tier Ⅲは，機器の冗長構成を持たせていることに加え，電源や熱源用配管等の供給経路に予備系があり，設備のメンテナンス時にもサービス継続が可能である。Tier Ⅳは，空調装置，電源装置，供給経路の二重化や，空調機用UPSの設置等が必要となってくる。

Tier基準は米国発祥のファシリティ基準であり，日本国内との前提条件の違い（商用電源の信頼性，地震の発生頻度等）が存在するため，適用にあたっては留意が必要である。日本データセンター協会（JDCC）は，グローバル条件と日本国内における前提の違いを考慮し，データセンターファシリティスタンダードを提供している[5]。

(4) 気流経路
データセンターはフリーアクセスフロア（以下，二重床）を構築する場合が主流である。二重床を空気の経路とする場合，二重床内を通過する風量とケーブル類による圧力損失を考慮して高さを決定する必要がある。一般的に二重床高さは，40～100 cm 程度とする場合が多い。また，天井内を空気の経路として計画する場合，はり下のクリアランスが不足すると風量が適正に供給できなくなるため，二重床同様に圧力損失の検討が必要である。

6.2.2 データセンターの空調方式

冷凍機と冷却塔，または空冷チラー等の熱源機器を設置し，空調機へ冷水を供給する「中央熱源方式」と，パッケージ形空調機を室内と室外に複数台設置する「個別分散方式」に大別される（図6.2-2）。

(1) 中央熱源方式
熱源機器を集約して設置できるため，設備容量の大型化によるスペース効率向上が図れ，また冷却塔を用いたフリークーリングなど，省エネルギー施策の選択肢が多い。蓄熱槽を有する場合，熱源機器停止時にも，一定時間は蓄熱槽が保有する熱量での冷房が可能となる。中央熱源方式の計画にあたっては，定期点検や設備容量の拡張，将来の機器更改などに対応するため，冗長構成や設備スペースの余裕を見込み，熱源設備の一部を一定期間停止させても，年間連続運転に対応ができるような配慮が必要である。

(2) 個別分散方式
室内外機による1対1構成のパッケージ形空調機を複数台用いるため，逐次増設などIT装置の増設やレイアウトの変更などにも，容易に対応できる。また，中央熱源方式と比較し，機器の容量

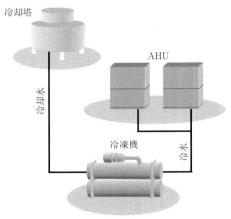

中央熱源方式（冷凍機，冷却塔，AHUの構成）

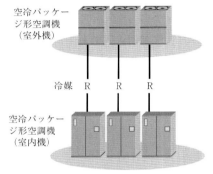

個別分散方式（空冷パッケージ形空調機）

図6.2-2　空調方式の分類

が小さく，小型のデータセンターにおいても冗長構成が容易にとれることから，規模を問わず適用が可能である。規模の大きいデータセンターに空冷パッケージ形空調機を全面的に採用する場合，室外機設置スペースを充分に確保する必要がある。また，空冷パッケージ空調機は外気温度による能力の影響を比較的受けやすいため，容量選定の際には注意が必要である。

信頼度を同程度とした場合，小～中規模データセンターにおいては，中央熱源方式よりも個別分散方式の方がコスト面で有利となる傾向にある。また，両方式のシステム効率の比較を行う場合，あくまで機器単体ではなく，システム全体で評価する必要がある。維持管理の面では，規模や構成にもよるが，水設備を用いる中央熱源方式の方が，費用が高くなる傾向にある。

6.2.3　データセンターの気流方式

データセンターでは，IT装置を収容したラック（以下，ITラック）への給気・排気方向に対応した気流方式を選定する。図6.2-3は二重床から空気をITラック前面に供給し，ITラック背面から排気する方式の例である。一般的に，冷気が給気される通路をコールドアイル，ITラックから暖気が排気される通路をホットアイルと称する。

ITラック前面における空気温度のコントロールにおいて問題になるのが，コールドアイルへのIT装置排熱の回り込みや，空調風量の供給不足によるホットスポットと呼ばれるコールドアイルの高温部である。上記のような問題を防止するため，給気・排気方向の統一だけではなく，パネルやカーテンを用いてコールドアイルとホットアイルを物理的に分断し，給気と排気の空気混合を防止する方式の採用例が増えている。

IT装置の風量（VI）と空調機の風量（VT）の関係ごとに給気・排気の分離による効果を表6.2-2

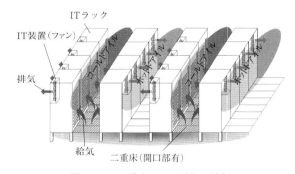

図6.2-3　二重床からの給気・排気

表6.2-2　給・排気の分離による効果

IT装置風量(VI)と空調機風量(VT)の関係	給・排気の分離による効果
VI ≪ VT	【省エネルギー効果】 ・空調機風量の抑制
VI = VT または VI > VT ＊	【温度環境改善効果】 ・ホットスポット，高温排気の回り込み改善 ・ラック吸気温度の均一化
VI ≫ VT ＊ 過度に冷却	【省エネルギー効果】 ・ラック吸気温度の均一化が図れることによる設定温度の適正化

＊局所的な風量不足の可能性有

に示す。ホットスポット解消のために，過剰に空調風量を供給している場合（VI≪VT），給気・排気の分離により空調風量を適正化し，空調機の搬送動力を削減できる。空調風量がIT装置風量より少ない場合（VI＞VT），排熱の回り込みによるホットスポットを解消するため，室全体を過度に冷却して対処しているケースがある。このような場合，給気・排気の分離により，コールドアイルへのIT装置排熱の回り込みが防止され，コールドアイル内のITラック吸気温度が平準化される。その結果，室全体の過度な冷却は不要となり，空調設定温度の適正化による省エネルギーにつながる。

6.2.4 省エネルギー施策例

近年，省エネルギーを目的として，データセンターに外気冷房空調が採用される事例が増えている。外気冷房空調は，中間期，冬期の低温外気を利用して空調を行う。これは，年間を通じて冷房を行うデータセンター空調の特性に合った，省エネルギー施策といえる。外気冷房空調は，低温外気を利用するため，一般的な空調と比較して送風機やポンプ等の熱搬送動力が大きくなる傾向にある。そのため，外気冷房空調の検討にあたり，熱源エネルギーの削減量と，熱搬送エネルギーの増加量を併せて評価する必要がある。

外気冷房空調の分類としては，外気を直接室内に取り入れる直接外気冷房方式と，熱交換器を介して低温外気のエネルギーを取り入れる間接外気冷房方式に大別される。外気冷房空調の分類を**表6.2-3**に示す。直接外気冷房方式は，塵埃や腐食性ガスがIT装置の信頼性装置寿命に大きな影響を与えるため，データセンターの立地評価や外気フィルターによる空気清浄度のコントロールが必要である。また，外気導入により，湿度調整の必要が生じ，調湿用空調エネルギーが増加する場合もあるため，注意が必要である。何れの方式においても，外気温度が高くなる時期は，他の冷却手段による運転が必要となるため，構築コストは増加する。構築コストの増加を抑制するためには，冷却塔やパッケージ空調機等の設備機器を高外温度時用と外気冷房用で兼用させることが有効である。

表 6.2-3　外気冷房空調の分類

分類	直接外気冷房	間接外気冷房		
		空気方式	水方式	冷媒方式[6]
熱搬送機器	送風機	送風機	水ポンプ	冷媒ポンプ
手法	低温空気をサーバールームに直接取入れる	空気－空気熱交換器にて室内空気を冷却	冷却塔から放熱，水－空気熱交換器にて室内空気を冷却	冷媒ポンプで冷媒を循環，相変化させ，室外機から熱を放熱，冷媒－空気熱交換器にて室内空気を冷却
イメージ				

6.3 データセンター空調を学ぶ

6.3.1 データセンター空調の背景

近年,電話の持つ即時伝達能力と電子計算機の持つ多量の情報蓄積能力・高速の情報処理能力を融合したインフラが整備されてきた。パーソナルコンピュータ (PC),携帯端末などを用い「いつでも・どこでも・誰でも」情報ネットワークを介して,さまざまな情報通信サービスが提供され,人々の生活をより豊かにする「ユビキタス社会」の構築が進んでいる。

このような情報通信サービスの普及を支えるには,データセンター (DC:Data Center) が必要であり,ここにはIT (Information Technology) 機器が設置される (図 6.3-1)。これらの IT 機器は技術革新が著しく,高密度実装化により高発熱化が進んでおり,空調設備による冷却が欠かせない。IT 機器が多数設置される機械室は 1 kW/m² を超える発熱密度に達し,年間を通じ冷却が必要になると同時に,エネルギー多消費型の施設であり,空調設備には高い省エネルギー性(高効率化)が求められる。

一方,発熱密度の高い機械室は,空調設備が停止すると短時間で室温が上昇する。IT 機器の動作を保証する許容温度を大きく超過すると,誤動作だけでなく部品に熱破壊が生じ,情報通信サービスに甚大な障害を与える。このサービスの範囲は広く,機能の停止は社会システムの混乱や事業の損失につながる重大な問題にもなり得る。

6.3.2 機器冷却特性と空調効率

(1) 機器冷却特性の評価方法

DC の空調方式には二重床吹出し方式が多い。各種空調気流方式および室内に設置される機器の形態により,室内に温度分布が生ずる。空調システムの設計および運転管理の観点では,すべての機器の吸込み温度を適正な範囲に制御することが必要なため,機器吸込み温度が最も高くなる機器を対象に設計や運用が求められる。

(2) 機器冷却モデルの概要

室内に設置されたラックおよびそれに搭載された機器の冷却性能を評価するため,図 6.2-2 に示す集中定数モデルを用いる[1]。二重床から温度 θ_0,風量 V の空調給気を室内に供給する。室内の機器発熱量 H_m と壁体熱損失 H_w(冷房負荷になる場合は正の値)によって最終的に空調環気温度 θ_1 に昇温し空調機へ戻る。温度 θ_0 の空調給気量 V は機器の冷却に有効な風量(有効空調給気量 V_f)と機器の冷却に寄与しない風量(無効空調給気量 V_u)に分離する。機器吸込み温度 θ_{0m} は,機器発熱量 H_m により θ_{1m} まで昇温し機器から排気される。機器からの換気量(機器換気量 V_m)の内,再度機器へ再循環する比率を機器再循環比 γ_m とすると,$\gamma_m V_m$ は機器に還流する。一方,ラックか

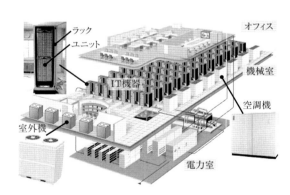

図 6.3-1 DC の構成例(NTT ファシリティーズ提供)

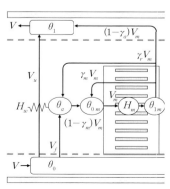

図 6.3-2 機器冷却モデル[1]

らの排気 $(1-\gamma_m)V_m$ の内，ラック周囲を再循環する比率を室内再循環比 γ_r とすると，$\gamma_r V_m$ は有効空調給気量 V_f と混合し，再循環温度 θ_a になる。この再循環温度 θ_a を室内温度とする。

機器冷却特性の各評価指標を**表 6.3-1** に示す。なお，このモデルにおいて壁体熱負荷 $H_w=0$ とし簡略化している。さらに，Sharma ら[3]が提案している指標 SHI（Supply Heat Index 空調機から吹出した冷気が装置に吸込まれるまでに上昇した熱量 δ_Q とラックの排気側で上昇した全熱量 $(Q+\delta_Q)$ の比）は総合再循環比 γ_a で表される。

(3) 排熱効率と機器吸込み温度差比の関係

排熱効率 η_v は，空調機から給気に対する有効な空調給気量の比を表しており，空調システムの効率を評価するのに用いる。一方，機器吸込み温度差比 m_{0m} は，室内に設置された機器の冷却を評価する。これらの評価指標と各要因の関係を分析する。

図 6.3-3 に換気流量比と排熱効率の関係を示す。この結果から，換気流量比の増加に伴い排熱効率は低下するが，その傾向は総合再循環比 γ_a の増加に伴い顕著になる。排熱効率を高く維持するには，総合再循環比と換気流量比の双方を小さくすることが重要である。

一方，総合再循環比 γ_a をパラメータに換気流量比 κ_m と機器吸込み温度差比 m_{0m} の関係を**図 6.3-4** に示す。その結果，機器吸込み温度差比は

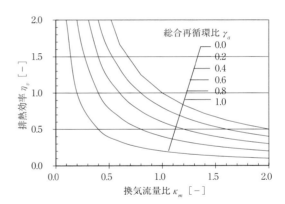

図 6.3-3　換気流量比と排熱効率の関係[1]

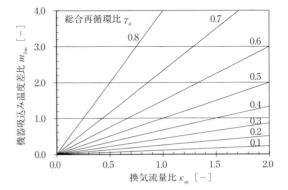

図 6.3-4　換気流量比と機器吸込み温度差比の関係[1]

換気流量比と比例関係にあり，その値は総合再循環比により決定される。総合再循環比の増加は機器吸込み温度差比を相乗的に増大させることから，機器吸込み温度差比を低く維持するには，総合再循環比の抑制が欠かせない。なお，総合再循環比を構成する機器再循環比 γ_m と室内再循環比 γ_r は，室内に設置されるラックの形態，ラック内に設置される機器の形状により異なり，CFDによる解析，あるいは機器の構成を再現した実験による把握が必要になる。とくに，アイルキャッピング方式は γ_a の値が他の方式と比較し著しく小さく，空調機効率の向上に貢献する。

(4) 空調用エネルギー消費量の評価方法

発熱密度が高い DC の場合，機器の冷却に大量の循環風量が求められる。すなわち，空調機は空調温度差の小さな運転になる。このような場合，送風機のエネルギー消費量が熱源の負荷として大きな比率になる。ここでは，空気搬送系と熱源系

表 6.3-1　機器冷却特性の評価指標[2]

評価指標	定義式
換気流量比 κ_m	$\kappa_m = \dfrac{V}{V_m} = \dfrac{\theta_{1m}-\theta_{0m}}{\theta_1-\theta_0},\ \kappa_m \geq 0$
排熱効率 η_v	$\eta_v = \dfrac{V_f}{V} = \dfrac{V-V_u}{V} = 1 - \dfrac{V_u}{V} = \dfrac{\theta_1-\theta_0}{\theta_{1m}-\theta_0}$ $V_f = \eta_v \kappa_m V_m,\ V_u = (1-\eta_v)\kappa_m V_m$
機器吸込み温度差比 m_{0m}	$m_{0m} = \dfrac{\theta_{0m}-\theta_0}{\theta_1-\theta_0} = \dfrac{\eta_v \kappa_m \gamma_m + \gamma_r}{\eta_v(1-\gamma_m)}$
再循環温度差比 m_a	$m_a = \dfrac{\theta_a-\theta_0}{\theta_1-\theta_0} = \dfrac{\gamma_r}{\eta_v(1-\gamma_m)}$
機器吹出し温度差比 m_{1n}	$m_{1m} = \dfrac{\theta_{1m}-\theta_0}{\theta_1-\theta_0} = \dfrac{\eta_v \kappa_m + \gamma_r}{\eta_v(1-\gamma_m)}$
総合再循環比 γ_a	$\gamma_a = \gamma_m + \gamma_r$ $\gamma_r = \dfrac{\kappa_m \eta_v m_a}{m_{0m}-m_a+\kappa_m},\ \gamma_m = \dfrac{m_{0m}-m_a}{m_{0m}-m_a+\kappa_m}$
SHI (Supply Heat Index)	$SHI = \dfrac{\delta Q}{Q+\delta Q} = \dfrac{\gamma_a}{1+\gamma_a}$

双方のエネルギー消費量を評価するため，各部のエネルギー消費係数を定義し[1]，**表 6.3-2**に示す。

この結果からも明らかなように，空調用エネルギー消費係数を左右する要因は空調機の送風動力である。さらに，これを決定する空調給気量 V は総合再循環比 γ_a および機器吸込み温度差 $(\theta_{0m} - \theta_0)$ の影響を受ける。機器吸込み温度 θ_{0m} は空調設備設計および運用時の目標値になる。室内に設置した機器の中で，最大機器吸込み温度を設定するならば，おのおのの最大機器吸込み温度 $\theta_{0m,\max}$，最大機器吸込み温度差比 $m_{0m,\max}$ および最大総合再循環比 $\gamma_{a,\max}$ を用い，その必要空調給気量が得られる。

表 6.3-2 エネルギー消費量の評価指標[1]

評価指標	定義式
空気搬送エネルギー消費係数 ε_{FA}	$\varepsilon_{FA} = \dfrac{E_{FA}}{H_L}$
機器の空気搬送エネルギー消費係数 ε_{FM}	$\varepsilon_{FM} = \dfrac{E_{FM}}{H_L}$
熱源エネルギー消費係数 ε_{COM}	$\varepsilon_{COM} = \dfrac{H_L + E_{FA} + E_{FM}}{H_L \cdot COP_{COM}}$ 熱源機器の総合効率：COP_{COM}
トータルエネルギー消費係数 ε_T	$\varepsilon_T = \varepsilon_{FA} + \varepsilon_{FM} \varepsilon_{COM}$
空調給気量 V	$V = \dfrac{H_L \kappa_m (a\kappa_m + b)}{c_p \rho (\theta_m - \theta_0)\{1-(a\kappa_m+b)\}}$ ただし，$\gamma_a = a\kappa_m + b$

H_L：室内熱負荷
E_{FA}：空調機の空気搬送エネルギー消費量
E_{FM}：機器の空気搬送エネルギー消費量
COP_{COM}：熱源の総合効率
a, b：総合循環比 γ_a の近似係数

6.3.3 空調システムの信頼性評価

(1) 高発熱 DC 空調設備の信頼性の考え方

室内に設置される IT 機器は，多くの電子部品で構成されている。この機器の動作保証は室温あるいは機器の吸込み温度で規定される。とくに，空調機が停止し許容温度を大きく超過すると，部品に熱破壊が生じ，甚大な障害を与えることがある。したがって，機器の信頼性を確保するためには，空調設備により室温を許容温度の範囲に維持することが重要といえる。

空調設備が正常な場合，内部発熱，外壁の貫流熱による負荷は空調機により除去され，室温は設定温度に維持される。しかし，室温は空調機が停止すると室内に設置された機器の発熱量，建物や室内の熱容量のバランスにより時刻の経過とともに変化する。高発熱の機械室の場合，室温は室内の冷房負荷に応じ上昇することから，空調設備の信頼性評価では，室温が許容温度を超過した時点で空調設備の機能が停止したと認識して，信頼性理論を適用することが妥当である（**図 6.3-5**）。したがって，許容温度に到達するまでの時間（以下，許容修復時間と呼ぶ）を考慮することにより，実態に即した信頼性の評価および空調設備の設計が可能になる。

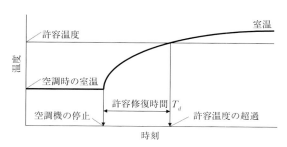

図 6.3-5 空調機停止後の室温変化とシステム不稼働の概念[4]

(2) 評価方法

空調システムの信頼性の尺度としては，冷却対象システムの動作が保障できない程に室温が上昇する時間の割合を「空調システムの不稼働率」と定義する。室温が許容値以上に上昇するのには，空調機の故障発生後，一定の時間（許容修復時間）を要するので，これを盛り込んだ解析が必要である。

まず，修復時間が指数分布で，平均修理時間 $MTTR_c$ が平均故障間隔 $MTBF_c$ と比べて十分小さいことを仮定する。すなわち，許容修理時間 T_d を考慮した不稼働率 U_T は故障率 λ_c を用い，P_c は室温が許容温度を超過する確率と見なし次式になる[4]。

$$U_T = \sum_{c=1}^{N} (\lambda_c MTTR_c P_c), \quad P_c = \exp\frac{-T_d}{MTTR_c} \quad (6.3.1)$$

空調システムが複数の機器で構成された場合，故障パターンごとに直列・並列結合の合成により

システムの故障率 λ_c と平均修理時間 $MTTR_c$ を求め，さらに N 個の故障パターンごとに室内負荷から許容修理時間 T_d を求め不稼働率を得る。

(3) 解析理論

空調システムを構成する要素それぞれの故障率を一定とし，さらに修理時間が指数分布に従うこととすると，システム全体の故障・修理の過程は単純マルコフ過程になる。単純マルコフ過程とは，1つ前の状態が決まれば，次の状態への遷移が，それ以前の過去の状態および1つ前の状態での経過時間に無関係に確率的に決まるような確率過程のことをいう。

ここで，各状態で稼働している空調機の台数は決まっているので，その状態における室温が許容値を超過するまでの時間も定まる。そこで，図 6.3-6 に示す各状態（マルコフ過程の状態番号 i）に遷移してからの時間と室温が許容値を超過するまでの時間を比較し，状態が許容時間を超えている部分のみをシステム不稼働状態としての不稼働率を積算することで，システム信頼性評価を行う。ここでは概要のみを記しており，詳細は文献5)で述べられている。

(4) 許容温度に達する許容修復時間

故障日時が特定できれば，空調機故障後の室温は動的熱負荷計算法などを用い推定できる。しかし，故障はランダムに発生することから，この方法で全故障パターンの室温を求めるには計算量が

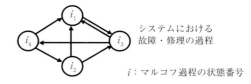

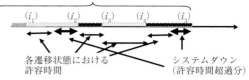

図 6.3-6 状態の繰り返しと許容時間超過部分 [5]

膨大となり現実的ではない。そこで，故障の前後で外気温度が変わらないと仮定し，1質点系の熱平衡式に①外壁の熱貫流熱量，②換気の熱損失量，③室温および外気温度の変化に伴う空調機の冷却能力の変化量を加え，日射量を考慮した日平均相当外気温度 θ_{so} を境界条件に，許容修復時間 T_d を得る関数を導出する[6]。

さらに，蓄熱装置を有するシステムに対しては故障パターンごとに有効蓄熱時間 T_s を定義し，故障発生後に許容修復時間 T_d＋有効蓄熱時間 T_s を経過した場合，室温が許容温度を超過する確率 P_c を得る[6]。

この計算法は，室温や外気温度による空調機の能力変化量を考慮するとともに，換気装置や蓄熱装置などの信頼性を向上させるバックアップ機器の効果も評価が可能な点も特長である。

コラム　建築物省エネ法とは

平成27年7月，新たに建築物のエネルギー消費性能の向上に関する法律（建築物省エネ法）が制定された。建築物省エネ法は大きく規制措置と誘導措置に分けることができ，前者は省エネ基準への適合義務であり，後者は容積率特例，省エネに関する表示制度である。非住宅用途に係る基準としては，外皮性能の基準としてペリメータゾーンの年間熱負荷について設計値を基準値で除した BPI と設備機器類の年間一次エネルギー消費量について設計値を基準値で除した BEI がある。適合義務については BEI ≦ 1.0 が求められ，誘導基準は BEI ≦ 0.8，BPI ≦ 1.0 が求められる。BEI の計算において OA 機器のエネルギーを除いてよいので BEI は小さくなる。また，これら値は必要入力データを用意さえすればいいので専門知識の必要はない。省エネに関する表示制度は2種類あり，新築時において BELS ラベルを取得し★（最大5個）を表示し省エネ性能をアピールできるものと，改修時において国が定める省エネ基準への適合を示す e マークを表示するものがある。

第7章
創エネ

7.1 創エネを見る

7.1.1 創エネとは

　創エネとは太陽光に代表される再生可能エネルギーを太陽光パネルなどの装置を用いて、建物で使用可能な熱または電気に変換することをいう。再生可能エネルギーとは、太陽光、風力その他非化石エネルギー源のうち、永続的に利用する事ができると認められるもので、発電時や熱利用時に地球温暖化の原因となる二酸化炭素をほとんど排出しないエネルギーである。近年では、省エネと創エネの組み合わせにより、建物で消費するエネルギーを見かけ上ゼロにするZEB(ゼロエネルギービル)実現の取り組みが行われている。仮に、建物内のすべてのエネルギーを太陽光発電で賄う場合、相当な設置面積が必要であることが分かっており、効率的な創エネを行うためには創エネ装置と建築が一体化した計画が必要とされている。

7.1.2 建物に導入される代表的な創エネ技術

　創エネは消費する場所(建物)で行うオンサイトの創エネと、離れた場所で行うオフサイトの創エネがあるが、ここでは建物に設置されるオンサイト技術の概要を述べる。代表的な創エネ技術として、屋上や外壁に設置した太陽光パネル(PV)による発電や、太陽熱温水器による集熱がある。発電は建物のベース電力として消費され、太陽熱は給湯で使われることが一般的で効率も高いが、空調に利用されている事例もある。

7.1.3 導入に適した条件

(1) 太陽光発電(PV：Photovoltaic)

　太陽光を最も効率よく受光できる配置計画が重要である。一般的には建物の屋上に水平に近い角度で配置する。積雪寒冷地では冬季の積雪を考慮し、急角度での設置か壁面への垂直配置が求められる。また、市街地で周辺からの影が影響する場合なども、前面道路に面して垂直に配置することがある。効率は落ちるが、庇や手摺、ルーバーを兼用する事例もある。また、シースルータイプにより適度な視線制御や遮光が可能である。2015年現在、一般発売されている太陽光発電の変換効率は、最大でも25％で、対費用効果は悪い。環境への配慮をアピールしたり、BCP対策の一環ととらえるなど、建物の付加価値として位置付ける必要がある。

(2) 太陽熱利用

　太陽熱で温水をつくり、冷暖房や給湯に活用する技術である。居住系用途(病院・ホテル・住宅など)24時間温水や冷暖房を必要とする施設に適する。太陽光発電に比べると、一般的に対費用効果が高く、15年程度で初期投資を回収することも可能である。太陽熱を集める集熱器は、平板型、真空管型がある。真空管タイプは器具自体の美しさがある反面、ガラス製品のため飛散物等による破損のおそれがある。

7.1.4 建築一体化デザイン

　太陽光を取り込む創エネ技術は、通常最も効率のよい屋上に設置されるが、それらは「装置」として置かれており建築化がなされていない。技術の見える化を図るためには、建物の外壁面、手摺、庇、トップライトなど、利用者の目に触れる部位に積極的に採用する必要がある。一般的に、普及型の標準モジュールは効率を最優先させており意匠性に劣るため、意匠設計者による建築一体化デザインが求められる。また、機能上必要なアイテム(遮光・遮熱ルーバー、防風板、視線制御等)と複合させることで、対費用効果が増し、建物の大きな特徴となりえる。

　建築一体化を突き詰めると、フルオーダーメイドとなりかなりのコスト高となるため、普及品を活用した工夫が意匠設計者に求められる。

7.1.5 創エネ建物の実例

(1) としまエコミューゼタウン【太陽光発電】
所在地：東京都豊島区
用途／規模：庁舎・店舗・住宅／B3F・49F・PH2F

　低層部に東京都豊島区新庁舎他店舗・事務所が，高層部に集合住宅が入る複合再開発である。象徴的な3つのエコアイテム「エコヴェール」，「エコヴォイド」，「エコミューゼ」の導入など，環境配慮技術を積極的に取り入れている。樹木のような建築をイメージし，建物全体を樹木のリーフに見立てたエコヴェールは，太陽光パネル・緑化パネル・ルーバーパネル・ガラスパネル等を外壁適所に配置することで，環境負荷を低減する。庁舎部にはシースルータイプやアモルファス型をランダムに配置し，住宅部バルコニーには手摺壁の一部にアモルファス型を，屋上部は廉価な結晶型（既製品）を配置するなど，さまざまな種類の太陽光パネルを適所に効果的に用いている。

(2) 環境エネルギーイノベーション棟【太陽光発電】
所在地：東京都目黒区
用途／規模：大学／B2F・7F・PH1F

　東京工業大学の大岡山キャンパスに環境エネルギーイノベーション棟として新たに誕生した研究施設である。総出力650 kW，4 570枚もの太陽

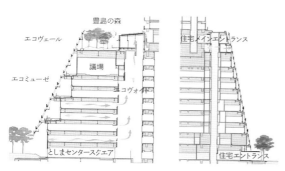

図7.1-1　庁舎部断面構成図

図7.1-3　庁舎部パネル

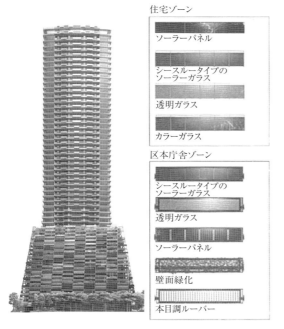

図7.1-2　エコヴェールパネル構成図

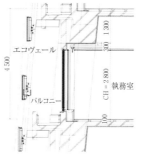

図7.1-4　エコヴェール詳細断面図

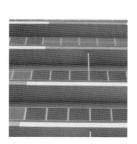

図7.1-5　バルコニー手摺壁

図7.1-6　エコミューゼ

光発電パネルで建物南面・西面・屋上面を覆い,「ソーラーエンベロープ」と名づけた。国内主要メーカーから調達した多様なタイプのパネルを,方位や取り付け位置により適宜配置することで,将来の太陽光発電パネルの開発余地を考慮して性能を検証している。パネルは,100mm四方の角型鋼管をはしご状に組んだフィーレンデールトラスのフレームに取り付け,垂直方向2mごとに設置したキャットウォークによりメンテナンスや技術進歩などに対応した取替えを容易としている。外装すべてが太陽光パネルという斬新なデザインとなっている。

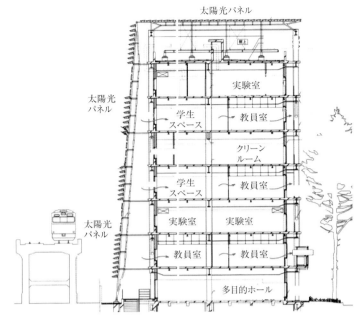

図 7.1-7　断面図

図 7.1-8　建物全貌（南側）

図 7.1-9　建物西妻面

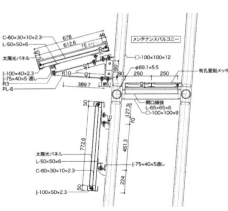

図 7.1-10　パネル詳細断面図

図 7.1-11　キャットウォーク

(3) NEXUS HAYAMA【太陽熱利用】

所在地：神奈川県三浦郡葉山町

用途／規模：研修所／5F

　製薬大手である第一三共グループの新しいタイプの研修所（多目的滞在型交流施設）である。190室の宿泊室と大中小の研修室とを繋ぐ中心に設けられた吹抜け「アトリウムラウンジ」はトップライトを有し，その外側に太陽熱利用システムを配置している。真空管式太陽熱集熱パイプは，給湯および空調システムに必要な温水をつくり出し，直射日光をやわらかく拡散する遮光ルーバーの役割も果たす。既製品の真空管パイプユニットを用いる上で，モックアップによる検証を重ね，ヘッダーおよび配管が極力見えないように配置し，ユニット間にダミーパイプを設けることで美しく連続するルーバーを実現した。太陽熱利用システムの「見える化」を実現した事例である。

7.1.6 創エネの建物紹介

[1] **甲府市庁舎**　山梨県甲府市丸の内1-18-1，用途：庁舎，延床：27972 m²，特徴：PV 300 kW

[2] **ヤンマーミュージアム**　滋賀県長浜市三和町6-50，用途：ミュージアム，延床：2910 m²，特徴：PV 7.7 kW

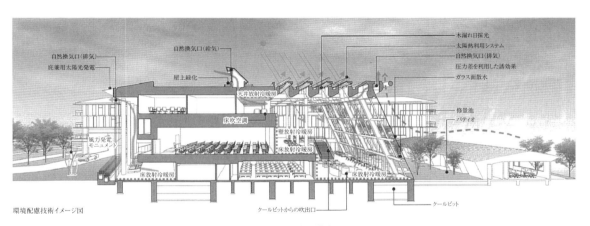

図 7.1-12　断面構成図

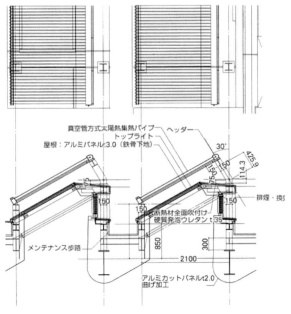

図 7.1-13　トップライト詳細図

図 7.1-14　真空管パイプからの木漏れ日光

図 7.1-15　太陽熱利用システム外観

7.2 創エネを使う

7.2.1 創エネのシステム例

　創エネのシステムは，再生可能エネルギーを電気として利用する方法と熱として利用する方法がある。電気利用のシステム例として，太陽光発電システムを，熱利用のシステム例として，太陽熱利用システムと木質バイオマス熱利用システムを紹介する。なお，木質バイオマスは，敷地外から搬入されるため，一般的には創エネという言葉は使わないが，再生可能エネルギーのひとつであり，採用されるケースも増えてきているため，本節の中で取り扱うことにした。

(1) 太陽光発電のシステム例

　研修所に太陽光発電システムを採用した事例を紹介する。太陽光発電パネルを屋上に設置し，通常時は発電した電気を系統連系して利用し，停電時は非常用の蓄電池を兼用したリチウムイオン電池と太陽光発電の連系により，重要負荷に供給できるシステムを構築している。システム概要を**図7.2-1**に示す。

　グリッド管理装置の採用により，リチウムイオン電池によるデマンドコントロールと停電時の電源供給を可能にしている。通常時は，太陽光発電とは連系させず，スケジュール運転で放電を開始し，デマンドを抑えながら，残容量が災害時に必要となる電源容量まで放電している。停電時は，リチウムイオン電池がUPSとして機能し，重要負荷に瞬停なく電源供給を行い，太陽光発電した電力は，定電圧である蓄電池電源と連系し，重要負荷への電源供給と蓄電池への充電を行っている。

(2) 太陽熱利用のシステム例

　宿泊施設に太陽熱利用システムを採用した事例を紹介する。太陽熱は給湯と暖房利用を優先しているが，稼働率の変動が大きく，夏期は太陽熱が余ってしまうため冷房にも利用している。太陽熱パネルは集熱面積300 m^{2}で，真空管式太陽熱集熱器と温水利用型吸着式冷凍機を採用している。システム概要を**図7.2-2**に示す。

　太陽熱パネルは，トップライト上部に，南向き30度で設置し，外ルーバーとしても活用している。夏期は太陽熱の温水を利用して，吸着式冷凍機で13℃の冷水を製造し，天井放射パネル，床放射設備，空調機に供給してアトリウムの居住域空調に利用している。冬期は太陽熱の温水を床暖房，空調機に供給して居住域空調を行っている。一般的に用いられる吸収式冷凍機は，集熱管からの取り出し温度を高温にして供給する必要があるため，60℃程度まではCOP低下が少ないゼオライト吸着式冷凍機を採用している。それにより，太陽熱のみで効率良く冷水を製造することが可能になっている。

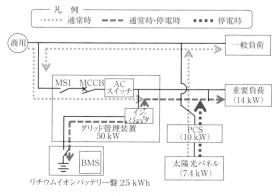

図7.2-1　太陽光発電システムの例

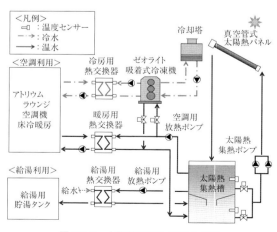

図7.2-2　太陽熱利用システムの例

給湯負荷の需要は夜間と朝方に集中するため，昼間の太陽熱を蓄熱するために集熱槽を設けているが，ゼオライト吸着式冷凍機への供給温度の問題があるため，集熱槽は上下2槽とし，朝方の立ち上がり時は高温の上槽部分のみで循環することで，取り出し温度が60℃以上になるまでの時間短縮を図っている。

運転実績は，集熱効率ピーク時には約60%，年間積算日射量に対する年間集熱量の割合が約30%，集熱量に対するシステム使用電力量の比率である月別太陽熱システムCOPが4～10となっている。

(3) 木質バイオマス熱利用のシステム例

中山間地域の市庁舎に木質バイオマス熱利用システムを採用した事例を紹介する。この自治体では，市民参加型の林地残材等の収集運搬システムと地域通貨の利用で里山を整備するとともに，「地産地消」のエネルギー活用を推進している。市庁舎は，森林バイオマスエネルギーの利用を，広く市民に広報でき，環境啓発にも繋がるため，木質チップの中核利用施設として位置づけられている。「地産地消」の木質チップを効率良く利用でき，既存井戸を活用して地下水の熱を直接利用できる新しい再生可能エネルギー利用システムを採用している。システム概要を図7.2-3に示す。

冷房時は木質チップの温水をデシカントロータの再生熱源として利用し，冷熱源は地下水を熱交換して利用するデシカント空調システムで，クールビズ対応の低湿度環境を実現している。暖房時は地下水で外気を予熱した後に，顕熱交換器でレタン空気から熱回収し，最後に木質チップで加熱している。さらに，夏に地下水，冬に木質チップの熱をそのまま利用できる放射冷暖房パネルと温水式床暖房による放射空調システムも合わせて採用している。また，内部発熱処理と残業時の個別空調に対応するために，潜熱顕熱分離処理により高効率運転が可能な高顕熱形パッケージ空調システムも併用している。

7.2.2 設計のポイント

(1) 太陽光発電システムの設計のポイント

太陽光発電システムは，地域，太陽光発電パネルの種類，設置方法によって，創エネの効果は異なるが，概略のシステム検討にあたっては，発電容量1kWあたり，設置スペースが10 m²，年間発電量が1MWhという関係を覚えておくと便利である。太陽光発電によるZEB化の検討例を図7.2-4に示す。この試算においても，前述の関係が用いられており，2階建て庁舎でのZEBが実現可能であるとの結果が導き出されている。

太陽光発電パネルは，種類も豊富で，使用材料により，シリコン系(単結晶，多結晶，アモルファスなど)，化合物半導体系，有機系に分類されているが，現在はシリコン系が主流である。変換効率は，10～25%程度であるが，技術進歩が早い

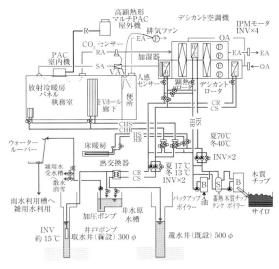

図7.2-3 木質バイオマス熱利用システムの例

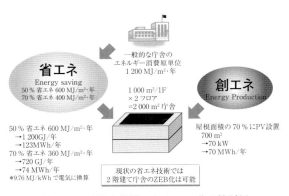

図7.2-4 太陽光発電によるZEB化の検討例

分野なので，今後の効率向上が期待される。

太陽光発電パネルは，塔屋などによる影の影響の無い屋根面に，南向きに角度を付けて設置するのが最も効率が良い。角度を急にすると水平投影面積は小さくなるが，前の列のパネルの影の影響も大きくなるため離隔を大きくする必要があり，角度によって設置面積が大きく変わる訳ではない。太陽光発電パネルは数枚で1モジュールを形成し，その一部に影が落ちるとモジュール全体の発電に支障を来たす場合もある。また，庇や腰壁に設置したり，シースルータイプをトップライトに設置したりする例も増えてきている。環境啓発や設置面積を稼ぐ目的としては有効であるが，費用対効果の面ではあまり効率的とは言えない。

太陽光発電システムは，太陽光発電パネルを複数並べたモジュールを直列や並列に接続して太陽光発電アレイとし，接続箱で電気を直流で集める。蓄電池を使用する場合はこれに接続し，交流に変換して利用する場合はパワーコンディショナーを設置する。

太陽光発電した電気は，単独負荷へ供給する方法，系統連系する方法，系統電力へ直接供給する方法がある。系統連系する場合は，休日など低負荷時に需要を供給が上回る場合は逆潮流で電力会社に余剰電力を買い取ってもらうことになる。蓄電池を設置して，停電時に電力供給が可能なシステムとする場合もある。わが国においては，2012年から固定価格買取制度（FiT）が始まった。余剰電力買取制度と固定価格買取制度の違いを図7.2-5に示す。固定価格買取制度は，太陽光発電と系統電力が直接繋がっていて，全量買取になっているため，太陽光発電した電力を建物で直接利用することはできなくなる。

(2) 太陽熱利用システムの設計のポイント

太陽熱利用システムは集熱効率（変換効率）が約50％，システム効率が約40％と，太陽光発電システムと比べて効率が高く，設置面積も小さい。年間を通じて温水需要があれば適したシステムである。集熱面積1 m^2 当たり約2 200 MJ／年の一次エネルギーの削減量に相当すると言われている。

太陽熱パネルの種類は，平板式と真空管式の2種類があり，平板式は外気温が下がると集熱効率も低下するが，真空管式は魔法瓶のような構造で外気温の影響を受けにくいのが特徴である。太陽熱パネルは，年間で最小となる夏期の給湯負荷を賄う容量で決めるのが一般的である。ヒートパイプ方式ではヘッダーに熱が集まるように，南向きで設置角度10度以上確保することが必要で，冬期の効率を最大化するために角度45度以上とする場合もある。太陽熱でつくった温水を排熱投入型直だき吸収冷温水機に投入して冷房に利用するソーラークーリングシステムの場合は，年間の効率が高い30度程度が望ましい。角度をつけた場合は前の列の影が後ろの列にかかるため離隔を大きくする必要がある。

循環水量は搬送エネルギーを考えると極力小さい方が良いが，水量が少な過ぎると効率が低下する。密閉回路と開放回路があり，沸騰による劣化や凍結防止のために開放回路にする場合は，落水させるために貯湯槽を太陽熱パネルより下に設置する必要があるが，太陽熱パネルと貯湯槽の落差が大き過ぎると搬送エネルギーが増大する可能性がある。ソーラークーリングシステムは密閉回路で排熱用のラジエーターを設置してオーバーヒート防止制御を行っている。温度差を確保したい場合は，太陽熱パネルを直列に連結する方法があるが，循環温水温度が高くなると効率が低下してしまう。

貯湯槽の容量は，夏期の日最大集熱量を温度差約40℃で貯湯する想定で決定する。

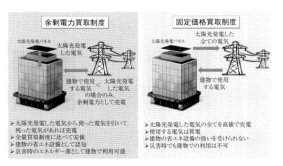

図7.2-5　余剰電力買取制度と固定価格買取制度の違い

(3) 木質バイオマス熱利用システムの設計のポイント

木質バイオマスの燃料の種類には，木質チップと木質ペレットがある。木質チップは，木材を切削または粉砕した短片状のもので，1週間分の燃料の貯留が可能なサイロを設け，ダンプカーの荷台からすべり降ろせる構造にする必要がある。木質ペレットは，木屑などを高温で圧縮し固めた円柱状の固形燃料で，袋詰めしたものを吊り上げてサイロに投入する構造である。木質チップは毎日停止することは不可能で，一定期間連続運転となるため，燃料としては木質ペレットの方が扱いやすい。

発熱量は，同重量で木質ペレットは木質チップの2倍以上，同容積で3倍以上である。木質チップは原料の樹種や含水率によって発熱量のばらつきが大きいため，都度確認する必要がある。熱量あたりの単価は，木質チップは木質ペレットの半額程度と言われている。参考までに，熱量あたりの単価は，電気より安いとPRされているが，冷水に変換して利用するとCOPが良くないため，電気の2倍程度になってしまう。地域によって事情が異なるので，調達方法や燃料単価などを事前に調査および協議する必要がある。運搬のためのエネルギーが問題視されるケースもあるため，地産地消が望ましい。

(4) 創エネによる熱利用システムの設計のポイント

太陽熱や木質バイオマスで熱利用する上で最も気を付けなければならない点は，温水の温度レベルが低く，温度も安定しない点である。温水を安定供給するために，蓄熱タンクとバックアップ用ボイラーを組み合わせるのが一般的であるが，できるだけ低い温度レベルの温水を利用するシステムにすると，創エネの利用率が向上する。

給湯や暖房への利用が最も適しているが，近年は冷水を製造して冷房に利用するケースも増えてきている。一般的に用いられているのが，温水だき吸収冷凍機であるが，吸収式は効率的な運転をするためには，85～90℃の温水が必要なため，実質的にはバックアップ用ボイラーで賄うことになってしまう。ソーラークーリングシステムは，太陽熱を優先的に利用し，太陽熱が不足する場合はガスでバックアップを行う。比較的低温の温水のみで稼動するゼオライト式吸着式冷凍機を利用する方法もある。また，木質バイオマス燃料の場合は，温水を製造し，その温水で冷水を製造すると，COPが0.5以下になってしまう。木質ペレットの場合は温水に変換しないで直接冷水で取り出すことが可能な木質ペレットだき吸収冷温水機を利用する方法も有効である。

7.2.3 適切な運用方法

(1) 高効率運転のポイント

創エネの特徴は，エネルギーが安定しないことである。熱利用する場合は，低温になるとバックアップシステムを運転するが，バックアップを早めに入れすぎないことが高効率運転のポイントになる。バックアップの設定値は，2次側まで含めたシステム全体の状況を確認してチューニングすることが望ましい。

(2) 保守管理のポイント

太陽光発電パネルや太陽熱パネルは，メンテナンスフリーで，清掃は特に必要なく，降雨のみできれいな状態を保つと言われている。台風等でも壊れたりしない強度を持っているが，実際には一部でひびが入ったり，断線したりといった報告例もある。壊れる可能性があること，壊れた場合は速やかに取り替えることを，あらかじめ建築主や管理者に伝えておく必要がある。

木質バイオマスは，灰の処理を定期的に行う必要がある。木質チップボイラーの場合は，煙突の清掃も含めて年3回の定期メンテナンスが必要になる。燃料代だけでなく，灰処理費，メンテナンス費も含めた予算計画が重要である。

7.3 創エネを学ぶ

7.3.1 エネルギー源としての太陽エネルギー

環境建築としての低環境負荷，ZEB化において自身の建物でエネルギーを創出することは必要条件である。建物の立地するオンサイトで創ることが可能なエネルギーには熱エネルギー，電気エネルギーが主たる対象となる。化石燃料に依らず，これらのエネルギーを創り出すには，いわゆる再生可能エネルギーと呼ばれる太陽エネルギー，風力，地熱，バイオマスなどがその源となる。輸送を必要とせず，無尽のエネルギーに限るのであれば，バイオマスなどは候補から外れ，風力，地熱などは地域の特性や利用できる条件が限られることから汎用的なエネルギー源とは言い難い。よって太陽エネルギーが創エネの主役といって異論は無いであろう。先の風力も元をたどれば太陽熱を起因とした自然現象といえる。

太陽エネルギーは地球だけでなく太陽系宇宙のすべてのエネルギーの源であり，太陽エネルギーなくして地球は存在しない唯一無二の存在であり，誰もが無尽蔵に利用できるエネルギー源であるが，如何せんエネルギー密度が低い。太陽エネルギーは熱として直接利用するほか，太陽光発電パネルを介して電気エネルギーとして利用される。電気エネルギーは熱エネルギーに比べてさまざまな用途に使うことが可能であることから，より高級なエネルギーと位置づけられる。現在は太陽光発電が過大に取り上げられることが多いが，太陽光発電の発電効率は未だ高いとは言えず，エネルギーの利用としては発電と集熱をバランスよく活用していくのがよい。

7.3.2 要求される創エネ条件とシナリオ

ここで，要求される創エネの条件を整理する。要求が少ない時間帯のエネルギー創出は余剰分となり，廃棄（無駄）になる場合がある。創られたエネルギーが蓄えられるものか否かを判断し，要求量を把握しておくことが必要である。

太陽光発電パネルを最適設置する場合，何を目的するかによって"最適"の目指すものが異なる。例えば，商用電源と系統連携し，全量売電（金銭的利益）を目的とした場合は年間のトータルの発電量が最大となるものがよいであろう。ただし，10 kW未満の小規模発電施設の場合，現在（2015年現在）の制度では余剰電力の売電契約となるため，日中の使用電力の時間変動など利用者のライフスタイルまで考慮する必要がある。

一方で，わが国の電力需要は夏の冷房負荷が最大となる最暑期にピークを迎えることから，電力需要ピーク時の電力不足を補うことを目的とすべきという考えもある。電気は蓄えることが苦手なエネルギーであることから，この電力需要ピークとなる時間帯に最も発電効率をよくなるように太陽光発電パネルを設置することは社会全体の電力不足緩和に貢献することができる（社会的利益）。

本稿では上記2つの目標点を基準とした太陽光による創エネ条件をシナリオに設定して検討を行う。

7.3.3 太陽エネルギーによる創エネ量の予測

（1） 太陽光パネル設置の制約条件

一般に太陽光発電パネルを日本国内で設置する場合，南向きに傾斜角30°で設置することが標準設計とされている。しかし，この条件は各地域の日射特性や使用目的を十分に考慮しているとは言えない。また，建築に太陽光発電パネルを付随して設置する場合，必ずしも理想の角度，方位に設置することができるとは限らないことから，あらゆる設置条件において，より有効に太陽ネルギーを利用するための方法を把握しておく必要がある。そのためには地域の気象特性を十分に把握しておくことが不可欠である。より適した地域に適した気象データの活用が必然となる。

さらに敷地周辺の条件についても考慮する必要がある。周囲が十分に開けた地域では問題とはならないが，実際には近接する建物，電線，樹木等がソーラーパネルの設置に厳しい条件を付加することになる。

太陽光パネルを活用する上で，もう一つ条件となるのが積雪地域の冬期の積雪の問題である。一般に積雪の多い地域では落雪するように傾斜角を大きくする傾向がある。

(2) 気象データの活用

日本には AMeDAS による地上気象観測網が整備されている。しかし AMeDAS では気象4要素（気温，湿度，降水量，風向・風速）が主たる観測値であり日射量の観測値は基本的に含まれてはいない。日射量の観測は管区気象台など一部の観測所に限られる。拡張アメダス気象データ[1]はこれらのデータを活用し，全国800地点以上の日射量のデータを日照率などから推定し整備したものである。ここで扱われる日射量データは水平面全天日射量であるため，傾斜させて設置されるソーラーパネルで受照する日射量の推定には適切な日射の直散分離モデル（全天日射から，法線面直達日射量および水平面拡散日射量を推定すること）と斜面日射合成モデル（法線面直達日射量および水平面拡散日射量から傾斜面日射量を合成するモデル）の選択が必要不可欠である。本章では標準年 EA 気象データ（2000年版）の全天日射量データを元に斜面日射量を算出した。

(3) 傾斜面日射モデル

斜面日射合成を行う際の直散分離と斜面日射合成モデルには，Perez らによるモデルが精度がよいとされる。本稿ではこれらのモデルを利用して斜面日射量を算出した。アルベドは 0.3 と仮定した。Perez による直散分離は日射の時刻変動，大気の水蒸気量などを考慮して全天日射から直達日射を推定するモデルである[2]。斜面日射合成モデルでは準直達日射量と地平線付近の強放射輝度天空を考慮して斜面日射量を合成する非等方性天空放射輝度分布モデルである[3]。なお，NEDO による斜面日射推定[4]は板垣らによる直散分離モデル

と，Perez の斜面日射量合成モデルを組み合わせて使用している[5]。

図 7.3-1 は春秋分の南中時に日射が鉛直入射になるよう傾斜角度をその土地の緯度に合わせたパネルの傾斜面日射の全国分布を示したものである。各都道府県主要都市の観測地点を代表として選び，最大値を示した地点の値（夏期：那覇，冬期：浦和，年間：宮崎）を基準として，割合で示した。夏は東北地方の一部を除いてはほぼ均一な日射が得られ，冬は日本海側の日射が少なく関東地方付近の日射量が多く発電に適していることがわかる。また，年間では日本海側を除く関東地方以西の地域のほとんどが割合 90 % 以上と十分な日射が得られることがわかる。

(4) 発電量予測モデル

太陽光発電パネルの発電効率は年々向上しているが，設置時の状態により発電効率は異なる。例を挙げると，多くのパネルは結晶モジュールを直列に配置しているため，パネルに一部にでも陰がかかると，その影響が全体に及ぶことになり，見た目以上に大きな出力低下が起こることが言われている。また，ゴミやチリ，トリの糞などによる汚れ，塩害による回路絶縁性能の不良，パネルやパワーコンディショニングの経年劣化，システム構成による損失など，発電効率に影響を与える影

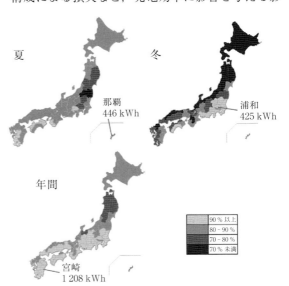

図 7.3-1　全国の傾斜面日射の強さ（傾斜角度はその土地の緯度として最大地点との比で表したもの）

響は多種に渡る。パネル表面温度の温度上昇による出力低下なども考慮すべき要因である。NEDOによるガイドブックにその概要がまとめられている[6]。

本稿では発電効率を主題として扱わないため，図 7.3-2〜7.3-5 では簡略的に損失係数平均を 27 % として試算した。またシステム容量はすべて 1 kW を基準とした。

(5) パネル設置角度による発電効率

既存の建物などでは屋根の向き，傾斜角などにより太陽光パネルは常に理想の角度，方位には設置できるとは限らない。図 7.3-2 は期間積算発電量が最大となるようにパネルを設置した場合に対して，任意の角度で設置したパネルの発電割合を示したものである。図中の●が最適設置角度である。夏は比較的最適角度から離れた角度でもおおむね良好な発電結果が得られるが，冬は設置角度の条件が比較的限定されるということがわかる。

図 7.3-3 は夏期の電力需要がピークとなるといわれる午後 1 時から 4 時を対象にこの時間帯での発電の効率を最大となるように設置した場合を示したものである。ここでは便宜上，冬期，年間の計算においても同様の時間帯を基準として計算している。この場合南西方向に傾け，傾斜角を大き

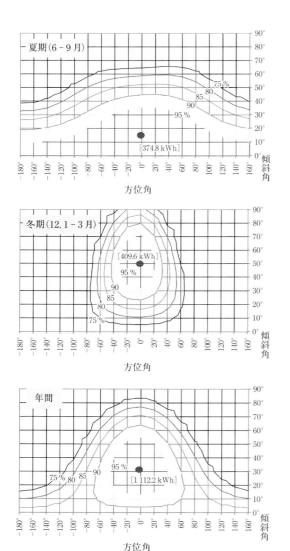

図 7.3-2 期間積算発電量を最適化した場合のパネル設置角度毎の発電割合（東京）

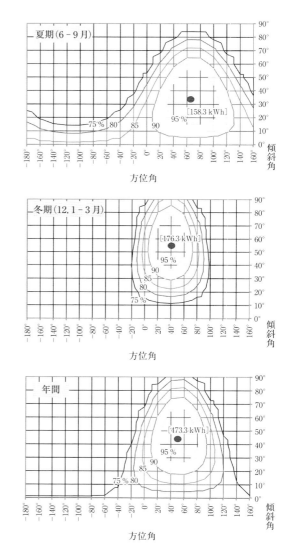

図 7.3-3 電力需要ピーク時間帯（午後 1 時から 4 時を想定）に最適化した場合のパネル設置角度毎の発電割合（東京）

くする必要がある。電力要求時間を限定すると発電に適した設置角度の自由度が狭まることがわかる。図では東京について示したが他の地域（北海道，岡山，鹿児島の3都市で検討）でも発電量の絶対値は違うものの，分布形状は類似した傾向が見られた。

(6) 全国の発電量予測と最適パネル設置角度

拡張アメダス気象データを用いて日本各地の太陽光発電パネル設置の最適条件を探る。日射特性や季節ごとの天候の状況などに違いによる地域性について考察する。

図7.3-4は年間の発電量が最も多くなるように設置した場合の各地の発電量をマップで示したものである。日本の中で効率よく発電できる地域は一部の太平洋側の地域と西寄りの関東地方から長野県，山梨県，静岡県に多い。全国で最も発電量が多かった地点は和歌山県潮岬であった。逆にあまり効率よく発電できていないのは日本海側の地域である。とくに日本海側の地域では北に行くにつれて予測発電量が減っていることがわかる。

図7.3-5は年間の発電量が最大となる太陽光パネルの傾斜角である。日本海側と西日本の大半が傾斜角30°程度となっており，一般的な標準設置とほぼ一致する。緯度の低い沖縄地方は最適設置傾斜角が小さく，緯度の高い北海道の釧路，十勝あたりは傾斜角が大きい。北海道において東部と西部で最適設置傾斜角度が異なるのは，冬期に

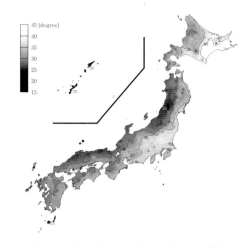

図7.3-5 最適設置した場合のパネル傾斜角

晴天の多い東部では最適な傾斜角度が大きく，冬期に日射が期待されない西側の地域では夏期の日射への依存度が高くなるため，最適傾斜角は低くなる。図7.3-4と合わせてみると，東日本や四国の発電量の多い土地の方が傾斜角を高くして設置したほうが良い傾向にあることがわかる。最適設置時の傾斜面については緯度だけでなく季節ごとの日射の特性により影響を受けているといえる。

7.3.4 まとめと今後の展望

地域の日射特性を考慮した太陽光発電パネルの最適設置角度について示した。

電力要求に関して設定したシナリオにより，電力需要のピーク帯に多く発電したいならパネルを真南から西に傾け，傾斜角を高く設置すると効果的である。これにより，社会的全体の電力消費ピークを下げる可能性がある。太陽光パネルの設置については要求される目標に合わせ，地域の日射特性を考慮することが重要である。売電することを主たるを目的とせず，需要に見合った計画をすることが，これからのエネルギー問題を解決するのみに求められるのではないだろうか。

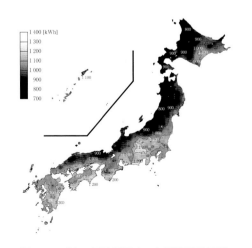

図7.3-4 パネル最適設置時の年間発電量予測

第8章
未利用エネルギー

8.1 未利用エネルギーを見る

8.1.1 未利用エネルギーの定義・活用の原理

　元来人類は，気候条件に応じて，上手に自然エネルギーを活用し，自然環境とともに生活を営んできた。世界各地の伝統的な住居形式や集落に，地中熱等自然エネルギーを活用する知恵が盛り込まれており，現代において私たちが定義する未利用エネルギーの起源とも考えられる。国内では，北海道のアイヌ民家「チセ」における囲炉裏の冬期蓄熱の活用，越後地方等雪国に見られる「雪室」などが代表例である。しかしながら近代社会においては，効率優先の技術革新の流れから，化石燃料を大量消費することが前提の営みが長く続けられ，地球温暖化に代表される環境問題が顕在化した。現在，地球環境とともに人類が営みを続けていくためには自然エネルギーへの回帰，未利用エネルギーの有効活用などのエネルギー地産地消を推進していく必要がある（図 8.1-1〜8.1-3）。
　未利用エネルギーを大別すると，自然の温度差のエネルギー，自然の熱エネルギー，生産等活動に伴う排熱等がある。

　日本は他の国と比較しても特にエネルギー自給率が低いことに加え，昨今のエネルギー事情により化石燃料への依存が増えることが予想されてい

図 8.1-1　昔　自然エネルギーを利用した営み

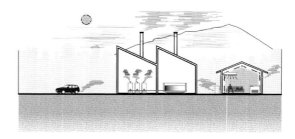

図 8.1-2　近代　化石燃料の大量消費社会

る。さらに新興国の経済発展に伴う世界的なエネルギー需要の増大により，価格・供給が不安定となったエネルギーを安定的に利用するためには，未利用エネルギーの比率を高めていく必要がある。以下に代表的な未利用エネルギーの概要を述べる。

(1) 自然の温度差エネルギー

　海や河川，地中熱の温度は年間の温度変化が少なく，外気温度に対して夏は低く，冬は暖かくな

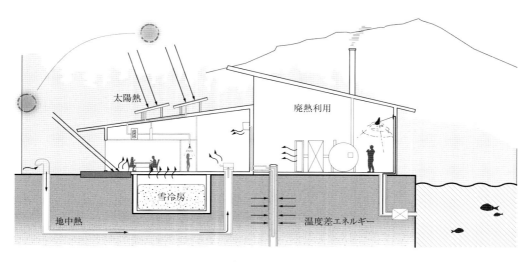

図 8.1-3　現在　自然エネルギーへの回帰

る。この温度差エネルギーをヒートポンプで利用し設備機器の効率的な運転を行うことや直接熱交換を行い導入外気の予冷・予熱や融雪等に利用をすることが可能である。河川の温度差エネルギーの利用は地域冷暖房に多くの採用例があり、海の温度差エネルギーを利用した海洋温度差発電は日本をはじめ各国が実用化に向けた実証実験を行っている。地中熱利用はどこにでも導入が可能なため住宅から大規模ビルまで多くの採用事例がある。

(2) 自然の熱エネルギー

地球には太陽からの熱、地球内部の熱、雪等自然の中にあるものが多数ある。地熱は地球内部に蓄えられた熱を蒸気や温水として取り出してタービンを回して発電する地熱発電として利用されている。地熱発電の中でも沸点の低い熱媒体を使用し低温での発電を可能とするバイナリー方式は新エネルギー利用等の促進に関する特別措置法の新エネルギーに指定されている。太陽熱は屋根に設置した集熱パネルで集めた熱を給湯や暖房に利用するだけでなく、集熱した温水を冷媒の再生に利用して冷房するハイブリッドな空調システムにも利用でき、雪は断熱した倉庫やピットに保管し冷蔵や冷房に利用することが可能である。

(3) 生産等活動に伴う排熱

工場等で出る排熱は高温のものはタービンを回して発電し再利用されている事例もあるが中低温排熱の多くが破棄されている。熱を電気に変換する熱電発電も実用化されているが普及には至っていない。これらの排熱は必要な時に必要な場所で必要な温度で供給できれば有効利用が可能となるため複数の工場で需給の不一致を解消する取り組みも始まっている。またヒートポンプを用いることで低温排熱を有効に活用できる熱源機器も多数開発されている。

8.1.2 未利用エネルギー活用のメリット・デメリット

導入する企業・組織にとって直接的なメリットは、
① エネルギー消費量の削減に伴う光熱費、CO_2排出量の削減

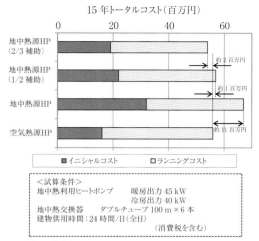

図 8.1-4 公共施設における冷暖房のコスト試算例

② 常時の省エネによる非常時の事業継続性の向上
③ 社会に対する環境保全活動のアピール

がありとくに③については近年重要視されており、後に記載する導入事例の多くの企業・団体がホームページより社会に対して環境への取り組みとして情報発信をしている。また日本全体としてみると、

④ エネルギー多様化に伴う安定供給と自給率の向上
⑤ 省エネ産業の競争力の強化

があげられる。デメリットは化石燃料を利用した他システムと比較すると初期費用がかかることである。しかし未利用エネルギー技術の普及とともに徐々に解消されており、補助金を考慮してライフサイクルコストを比較すると経済的にメリットがある場合も多くなっている（図8.1-4）。

8.1.3 未利用エネルギー技術概要

以下に未利用エネルギーの中で、一般的な建物への採用が比較的容易な技術について紹介する。

(1) 地中熱利用

地中熱は地下200 mより浅い地中の低温の熱エネルギーで地球内部の熱に起因する地熱とは異な

り大部分が太陽の熱に起因する。日本でルームエアコンを代表とする空気熱利用ヒートポンプが普及した理由の一つに空気はどこにでもあり容易に採熱ができることがあげられる。ヒートポンプとは電気等の外部のエネルギーを利用して低いレベルの熱を冷凍サイクルにより低温から高温に汲み上げる仕組みのことでルームエアコン等はこの仕組みを利用して冷暖房を行っている（図 8.1-5）。

地中熱は他の未利用エネルギーとは異なりどこでも昼夜を問わず安定的に取り出すことが可能である。取り出し方はさまざまだが地中熱をそのまま利用する方式とヒートポンプ方式に大別される。そのまま利用する方式は地中に埋設したダクトやパイプと導入外気を熱交換して室内に送り込む予熱・予冷利用や，降雪地域で道路にパイプを埋めての消雪利用等がある。地中熱をヒートポンプに利用する場合はエアコンの室外機にあたる部分に地中熱を用いる。エアコンの室外機は空気と熱交換を行うが，地中熱と熱交換することで一年を通して効率の良い運転が可能となる（図 8.1-6）。

(2) 排熱利用

建物から出る排気はそれまで空調されていた空気なので外気温度と比較すれば冬期は暖かく，夏期は涼しい状態であり，この排熱を利用するために空気熱交換器で導入空気と熱交換して省エネを図る技術はすでに一般的に採用されている。しかし病院・研究所等排気種類によっては空気熱交換器の利用が適当ではなくそのまま排気されている事例も多くある。この空気熱を水と熱交換して回

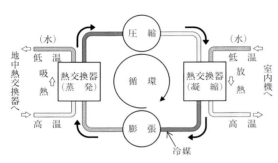

図 8.1-5　水との熱交換で暖房する地中熱ヒートポンプのしくみ

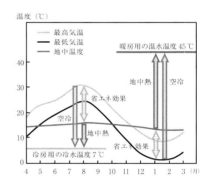

図 8.1-6　地中熱を利用するメリット

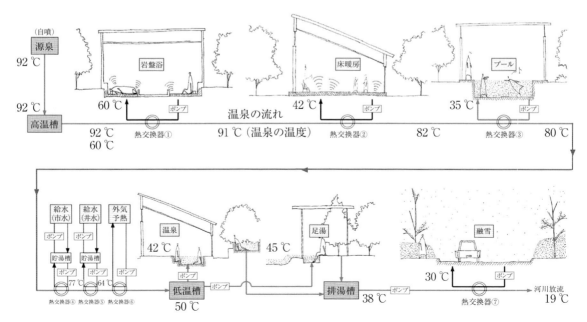

図 8.1-7　温泉熱カスケード利用の事例

収し導入空気の予冷・予熱への利用や，室外機近傍で排気することで高効率の運転が可能となる。また冬期に南側の暖気をそのまま排出せずに北側に循環することで建物内の温度差を解消し建物全体の熱収支の低減が可能である。温泉熱をさまざまな用途にカスケード利用した上で，本来破棄していた温泉の排熱まで利用する事例もある（図8.1-7）。

(3) コージェネレーション利用

発電する熱機関から出る排熱を利用して総合エネルギー効率を高めるシステムをコージェネレーションシステムといい，排出ガスがクリーンな天然ガスを燃料とするシステムが一般的である。需要場所で発電するため送電ロスがなく，発電する際の排熱は主に蒸気・温水として回収され建物の冷暖房，給湯熱源に利用される。新エネルギーからは除外されたが革新的な高度エネルギー技術として普及が推進されるシステムである。近年普及が進んでいる燃料電池も発電と同時に熱の回収が可能なコージェネレーションシステムの一種である（図8.1-8）。

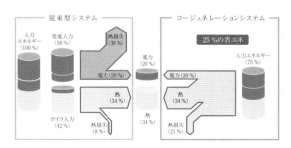

図8.1-8 コージェネと発電所のエネルギー効率比較

8.1.4 導入に適した条件

未利用エネルギー導入に適した条件は種類により若干の違いがある。初期費用が必要なことから，導入した設備の稼働率が高く，一年を通じて熱利用が多い用途の建物への採用がよりメリットを享受できる。

ヒートポンプを用いて未利用エネルギーを採熱する場合は寒い地域ほど外気温度と採熱源の温度差があることから他方式と比べて高効率な運用が可能となる。コージェネレーションから出る排熱は冷房にも利用が可能だが，安定して温熱利用がある病院，入浴施設等へ採用すると排熱を無駄なく利用できるためエネルギー効率が向上する。地中熱を採熱するためにチューブを埋設する場合は性能的にも工事的にも広い敷地の方が適している。

8.1.5 未利用エネルギーの建物紹介

［1］ 東京スカイツリー®（地中熱利用）　東京都墨田区押上 1-1-2

［2］ 電算本社ビル（地下水利用）　長野県長野市鶴賀七瀬中町 276-6

［3］ アミノアップ化学／エコハウス棟・HACC棟（雪冷房）　北海道札幌市清田区真栄 363-32

［4］ ラフォーレ天童のぞみ（温泉カスケード利用）山形県天童市大字道満 194-2

［5］ 洞爺湖サミット国際メディアセンター（雪冷房）北海道虻田郡留寿都村（現存せず）

［6］ 聖マリアンナ医科大学菅生キャンパスエネルギーセンター（コージェネ）　神奈川県川崎市宮前区菅生 2-16-1

［7］ 中之島二・三丁目地区地域冷暖房（河川水利用冷暖房）　大阪府大阪市北区中之島 3-6-16

［8］ 足利赤十字病院（地下水利用）　栃木県足利市五十部町 284-1

図8.1-9

図8.1-10

8.2 未利用エネルギーを使う

8.2.1 設計のポイント

　未利用エネルギーを有効に活用するためには計画建物からの排熱や計画地からの採熱の温度帯やその量を把握し適切な未利用エネルギーを選定する必要がある（図 8.2-2）。熱機関からの排熱を用いる場合はメーカー仕様書をもとに計画ができるが，地中等から採熱する場合はこれまでの実績やデータベースから設定するか，規模が大きい場合は熱応答試験で利用可能量の測定が必要となる。図 8.2-1 に代表的な設計フローを示す。

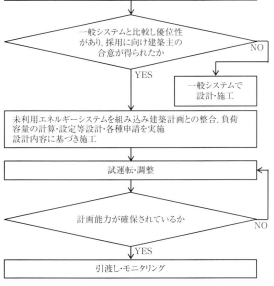

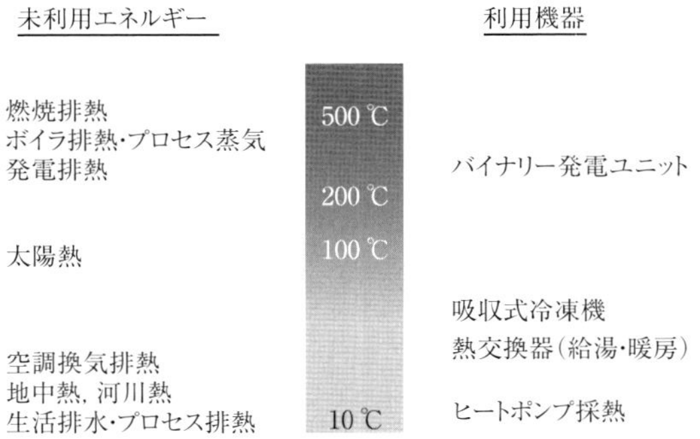

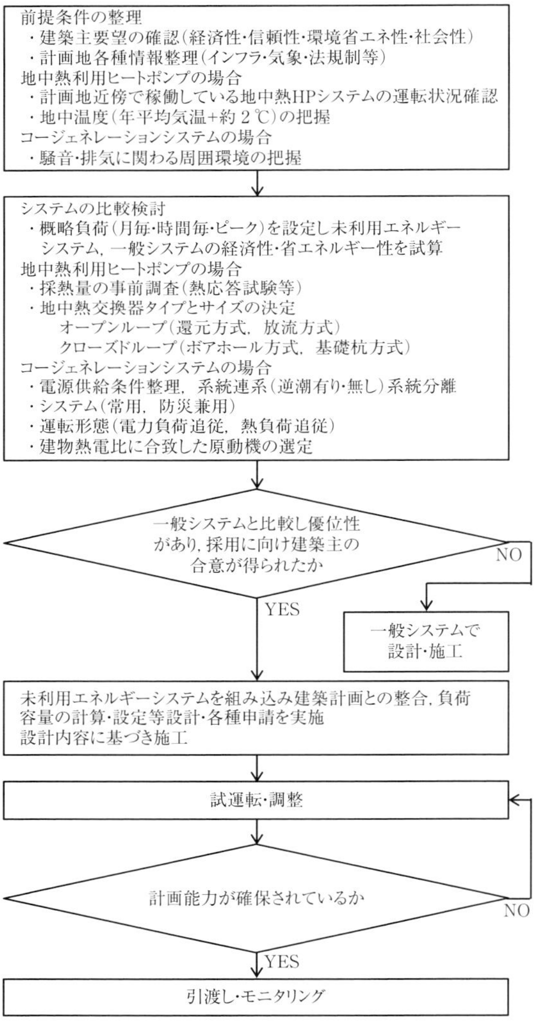

図 8.2-2　未利用エネルギーの温度帯

　未利用エネルギーは省エネ計画書や非常用発電機兼用のコジェネを採用する際には確認申請図書に含まれることに加えて，システムによっては費用のインパクトが大きく設計後半での変更がプロジェクトに与える影響が大きいため基本設計時の建築主との採否の合意は非常に重要となる。

8.2.2 システム概要

(1) 地中熱利用ヒートポンプ

a. 概要・特徴

　ヒートポンプは採熱温度と利用温度の差が小さいほど効率的な運転が可能なため，地中熱利用ヒートポンプでは外気よりも室温に近い地中熱を利用することにより空気熱源利用ヒートポンプよりも効率よく冷熱・温熱をつくり出すことが可能である。また大気への排熱を低減することでヒートアイランド対策となり結果として都市のエアコンの消費電力の低減に寄与する。

　地中熱利用ヒートポンプは熱交換器，熱源機，室内機で構成される。熱交換器はパイプを地中に埋設しパイプの中の水を循環して熱交換するクローズドループ方式と直接地下水を吸い上げるオープンループ方式がありオープンループ方式の方が熱効率は高くなるが，地下水の揚水規制がある地域や熱交換後の地下への還元ができない場合に有利なクローズドループ方式の方が多く採用さ

図 8.2-1　設計フロー

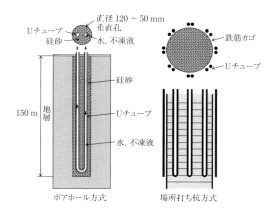

図8.2-3 地中熱交換器の方式例

れている。クローズドループ方式はボアホール方式と基礎杭方式に大別される(図8.2-3)。計画する建物に杭がある場合はコストメリットがある基礎杭方式が採用されることが多くなっている。

b. 採熱量調査

適切な熱交換器を計画するためには事前調査が必要となり、オープンループ方式は揚水試験、クローズドループ方式は熱応答試験にて採熱量を把握する。チューブ方式ではこれまでの実績値より採熱量の概算値を30～40 w/mとする場合が多い。例として暖房の場合の必要深さは以下の計算式により求める。

$$\text{暖房に必要な深さ} = \frac{\text{暖房最大負荷}}{(\text{W})} \times \frac{\text{熱源機 COP-1}}{\text{熱源機 COP}} \div \frac{30 \sim 40}{(\text{W/m})}$$

c. システム構成例

以下にオープンループ方式で地中熱を利用したシステム構成例を示す(図8.2-4)。

d. 効果

地中熱利用ヒートポンプは環境省の川崎市での実証実験の結果から空気熱利用ヒートポンプと比較して年平均で30%程度省エネとなっている(図8.2-5)。

また、冬期のデフロスト運転が必要ないことから、病院のようなエアバランスを重視する建物においては、デフロスト時のファン停止によるエアバランスの崩れが無く機能的なメリットを得られる。

e. 留意事項

① 熱源機の設置場所は外部・内部のどちらでも良いが、地中より採熱するため空気熱利用ヒートポンプの室外機のように屋上に設置することは現実的ではなく、設置スペースを建築計画に反映する必要がある。

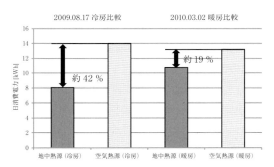

図8.2-5 電力消費量実績比較

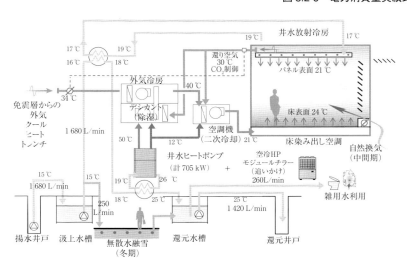

図8.2-4 オープンループ方式のシステム例

② 採放熱チューブをボアホール方式とした場合には150m程度まで埋設する必要があるため、計画地の地下にインフラ等の設備がないことを確認する必要がある。

③ これまで環境に与える悪影響の事例はないが、万が一のための原因究明や効率的な運転継続をするために運用後のモニタリングの実施を計画する。

(2) コージェネレーションシステム

a. 概要・特徴

コージェネレーションシステムは蓄電池と並び国策として進められている分散型電源導入の中核を担い、発電により電力需要のピークカットやベースカットを行うシステムである。以下に導入によるメリットを示す。

① エネルギー消費量、CO_2排出量の削減
② ピーク電力量の削減による契約電力の低減
③ 特高受電の回避による受変電設備の削減
④ 非常用発電機の代替による機器費用やオイルタンク等の諸設備の削減
⑤ 補助金の活用による初期投資の削減

またBCP対策上のメリットとして以下がある。

⑥ 常時稼働機器の防災時利用による信頼性の向上
⑦ コージェネレーションへの供給が多い中圧ガス供給配管の高い耐震性能による信頼性の向上
⑧ 液体燃料での稼働も可能なデュアルフューエル式、停電時稼働対応型による更なる信頼性の向上

システムの運転方式は電力負荷追従運転と熱負荷追従運転に大別される（図8.2-6）。前者は電力負荷に合わせて発電し熱が余剰となった場合は放熱し、後者は熱の利用分だけ発電する。機器は複数台に分割したほうが冗長性の向上や自家発補給電力費用の削減、軽負荷時の単機ベース運転が可能となることなど運用上のメリットは大きいが設備費は増加するので適切な組み合わせをシミュレーションする。

b. 構　成

コージェネレーションシステムは発電、熱回収、

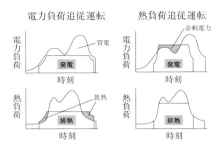

図8.2-6　コジェネの運転方式

熱利用、電力供給により構成される。天然ガスを燃料とする発電システムは大きくはガスエンジン式、ガスタービン式、燃料電池式に大別され発電量、回収熱量が異なるため建物の用途・目的により適切なシステムを選定する必要がある。ガスエンジン式は小規模から中規模のシステムに採用されガスタービン式と比較すると発電効率が高く多くの導入実績があり、一般建物へ採用する場合の多くはこの方式である。近年ではマイクロガスエンジン式の小型パッケージが普及している。ガスタービン式は中規模から大規模のシステムに採用され高温の蒸気を回収できるメリットがある。燃料電池式は小中規模なものが主流で化学反応により発電するために低騒音・低振動となっており、家庭用のシステムも普及している。排熱は熱回収部分にてジャケット冷却水と排気ガスから温水や蒸気として回収して一般的には高温側から並列に接続し空調や給湯用熱源等に熱利用される（図8.2-7）。ガスによる空調では冷媒を介して水を状態変化（蒸発・吸収・再生・凝縮）させて冷房を行うが、この再生時に必要な熱に排熱を利用することでガスの消費量を削減し、部分負荷運転時は排熱のみで冷房運転が可能となる。これらの一連の熱収支計算を表計算ソフトで行いシステム全体を決定していく。ベースとなる負荷原単位は類似建物稼働実績が無い場合は後述文献紹介に記載の書籍に記載のあるデータを用いるとよい。電力供給システムは商用電源との系統連系運転と分離運転があるが通常は系統連系運転が採用される（図8.2-8）。

c. 効　果

コージェネレーションを採用することでの省エネ効果は規模・用途により大きく異なるが、熱需

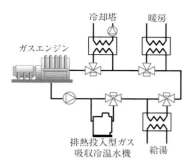

図 8.2-7　排熱利用の例

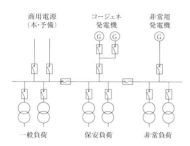

図 8.2-8　電源供給システム例

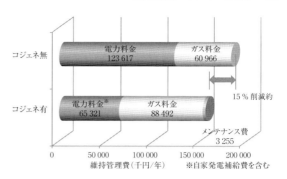

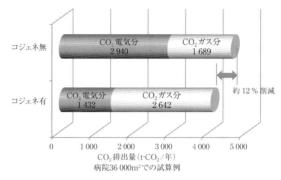

図 8.2-9　エネルギー消費量・CO_2 比較

要と電気需要の組み合わせが適切であれば総合エネルギー効率が70～80％程度となり，既存設備に置き換えて導入した例では5～10％の省エネとなっている事例が多い。光熱費もガス事業者がメリットのある料金体系を用意しているのでコージェネレーション以外でのガス利用場所でも削減が期待できる。以下に省エネ（CO_2）削減効果とランニングコスト低減の事例を示す（図8.2-9）

d. 留意事項

導入を計画する建物の用途により負荷特性が異なるため，最適な発電量や回収熱量を試算しシステム全体を計画していく必要がある。従来のシステムと比較すればコージェネレーションを採用した場合はイニシャルコストが増大するためランニングコストで回収していくことになる。コージェネレーションシステムの採否は電気設備，給湯設備，空調設備や建築計画に大きな影響を与えるため計画初期の段階での決定が望ましい。以下に留意事項を示す。

① バックアップ電源に自家発補給電力・料金が必要
② 非常用発電機は自治体により騒音規制対象とならないが，コージェネレーションは常用発電機となるため隣地に対する防音対策が必要となる場合が多く，計画建物に対しても音・振動への配慮が必要
③ エネルギー料金の変動によりコストメリットの変動
④ 排熱の有効利用ができないと省エネ・光熱費の削減効果が減少
⑤ メンテナンス費用（4円/kWh前後）によるコストメリットの縮小
⑥ 災害時の運用を考慮する場合で水冷式の場合は冷却水のバックアップが必要

8.2.3　ファイナンス

未利用エネルギーを採用するためには従来のシステムと比較して増大する初期投資の削減を考慮する必要がある。補助金の活用はもちろんだが，リース・割賦等の費用と削減される光熱水費をトータルで判断し建築主に負担をかけない最適なファイナンスや各種エネルギーサービスを提案とすることが設計者に求められる。

8.3 未利用エネルギーを学ぶ

8.3.1 はじめに

　地中熱は再生可能エネルギー熱の一つで，どこでも，いつでも，誰でも利用できるのが特徴である。そのままの温度レベルで利用できる他，ヒートポンプの熱源や冷房排熱吸収先としても利用できる。現在，垂直ボアホール型地中熱交換器を用いた地中熱ヒートポンプシステムが多い。本節では，ボアホール型地中熱交換器の規模算定に用いられるKelvinの線熱源理論を説明し，これを地盤の有効熱伝導率を実測する熱応答試験に適用する方法を解説する。次に，地中熱交換器と周囲地盤，ヒートポンプユニット，室内放熱器のモデル化とこれらを連成した解析方法を説明する。

8.3.2 Kelvinの線源理論[1]

　ボアホール型垂直地中熱交換器は図 8.3-1 にあるように，ボーリング孔にUチューブを挿入して地中熱交換器として仕上げるが，一般にボアホールの直径 d_b は 150 mmϕ 前後，ボアホールの長さ L は 75 m 前後である。したがって，d_b/L は非常に小さいので，地中熱交換器周囲地盤の温度挙動の予測には，初期温度 T_0 の固体中に存在する無限長さの線状熱源周囲の固体温度 T の変化を表す Kelvin の線源理論が適用できる（図 8.3-2）。

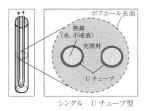
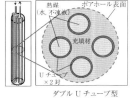

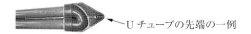

図 8.3-1　ボアホール型地中熱交換器の断面とUチューブ

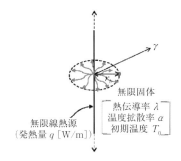

図 8.3-2　無限固体中の無限線熱源

$$T - T_0 = \frac{q}{4\pi\lambda} E(r^2/4at) \tag{8.3.1}$$

式中，T は固体温度 [K]，q は単位長さ当たりの発熱量 [W/m]，r は線熱源からの距離 [m]，λ は固体の熱伝導率 [W/(m·K)]，a は固体の温度拡散率 [m^2/s]，t は経過時間 [s]，$E(x)$ は指数積分関数である。$E(x)$ は次式のように展開できるので T は簡単に計算できる。

$$-E(x) = \int_x^\infty \frac{1}{x} e^{-x} dx = -C - \ln x + \frac{x}{1\cdot 1!} - \frac{x^2}{2\cdot 2!} \tag{8.3.2}$$

式中，C はオイラー定数であり，$C = 0.5772…$である。ここで，$x = r^2/4at$ が十分に小さい場合には，T は対数時間だけの関数で近似することができる。

$$T - T_0 \cong \frac{q}{4\pi\lambda}\left(\ln\frac{4at}{r^2} - C\right) \tag{8.3.3}$$

　厳密解に対する近似式の相対誤差は $r^2/4at$ が 0.05 以下で 2.5 % 以下となる。例えば，ボアホール半径 r_b が 0.06 m，地盤の a が 0.002 m^2/h であるとき，10 時間以上経過後に実用的に問題無い精度で適用できる。

　一方，地中熱交換器規模の概算を式(8.3.3)で行える。ここで，q は期間平均の採熱量（放熱量）である 20〜60 W/m，t は暖房期間（冷房期間）の 2〜7 か月を与えて，その時の r_b 位置（0.06〜0.1 m）の T を計算する。ここで，L は一般に T が自然温度に比べておよそ ± 10 ℃ 以内に収まるように決める。地盤の λ は実測値，あるいは地層が主に飽

和シルトや粘土質であれば 1.2 W/(m·K) を，飽和砂質土であれば 1.7 W/(m·K) を与えるとよい．

8.3.3 地盤の有効熱伝導率の推定：熱応答試験（TRT:Thermal Response Test）[2]

熱応答試験は Thermal Response Test(TRT)と呼ばれ，地中熱交換器の規模算定に欠かせない地盤の平均的な有効熱伝導率 λ_s と地中熱交換器の熱抵抗 R_b を求めるものである．理論的背景は Kelvin の線源理論によるが，実験室において固体に発熱細線を挿入してその表面温度の時間変化を測定することにより物体の熱伝導率を求める非定常熱線法（Transient Hot Wire Method）と同じである．内容は耐火断熱れんがの熱伝導率測定法である JIS R 2616-2000 に詳しい．

一般に，ボアホール型地中熱交換器は，半径 r_b が 120～200 mmφ の掘削孔に肉厚が 3.5 mm 程度，内径 25 mm 程度の高密度ポリエチレン製の U チューブを 1 本～2 本挿入して，熱媒として水や不凍液を循環させて周囲地盤と間接的に熱交換させる．ここで，U チューブ内を循環する熱媒からボアホール内表面位置までの熱移動を考えるとき，熱媒の管内対流熱伝達や U チューブの肉厚，ボアホール充填材による熱抵抗 R_b [m·K/W] を導入すると都合がよい．

TRT においては図 8.3-3 に示す電気ヒーターおよび熱媒循環ポンプをもつ熱応答試験機を地中熱交換器の U チューブに接続し熱媒として水か不凍液などを満たす．まず，加熱前に循環ポンプのみを稼動させて U チューブ出入口温度がほぼ一定になるまで 1 時間程度循環させる．この平均温度を自然地盤温度 T_{s0} とする．その後，電気ヒーターによる一定加熱の下，定流量で 60～72 h 循環を行う．いま，U チューブ内を循環する熱媒の出入口平均温度 T_w は，ボアホール内の熱容量が周囲地盤に比べて十分小さいとして熱抵抗 R_b のみを考慮すると

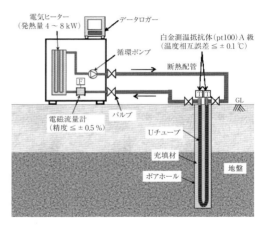

図 8.3-3　熱応答試験機の構成

$$T_w \cong \frac{q_s}{4\pi\lambda_s}\left(\ln\frac{4a_s t}{r_b^2} - C\right) - q_s R_b \quad (8.3.4)$$

ここで，q_s は地中熱交換器に対する単位長さあたりの加熱量 [W/m] であるが，試験には実際に近い値を与える．λ_s，a_s はボアホール深さまでの地盤の平均有効熱伝導率 [W/(m·K)] と平均温度拡散率 [m²/s] である．いま，t_1，t_2 経過後の温度 T_{w1}，T_{w2} は次式となるので，

$$T_{w1} \cong \frac{q_s}{4\pi\lambda_s}\left(\ln\frac{4a_s t_1}{r_b^2} - C\right) - q_s R_b \quad (8.3.5a)$$

$$T_{w2} \cong \frac{q_s}{4\pi\lambda_s}\left(\ln\frac{4a_s t_2}{r_b^2} - C\right) - q_s R_b \quad (8.3.5b)$$

両式の差を取ると λ_s は式 (8.3.6) から求められる．

$$\lambda_s = \frac{q_s}{4\pi}\frac{1}{\dfrac{T_{w2}-T_{w1}}{\ln t_2 - \ln t_1}} = \frac{q_s}{4\pi}\frac{1}{k_s} \quad (8.3.6)$$

ここで，k_s は対数時間に対する温度上昇の勾配で，

$$k_s \equiv \frac{T_{w2}-T_{w1}}{\ln t_2 - \ln t_1} \quad (8.3.7)$$

一方，R_b は，式 (8.3.6) に λ_s と t_1 の温度を k_s にて $t=1$ まで延長した温度 $T_w|_{t=1}$ から計算できる．

$$R_b \cong \frac{1}{q_s}\left(T_w|_{t=1} - k_s C\right) \quad (8.3.8)$$

例えば，同じ地点でシングル U チューブ型とダブル U チューブ型の地中熱交換器を対象に TRT を実施した場合，図 8.3-4 に示す様に k_s は両者でほぼ同じ値となるが，T_w の上昇幅はダブル U チューブ型の方が小さい．これは，ダブル U

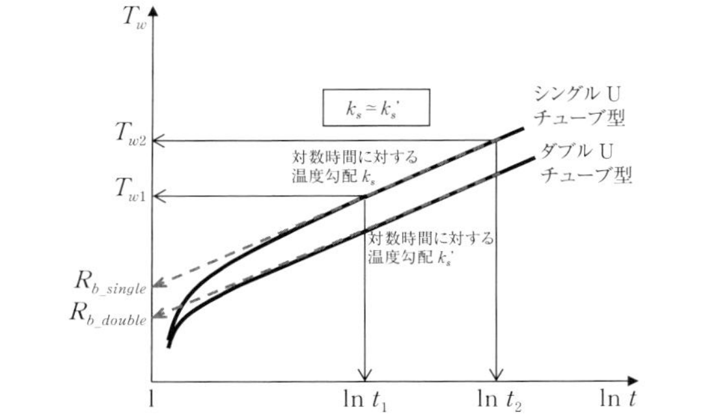

図 8.3-4 同じ地点で実施した TRT 結果の一例（シングル U チューブ型とダブル U チューブ型）

チューブ型の R_b が前者に比べて小さいからである。

8.3.4 ボアホール型地中熱交換器をもつ GSHP システムのモデリングとシステムの計算方法[3]

ボアホール型地中熱交換器を持つ地中熱ヒートポンプ（GSHP）システムは大きく分けて，①地中熱交換器および周囲地盤，②ヒートポンプユニット，③室内放熱器の3部位で構成される。ここでは，それぞれのモデリング，およびシステムの動的挙動の計算方法を示す。

(1) 各構成部位のモデリング

a. ボアホール型地中熱交換器，および周囲地盤

一般に深さ8m以深では地盤温度はほぼ一定と扱ってよい。一方，熱媒はUチューブ内を循環するが，熱媒の平均温度はどの位置においてもUチューブの入口・出口における平均温度とほぼ

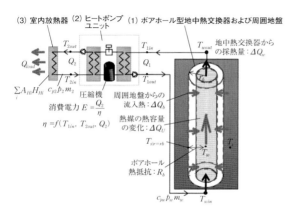

図 8.3-5 ボアホール型地中熱交換器をもつ GSHP システムのモデリング

等しいと考えられるので，ボアホール内のUチューブを図 8.3-5 に示すように1本の等価な円管と単純化して熱収支を取る。

今，ボアホール充填材の熱容量は小さいとすると，Uチューブ内の熱媒の熱量の変化 ΔQ_U は，Δt 時間あたりに周囲地盤から地中熱交換器へ流入する熱量 ΔQ_b と地中熱交換器出入口における熱媒のエンタルピー差 ΔQ_w の和に等しい。

$$\Delta Q_U = \Delta Q_b + \Delta Q_w \quad (8.3.9)$$

まず ΔQ_w は，熱媒の熱容量 $c_{pw}\rho_w[\mathrm{kJ/(m^3 \cdot K)}]$，循環流量 $m_w[\mathrm{m^3/s}]$，出入口における温度差から次式で表される。

$$\Delta Q_w = Q_w \times \Delta t = c_{pw}\rho_w m_w (T_{win} - T_{wout}) \times \Delta t$$
$$(8.3.10)$$

ここで，Uチューブ内の平均熱媒温度 T_w は，入口・出口の平均温度に等しいとおく。

$$T_w = \frac{T_{win} + T_{wout}}{2} \quad (8.3.11)$$

次に，ΔQ_b は，ボアホール表面での地盤の平均温度を $T_s|_{r=rb}$，ボアホール表面積を A_b とすると，

$$\Delta Q_b = Q_b \times \Delta t = \frac{A_b}{R_b}\left(T_s\big|_{r=r_b} - T_w\right) \times \Delta t \quad (8.3.12)$$

一方，この熱交換量 Q_b に対するボアホール表面位置の温度は，無限固体中にある無限長さの中空円筒表面に一定熱流が発現する場合の温度応答を与える理論解[1]の重ね合わせを適用することにより算出できる。

$$T_s\big|_{r=r_b} = T_{s0} - \frac{2q_b'}{\pi\lambda_s} \times \int_0^\infty (1-e^{-a_s u^2 t})$$
$$\frac{J_0(ur)Y_1(ur_b) + Y_0(ur_b)Y_1(ur_b)}{u^2\left[J_1^2(ur_b) + Y_1^2(ur_b)\right]}du \quad (8.3.13)$$

ここで，$q_b' = Q_b/A_b$ である。また，$J_n(x)$，$Y_n(x)$ はそれぞれ n 次の第1種，第2種ベッセル関数である。次に，Uチューブ内の熱媒平均温度が ΔT_w だけ変化したとき，ΔQ_U は次式で表すことができる。

$$\Delta Q_U = c_{pw}\rho_w V_w \Delta T_w \quad (8.3.14)$$

式中，V_w はUチューブ内熱媒体積 $[\mathrm{m^3}]$ である。式 (8.3.9) に式 (8.3.10)，(8.3.12)，(8.3.14) を代入して微分概念を取り入れると次の微分方程式が得ら

れる。

$$c_{pw}\rho_w V_w \frac{dT_w}{dt} = \frac{A_b}{R_b}(T_s|_{r=r_b} - T_w) \\ - c_{pw}\rho_w m_w(T_{wout} - T_{win}) \quad (8.3.15)$$

初期条件は，$T_{win}|_{t=0} = T_{wout}|_{t=0} = T_w|_{t=0} = T_{s0}$ である。

ここで，T_{s0} は自然地盤温度である。

この式を解くことにより，T_{wout} の時間変化を逐次，計算できる。

b. ヒートポンプユニット

インバーター圧縮機をもつ水–水ヒートポンプユニットを想定する。一般に，ヒートポンプの成績係数（COP）η は1次側入口温度 T_{1in} と2次側の出口温度 T_{2out}，および冷暖房の熱出力 Q_2 の関数で表すことができる。

$$\eta = f(T_{1in}, T_{2out}, Q_2) \quad (8.3.16)$$

ここで，T_{2out}，Q_2 は計算の与条件を，T_{1in} は T_{wout} と等しいとして逐次，計算された値を用いる。次に，η が求まればヒートポンプユニットの消費電力 $E[\mathrm{W}]$ は次式から計算できる。

$$E = \frac{Q_2}{\eta} \quad (8.3.17)$$

よって，ヒートポンプによる採熱量 $Q_1[\mathrm{W}]$ は，

$$Q_1 = Q_2 - E \quad (8.3.18)$$

ここで，熱源配管に熱損失がなく，循環ポンプ通過前後に温度変化がないとすると，ヒートポンプから出ていく1次側熱媒温度 T_{1out} は，

$$T_{1out} = T_{1in} - \frac{Q_1}{c_{pw}\rho_w m_w} = T_{wout} - \frac{Q_1}{c_{pw}\rho_w m_w} = T_{win} \quad (8.3.19)$$

この T_{1out} が次の時間ステップで地中熱交換器入口に与えられる熱媒温度 T_{win} となる。

c. 室内放熱器

単位時間あたりの建物の暖房負荷 Q_{load} が与えられており，この熱負荷に匹敵する熱量が室内放熱器から放熱されるとする。いま，2次側配管の熱損失や循環ポンプ前後で温度変化がないとすると，Q_{load} は Q_2 と等しいとおけるので，

$$Q_{load} = Q_2 = c_{p2}\rho_2 m_2(T_{2out} - T_{2in}) \quad (8.3.20)$$

ただし，2次側往き温度は，各放熱器の特性 A_{Hi} と h_{Hi} 放熱時の熱媒の平均温度 T_2 と室温 T_r の差 ΔT_2 の積で表される放熱量の積算値 $\sum_i A_{Hi} h_{Hi} \Delta T_2$ が Q_{load} に等しくなるように決めなくてはならない。

$$Q_{load} = \sum_i A_{Hi} h_{Hi} \Delta T_2 = \sum_i A_{Hi} h_{Hi}(T_2 - T_r) \quad (8.3.21)$$

ここで，A_{Hi}，h_{Hi} は各放熱器の熱交換面積 $[\mathrm{m}^2]$ と総括伝熱係数 $[\mathrm{W/(m^2 \cdot K)}]$，$T_2 = \dfrac{T_{2out} + T_{2in}}{2}$ である。

この式より，時間ステップごとに式 (8.3.16) に与えられる T_{2out} を決めることができる。

(2) GSHPシステムの動的計算方法

まず，計算に必要な地中熱交換器，周囲地盤，ヒートポンプユニット，室内放熱器，建物の熱負荷データなどを読込む。初期条件として T_w，T_{wout} が T_{s0} に等しいとして計算を開始する。最初に，Q_{load} を賄うのに必要な T_{2out} を式 (8.3.21) から計算する。ここで T_{1in} は T_{wout} に等しいので，式 (8.3.16) から COP，そして Q_1 と T_{1out} が計算される。一方，$T_{1out} = T_{win}$ なので式 (8.3.15) を解くことにより T_{wout} が求められる。これが次の時間ステップの T_{1in} となる。この計算を繰り返すことにより長時間の計算が進む。

計算結果として，熱媒温度と採熱量や放熱量，ヒートポンプユニットや循環ポンプの消費電力，COPやシステム期間効率が得られる。電気料金メニューや CO_2 排出量原単位を用いればLCCやLCCO$_2$ などが計算できる。これより一般的な熱源システムや他の再生可能エネルギーシステムとの比較検討が可能となる。

第9章 ZEB

9.1 ZEBを見る

9.1.1 ZEBの概念

(1) 日本におけるZEBの萌芽

温室効果ガス排出量の抑制が強く求められる中，2000年代半ばに欧米各国でエネルギーゼロの業務用建築物の実現に向けた取り組みを表す，ZEB（エネルギー・ゼロ・ビル）という概念が生まれた。

日本でZEBが使われるようになったのは，2009年，経済産業省・資源エネルギー庁が主催した「ZEBの実現と展開に関する研究会」の影響が大きい。研究会の報告書でZEBのイメージ（図9.1-1）が示され，「建築物における一次エネルギー消費量を，建築物・設備の省エネルギー性能の向上，エネルギーの面的利用，オンサイトでの再生可能エネルギーの活用等により削減し，年間での一次エネルギー消費量が正味（ネット）ゼロまたはおおむねゼロとなる建築物」と定義した。

(2) ZEBの実現可能性

ZEBの実現には，さまざまな省エネ建築技術の大幅な進歩やそれらのパッケージ化などが実現して初めて可能になる。前述の研究会では，2030年頃までの技術進歩を視野に入れた3階建て以下の低層オフィスビルにおけるZEB実現可能性の検討結果が示されている（図9.1-2）。オンサイトでの太陽光発電を前提とした場合，パッシブ手法による負荷の削減と設備の高効率化によって消費エネルギーを全体の3割弱である560 MJ/m^2・年まで低減させることが必要であることがわかる。

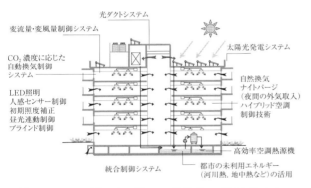

図9.1-1 ZEB（ネット・ゼロ・エネルギー・ビル）のイメージ（ZEBの実現と展開に関する研究会より）

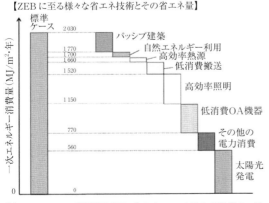

注） 1フロアの床面積5 000 m^{2}のオフィスビルで現状の一次エネルギー消費量を約2 000 MJ/m^2・年程度と想定。

図9.1-2 ZEBに至る様々な省エネ技術とその省エネ量（ZEBの実現と展開に関する研究会より）

9.1.2 ZEB指向建築の実例

2020年に新築公共建築物において，2030年にその他新築建築物でZEB化を実現するという政府の目標に対し，その先導的な役割を担うべき庁舎建築から，地域特性を活かした環境配慮型庁舎を3例紹介する。

亜熱帯性気候の糸満市庁舎，太平洋側気候の川越町庁舎，日本海側気候の雲南市庁舎，といったさまざまな気候の下で育まれた風土や先人の知恵に倣い，現代の環境技術を加味して再構築した試みである。

(1) 糸満市庁舎

沖縄本島最南端の市庁舎は，糸満市新エネルギー政策ビジョンを反映した新エネルギーの導入や沖縄の気候風土との調和を目指して2002年に竣工した，環境配慮型庁舎の草分け的な存在の建物である（図9.1-3〜9.1-6）。沖縄の伝統的民家には，強い日差しを遮り涼風を取り入れる数々の工夫がなされ，なかでもアマハジ（雨端）と呼ばれ

図 9.1-3　PV パネルを纏った南面・屋根面

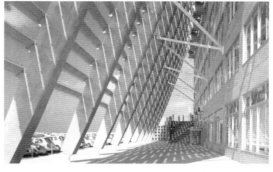

図 9.1-5　軒下空間・アマハジ

図 9.1-4　発電と日射遮蔽を兼ねた PV パネルと PC ルーバー

図 9.1-6　反射光と風を取り込む水盤の光庭

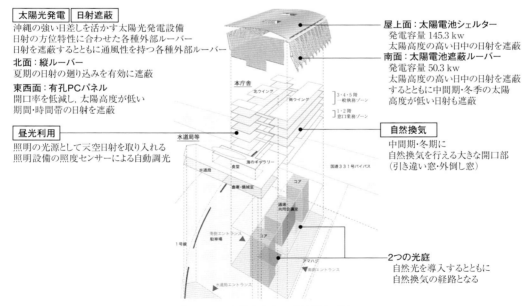

図 9.1-7　糸満市庁舎の環境配慮手法

る軒下は，深い陰影をつくり出し，室内を快適な居住環境に変えている。これらを参照し，建物全体をルーバーで覆い，発電と日射遮蔽を兼ねた南面の太陽光発電ルーバーにより，シンボリックな軒下空間「アマハジ」を生み出した（図 9.1-7）。一次エネルギー消費原単位の実績値は 1 291 MJ/m^2・年（太陽光発電による創エネ分を差し引く前の値）で，環境配慮手法が導入されなかった場合を基準とすると環境配慮手法による削減効果は約 13 ％ である。そのうち 195.6 kW の太陽光発電で

約140 MJ/m²・年を発電し，建物の使用電力の約11％を賄っている。

(2) 川越町庁舎

伊勢湾に面した川越町は，鈴鹿山脈を水源とする川の流出土砂で形成された標高0〜5mの平坦な沖積層地帯にあり，豊かな水源と水害の歴史をあわせ持っている。ビオトープの水景で庁舎を囲み，玉石を基壇に積み，水害に備えて主要機能を2階以上に配した，2007年に竣工した町役場である（図9.1-8，9.1-9）。

住宅地に変わりつつある周辺景観との調和に配慮して，ロの字プランの庁舎棟と書庫・倉庫をまとめた付属棟や2つの中庭でボリュームを分割している。さまざまな環境配慮手法（図9.1-10）に加え，母屋と蔵の関係に似て，空調エリアを庁舎棟の専用エリアに限定することで，大幅な省エネ化を実現している。

一次エネルギー消費原単位は668 MJ/m²・年（太陽光発電による創エネ分を差し引く前の値）で，環境配慮削減効果は約18％，省エネルギーセンターで公表されている一般的な庁舎の原単位1 261 MJ/m²・年に比べ，約53％となっている。30 kWの太陽光発電で建物の使用電力の約5％を賄っている。

(3) 雲南市庁舎

奥出雲地方の斐伊川とたたら製鉄から生まれたとされるヤマタノオロチ伝説の舞台であり，2015年に竣工した市庁舎である。ロの字プラン中央吹抜け上部に設けた水盤，東西外壁面の鋼製剣ルーバーは，「水を囲み，剣を纏う」テーマに沿った提案である（図9.1-11）。雲南市の豊富な資源である木質チップと地下水を主なエネルギー源とし，従来の環境配慮手法も加味している。

木質チップボイラーは温水を効率的に使える暖房と冷房時のデシカント方式で使い，地下水はデシカントの冷却部分や放射冷暖房パネル，日射抑

図9.1-8　町民を迎え入れる開かれた庁舎正面

図9.1-9　庁舎棟と附属棟の分棟配置

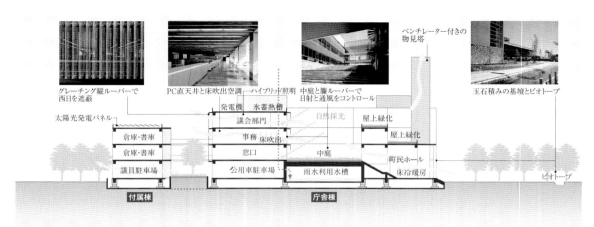

図9.1-10　川越町庁舎の環境配慮手法

制のウォーターリレーバー，散水消雪に利用する（図 1.1-12）。一次エネルギー消費原単位予測は 565 MJ/m²·年（太陽光発電による創エネ分を差し引く前の値）で，一般庁舎 1 261 MJ/m²·年を基準とした環境配慮削減効果は約 55 % である。木質バイオマスや地下水利用によって空調消費エネルギーの 62 % を賄い，太陽光発電で建物の使用電力の約 8 % を賄う予定である。

9.1.3 ZEBの建物紹介

ZEBの事例を表 9.1-1 に示す。netZEB，nearly net ZEB，ZEBreadyについては，ZEB「使う」における「9.2.2 ZEBの定義」を参照。

図 9.1-11 剣ルーバーを纏った雲南市庁舎

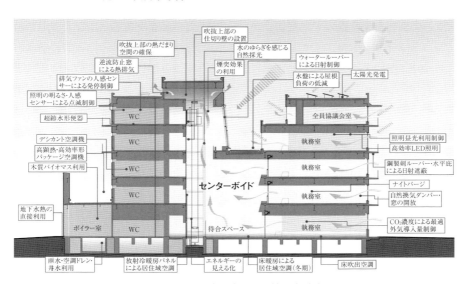

図 9.1-12 雲南市庁舎の環境配慮手法

表 9.1-1 net ZEB・nearly net ZEB・ZEBready 事例

物件名	立地	用途	階数	述床面積	創エネ 太陽光発電	創エネ 風力発電	創エネ バイオマス	自然エネルギー利用 太陽熱利用	自然エネルギー利用 地熱利用	自然エネルギー利用 自然換気	自然エネルギー利用 自然採光	負荷抑制 高断熱ガラス	負荷抑制 日射遮蔽	消費エネルギー量 [MJ/m²·年]	創エネルギー量 [MJ/m²·年]	実績値年度
(1) net ZEB																
1) オバーリン大学ルイスセンター	USA オハイオ州	大学	2階	1 260 m²	○				○	○	○			366	414	
2) アルド・レオポルド・レガシーセンター	USA ウィスコンシン州	事務所・研修所	3階	1 100 m²	○				○	○	○			177	200	
3) NREL 米国再生可能エネルギー研究所	USA コロラド州	研究所	4階	20 600 m²	○			○	○	○	○			394	—	
4) ベディントン・ゼロエネルギー・デベロップメント	イギリス ロンドン	集合住宅	4階	100戸	○		○			○				—	—	
5) BCA オーソリティアカデミー	シンガポール	専門学校	3階	4 500 m²	○					○	○		○	43.1	45.1	
6) 大林組技術研究所本館「テクノステーション」	東京都清瀬市	研究所	3階	5 535 m²	○			○	○	○	○	○	○	1 169	1 380	2014年
7) 大成建設 ZEB 実証棟	神奈川県横浜市	事務所	3階	1 277 m²	○				○	○	○	○	○	463	493	2014年6月 -2015年5月
(2) nearly net ZEB および，ZEBready																
1) Elithis Tower	フランス リヨン	事務所	10階	5 000 m²	○	○				○	○		○	349	145	
2) MSGT 緑の魔法学校	台湾	学校	3階	4 800 m²	○					○	○		○	394	72	2011年
3) 鹿島技術研究所本館研究棟	東京都調布市	研究所	5階	8 913 m²	○				○	○	○		○	921	8	2014年
4) 清水建設本社	東京都中央区	事務所	22階	51 800 m²	○				○	○	○		○	1 030	18	2013年
5) 飯田ビルディング	東京都千代田区	事務所・店舗	27階	103 852 m²	○					○	○		○	1 119	—	2013年
6) 大成札幌ビル	札幌市中央区	事務所	8階	6 970 m²	○					○	○		○	808	0	2014年
7) 東京工業大学グリーンヒルズ1号館	東京都目黒区	研究所	7階	9 554 m²	○					○	○		○	—	—	

9.2 ZEBを使う

9.2.1 ZEBの目的と意義

(1) ZEBの目的

ZEBの目的は，環境に配慮された再生可能エネルギーによって，安全で安心なエネルギー社会を継続しつつ，実現の過程で得られた知恵やライフスタイルを国内はもとより国外へ展開することで，健全な産業を発展させつつ，サステナブル社会を実現するものである。

(2) ZEB達成と普及の目標時期

現在は，トップランナーの建築物での早期実現をはかる「ZEB推進段階」である。国内外ともすでにZEBは実現されており，運用データがフィードバックされる時期である。2030年を目途に経済産業省・国土交通省・環境省のロードマップでは，一般新築建築物の平均で実現するものとしており，2020年以降に「ZEB普及段階」が到来すると考えられる。

9.2.2 ZEBの定義

(1) ZEBの定義

空気調和・衛生工学会[1]による定義は以下とされている。「室内及び室外の環境品質を低下させることなく，負荷抑制，自然エネルギー利用，設備システムの高効率化等により，大幅な省エネルギーを実現したうえで，再生可能エネルギーを導入し，その結果，運用時におけるエネルギー（あるいはそれに係数を乗じた指標）の需要と供給の年間積算収支（消費と生成，又外部との収支）が概ねゼロもしくはプラス（供給量＞需要量）となる建築物。」

つまり知的生産性を損なうことなく，エネルギー収支が再生可能エネルギーの導入によって相殺される建築物である。ただし，省エネルギー手法の導入は必要であり，メガソーラーとは異なる。

(2) ZEBの収支の定義

設定した境界における需要と供給の収支により，式(9.2.1)または式(9.2.2)で定義する[1]（図9.2-1）。

$$G > \fallingdotseq C \quad (9.2.1)$$
$$E > \fallingdotseq D \quad (9.2.2)$$

G：生成(再生)エネルギー，C：消費エネルギー，D：配送（外部から供給されたエネルギー），E：逆送（外部へ供給したエネルギー）

(3) ZEBの境界

① エネルギー収支の境界は，敷地境界がわかりやすいが，近隣も含めた複数建築物での評価が必要な場合，また一つの敷地内に複数の建築物がある場合は仮想の敷地境界を設定することが可能である。

② 対象とするエネルギー消費用途は，建築物の品質を維持するために必要なエネルギー消費を対象とする。欧州の動向等から，OA負荷等のコンセントの消費電力については，建築物の品質に直接関係しないことや設計者が直接コントロールできないこと等から，計量可能な場合，対象消費用途から外してもよいという考えもある。

(4) 再生可能エネルギーの供給方法

原則として，敷地内（分類Ⅰまたは Ⅱ）の再生可能エネルギーを対象とするが，換算係数等を明示できれば，分類Ⅲ，分類Ⅳも含める（表9.2-1）。なお，ここでいう再生可能エネルギーは，エネルギー供給構造高度化法によるエネルギー源（太

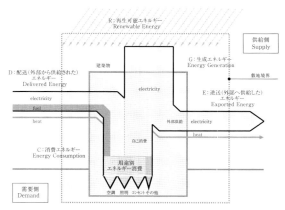

図 9.2-1　ZEBのエネルギー収支[1]

表 9.2-1　ZEB の再生可能エネルギーの供給方法[1]

分類Ⅰ：建築物で生成される再生可能エネルギーを利用するもの。
分類Ⅱ：敷地内で生成される再生可能エネルギーを利用するもの。
分類Ⅲ：敷地外で生成されるエネルギーソースを電気や熱に変換して利用するもの。
分類Ⅳ：敷地外で生成される再生可能エネルギーをそのまま利用するもの。

陽光，風力，水力，地熱，バイオマス，太陽熱，空気熱，地中熱等）を指す。

(5)　評価指標

評価指標は，原則として一次エネルギー消費量とする。(単位 MJ，kWh) 換算係数については，省エネルギー法に準ずるが，無いものは都度根拠を示し設定する。外部から供給された，または供給したエネルギーの扱いについても同様とするが，外部の想定する設備システムとの関係が不合理とならないことが必要である。

(6)　評価期間，評価時間

原則として年間積算値によるエネルギー収支とし，建築物の使用時間外(いわゆる時間外空調等)の除外は行わない。

(7)　室内外環境の評価基準

知的生産性を低下させない良好な室内環境を維持していることが必要である。例えばCASBEEのQのスコアが3.0以上を示す等。

(8)　エネルギー量の評価基準

生成(再生)可能エネルギー量 G および消費エネルギー量 C のレファレンスビルに対する比率 G^*，C^* による評価を表 9.2-2，図 9.2-2 に示す。段階的にZEBに誘導する動機付けとなるようラベリングを行う例がある。なお CO_2 排出量による評価で行うZEBにおいても同様に扱う。なおレファレンスビルとは，ZEBを評価する建築物に対して，ZEB化技術を導入しなかった場合の一般的な同用途で構成される建築物を指す。

レファレンスビルの年間一次エネルギー消費量は，同用途の統計データまたは同用途で構成され，同様な運用時間となるような想定建築物のエネルギー消費量を計算により示してもよい。しかしながら施設(食堂や厨房)や使用時間，テナント入

表 9.2-2　ZEB のエネルギー評価基準(例)[1]

G^*：生成(再生)可能エネルギー／レファレンスビルのエネルギー消費量
C^*：消費エネルギー／レファレンスビルのエネルギー消費量
Net Plus Energy Building　　　$G^* > C^*$
Net Zero Energy Building　　　$G^* ≒ C^*$
Nearly ZEB　　　$-0.25 < G^* - C^* < 0$　$(C^* < 0.5)$
ZEB Ready　　　$-0.5 < G^* - C^* < -0.25$　$(C^* < 0.5)$
ZEB Oriented　　$C^* < 0.65$

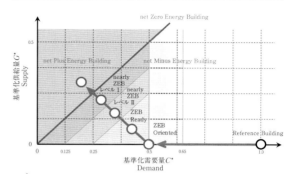

図 9.2-2　ZEB の段階的評価例[1]

居率，人員密度の違いもあることから，一律的にレファレンスビルの年間一次エネルギー消費量を示すことは困難であり，コンセントの消費電力を含むかどうかの検討を含めて，設計者が妥当な方法で算出するか，統計データや公開されている指標を活用し案分して示すこともできる。

(9)　再生可能エネルギー利用の評価基準

再生可能エネルギー利用については，再生可能エネルギー利用率にて評価する。この指標はZEBの評価基準には直接現れてこないが，再生可能エネルギー導入の目安となる。

9.2.3　ZEB実現のプロセス

(1)　ZEB への設計アプローチ

ZEB実現のためには，十分な省エネルギーを実現した後，消費エネルギーに見合う再生可能エネルギーの導入を計画する必要がある。図 9.2-3 に段階的な計画・設計のアプローチを示す。またZEBの要素技術を表 9.2-3 に示す。

(2)　バックキャスティング手法によるアプローチ

ZEB達成という理想的目標を立て，可能な再生可能エネルギー導入量を算出した後，それに見

合う建築物の一次エネルギー消費量となるように，設計を行う手法が，図9.2-3とは逆の流れになるがZEB達成には有効である。

外気導入量，電力消費量，使用時間等の設計条件や導入する省エネルギー手法を組み合わせて設計を行うため，確実にZEB達成へ近づくことができるが，設計条件や運用条件に制限をかけ過ぎると，建築物本来の目的，つまり建築物が生み出す知的創造の価値が低下しかねないことに注意が必要である。

9.2.4 ZEBのケーススタディ

ZEBのエネルギー収支は多くのパターンが考えられるが，図9.2-4に一例を示す。

この例では複数のエネルギー源があるが，それぞれ一次エネルギーに換算することで評価が可能である。外部から供給される再生可能エネルギーも一次エネルギーに変換することが必要である。なお自然エネルギー由来の熱や排熱を外部に供給する場合の一次エネルギー換算は，合理性のある換算係数を示すことが必要である。

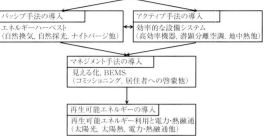

図9.2-3 ZEBへの設計アプローチ

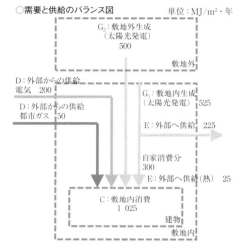

図9.2-4 ZEBの収支モデル例

表9.2-3 ZEBの要素技術

	建築設計者による手法	設備設計者による手法
外皮負荷の削減設計	日射遮蔽（庇，ルーバー，セラミックプリントガラス，ブラインド，ダブルスキン） 高断熱化（高断熱材，高断熱ガラス，屋上緑化） 高気密性（高気密サッシ，風除室） ペリバッファシステム（プランニング）	日射遮蔽（自動ブラインド制御，ルーバー制御，エアフローウィンドウ） 高断熱化（配管，ダクト，機器） 高気密性（室圧制御，高気密ダンパ） ペリバッファ（エアバリア）
パッシブ手法の導入	自然換気（ソーラーチムニ，ウィンドキャッチ） 自然採光（ハイサイドライト，ライトシェルフ，光ダクト，自動制御ブラインド） 太陽熱利用（ダイレクトゲイン，パッシブソーラー）	自然換気ダンパ制御，ナイトパージ，自動制御ブラインド（採光） 雨水利用
アクティブ手法の導入	クールピット・ウォームピット 屋外緑化と外気取入口	高効率機器（熱源，空調，給湯，照明） 新空調システム（潜顕熱分離空調，地中熱・井水熱利用空調，置換空調） 温湿度コントロール（中温度冷水空調，適温適所供給配管，放射空調，デシカント空調） パーソナル化（ICタグ，タスクアンビエント空調・照明） アダプティブ空調（クールシャワー） CGS，蓄熱システム CO_2冷媒給湯器，潜熱回収型給湯器
マネジメント手法の導入	コミッショニング，居住者への取扱説明・啓蒙活動，CASBEE/LEED評価	
	インセンティブ，場の選択性プランニング	BEMS，見える化
再生可能エネルギーの導入	外装発電ファサード，発電ガラス	太陽光発電，太陽熱利用，風力発電，小水力発電 電力・熱融通，蓄電池

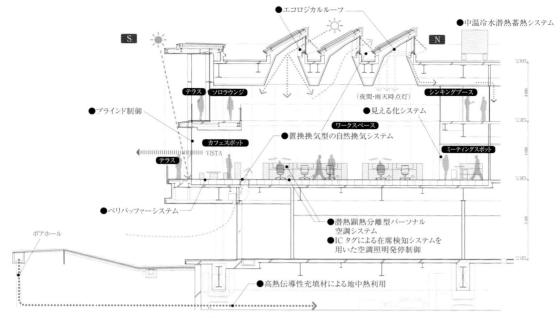

図 9.2-5　ZEB の実例の要素技術

9.2.5　ZEBの事例

ZEB を実現している実例の省エネルギー手法の概念図を図 9.2-5 に示す。

パッシブ手法として，自然エネルギーを活用した採光，換気に加えてペリバッファゾーンによる空調緩和をプランニングと整合させている。アクティブ手法として，デシカント空調や放射パネルを利用し，中温冷水を使用した潜熱顕熱分離空調やLED 照明等により，設備機器の効率化を図っている。またマネジメント手法として，BEMSや居住者への省エネルギー効果の見える化，継続的なコミッショニングが行われている。当実例の熱源システムを図 9.2-6 に示す。供給温度帯を用途別に系統分けし，地中熱等を利用することで，熱源機器の効率をあげている。

9.2.6　ZEBの評価の課題

レファレンスビルのエネルギー消費量の妥当性や熱融通等を一次エネルギーに換算する場合の評価方法は設備システムによって変わるため，換算係数の根拠を示す必要がある。

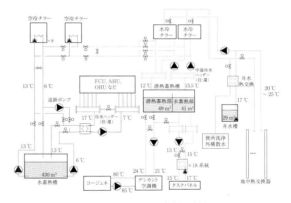

図 9.2-6　ZEB の実例の熱源

再生可能エネルギーの種類によって，一次エネルギー換算の評価方法が明確になっておらず，例えば外部からの持ち込みによるバイオマス発電の換算係数も定まっていない。またヒートポンプは欧州では暖房時 COP が一次エネルギー基準で 1.0 を超えた分を再生可能エネルギーとして評価する考え方がある。パッシブ手法の評価として，太陽熱，自然換気等は，エネルギー消費量の削減として評価されるが，再生可能エネルギーの利得として考えることもできる。

9.3 ZEBを学ぶ

9.3.1 ZEBの成立条件

ZEBの達成の容易度は建物用途によって大きく異なる。ここでは，東京都区部（23区）全体の建築用消費エネルギーを平均でネット・ゼロとすることを念頭に置き，PV（太陽光発電）の設置面積に大きくかかわる建築面積や建物用途ごとの目標省エネルギー率等について，文献1)の解析を参考として，東京都の調査[2]をもとに試算を行う。

(1) 試算条件

都調査における建物用途を表9.3-1のように少数のカテゴリーに再分類し，カテゴリーごとの区部全体の建築面積，延べ床面積の合計値を算出する。各建物の建築面積の6割に水平にPVパネルを設置するものと仮定してカテゴリーごとのPV発電量を算出する。一方，省エネルギーを図る前

表9.3-1 建物用途と建物形状・PV発電量の試算条件

都調査における用途	カテゴリー
官公庁施設	事務所等
教育文化施設	学校等
厚生医療施設	病院等
供給処理施設	工場等（倉庫）
事務所建築物	事務所等
専用商業施設	物販店舗等
住商併用施設	戸建住宅等
宿泊・遊興施設	ホテル等
スポーツ・興行施設	集会所等
独立住宅	戸建住宅等
集合住宅	集合住宅
専用工場	工場等（倉庫）
住居併用工場	戸建住宅等
倉庫運輸関係施設	工場等（倉庫）
農林漁業施設	（無視）

【建築・延床面積の算定】
・文献2)の区部合計宅地面積と，用途別の建物用地利用比率・建蔽率・容積率より用途別の敷地面積・建築面積・延べ床面積を算出
・左表のカテゴリーごとに建築面積・延べ床面積を合計

【PV発電量の算定】
・システム発電効率15%
・東京年間水平面日射量4.79 GJ/m²
・9 760 kJ/kWhで一次エネルギーに換算

表9.3-2 建物用途別の基準エネルギーの算出条件

【住宅】
・文献3)の基準一次エネルギー消費量の設定方法の根拠を使用
・基準策定モデル住宅を仮定して暖冷房等用途別の一次エネルギー消費量を算出後，床面積（120.08 m²）で除して原単位を導出
・暖冷房は居室のみ間欠運転を仮定
・集合住宅については，延床面積に対する各室（共用部等）の面積比率を適当に仮定して上記の住戸部分の原単位と合わせて延床面積当たりに再度原単位化する

【非住宅】
・文献4)のPAL*の基準値の算定根拠に示されるモデル建物における基準一次エネルギー消費量の原単位を使用
・ただし，工場等については告示別表第3の工場等（倉庫）の基準一次エネルギー消費量原単位を使用

の単位床面積あたりの運用時の基準一次エネルギー消費量（以下，基準エネルギー）については省エネ法に基づく省エネ基準[3], [4]に示される値を用いる。詳細な算出条件を表9.3-1, 9.3-2に示す。

(2) 建物用途別の建物規模

図9.3-1に，集計された建物用途別の建築面積の総計と平均階数（＝延床面積／建築面積と仮定）を示す。区部の建築面積の総計186 km²のうち，戸建・集合住宅で71%（81.9 + 50.0＝131.8 km²）を占めており，区部においても住宅の屋根がPVパネルの主要な設置場所となることがわかる。平均階数では戸建住宅等，物販店舗等，学校等，工場等で低くなっており，延床面積（図の用途別の箱の面積に相当）は，集合住宅が全体の37%で最も大きく，続いて戸建住宅等（28%），事務所等（16%）となっている。

なお，区部全体の土地面積は629 km²であり，「宅地」（非住宅建物用を含む敷地）の面積割合は

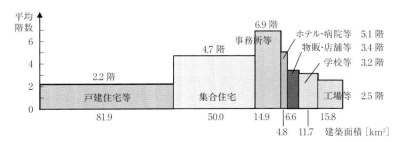

図9.3-1 東京都区部における建物用途別建築総面積と平均階数（ホテル・病院，物販店舗・集会所等はそれぞれまとめて集計）

58 %，さらに「宅地」に占める建築面積の総計（図9.3-1 の横軸の建築総面積）の割合は 51 % となっている．

(3) 建物用途による ZEB 化の困難さ

図 9.3-2 に，区部全体にわたって総計した，省エネを図る前の「基準エネルギー」と，PV 年間発電量を建物用途ごとに示す．基準エネルギーが最も多いのは事務所等（全建物の 27 %）で，以下，集合住宅（25 %），戸建住宅等（20 %）となっている．エネルギー用途別では空調が最も多く（36 %），以下，その他（22 %），照明（20 %）となっている．

PV 発電量の建物用途別割合は，試算条件上，図 9.3-1 に示す建築面積の割合に等しく，表9.3-3（左列）を併せて参照すると，PV の屋上設置のみによる省エネ率は，戸建住宅等で 77 %（= PV 発電量 96 PJ / 基準エネルギー125 PJ）と最も大きく，集合住宅が次いで大きい．逆に事務所，ホテル・病院，物販店舗等では PV 単体による省エネ効果は小さく，PV 以外の省エネ手法を追加で導入しても，建物単体での ZEB 化は困難なことがわかる．

(4) 東京都区部を平均で ZEB・ZEH 化するための建物用途別目標省エネ率

表 9.3-3 には，区部全体の建物用一次エネルギーをネットで 0 とするために必要な建物用途別の目標省エネ率（PV による効果を含む）についても載せている．この目標省エネ率の算出方法について，この表の左列に記載のとおり PV 単体による区部全体の省エネ率が 34 % であることから，残りの 66 % を各建物用途共通の（PV 以外の手法による）目標省エネ率として，これに各建物用途の PV 単体の省エネ率を足したものが表の目標省エネ率である．

ZEB 化の大きな要因は PV 設置であり，PV による省エネ率は平均階数（図9.3-1）と建物用途別基準エネルギー原単位に大きく依存することから，建物 1 棟ごとに ZEB 化を目指すことは必ずしも合理的ではない．最終的な ZEB 化の目的が地域全体の建物用エネルギーのネット・ゼロだとすると，PV の屋上設置を前提とした場合，表 9.3-3 の目標省エネ率を建物用途ごとに設定することで，建物用途間の ZEB 化の困難さを均等化できる．試算結果によれば，基準エネルギー原単位が小さく平均階数も小さい住宅，学校，工場等では 100 %

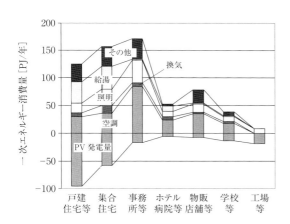

図 9.3-2 用途別の基準エネルギーと PV 発電量（区部総計）
（ホテル・病院，物販店舗・集会所等はそれぞれまとめて集計）

表 9.3-3 PV のみによる省エネ率と区部全体を ZEB・ZEH 化するための（PV の効果を含む）目標省エネ率

建物用途	PV による削減率 [%]	目標省エネ率 [%]
戸建住宅等	77	142
集合住宅	37	103
事務所等	10	76
ホテル等	7	73
病院等	15	80
物販店舗等	9	75
集会所等	14	80
学校等	36	101
工場等	219	284
合計	34	100

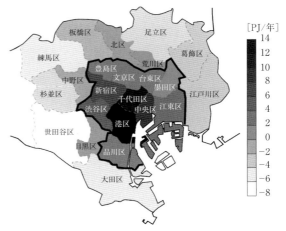

図 9.3-3 区部を平均で ZEB・ZEH 化した場合の区別のネットエネルギー（黒太線はネットエネルギーの正負の境界を示す）

を超える省エネ率を設定することになり，一方事務所では76%の省エネ率で済むことになる。

区部を平均でZEB・ZEH化した場合における，各区のネットエネルギーの分布を図9.3-3に示す。世田谷，大田区等の周縁部においてPV発電量が上回ってエネルギー供給状態となっており，港区，千代田区をはじめとする都心部のエネルギー消費を賄っている。なお，地域全体の平均的ZEB・ZEH化にあたっては，PVの大量導入による系統電圧・周波数の安定化，特定の季節・時間帯における過剰なPV発電量等の課題を解決する必要がある。

9.3.2 省エネ・創エネ手法の導入順序[5]

ZEB・ZEHを達成するためには複数の省エネ・創エネ手法を導入する必要がある。その際，一般的には，①建築的な省エネ，②設備機器の高効率化・未利用エネルギー等の利用，③創エネ，という順序で各種手法を導入し，ZEB・ZEHに近づけるデザインプロセスが想定されている。ここでは，戸建住宅を対象として，各種手法の導入順序を費用対効果の観点から検討する。

(1) 試算条件

省エネ手法の導入順序については，酒井ら[6]は横軸にイニシャルコスト増分，縦軸にランニングコスト増分を取った熱経済性ベクトルの概念を，また相賀ら[7]はこれに加えて，縦軸にLCCO$_2$を取った環境経済性ベクトルについて検討している。ここでは，Source ZEB（ZEH）を目的とすることから，縦軸は一次エネルギーの増加量とし，その単位イニシャルコスト増分に対する比率を費用対効果と考える。

標準住宅の仕様と導入手法を表9.3-4のように設定する。また，設備仕様を表9.3-5に示す（その他の詳細な試算条件については文献5）を参照）。検討は二階建て4人世帯（延床面積120.1 m^2，PV設置面積29.3 m^2）の建物・世帯モデルを対象として，札幌，東京，鹿児島のそれぞれの地域ごとに標準仕様と導入手法とを比較し，各省エネ・創エネ手法の費用対効果を数値シミュレーションにより求める。

(2) 省エネ・創エネ手法の導入効果

図9.3-4に，東京の場合の各手法による一次エネルギーの削減効果を示す。外皮の高断熱化は暖

表9.3-4 建築・設備の標準仕様と省エネ・創エネ手法

	因子	標準住宅	導入手法
建築	断熱性	H4年省エネ基準	H25年省エネ基準（窓はK=1.1W/(m^2·K)の更に高性能のものを導入）
	日射遮蔽	庇，ブラインドなし	庇+ブラインド
設備	空調	エアコン	同左（省エネ化なし）
	給湯	ガス給湯機	ヒートポンプ（エコキュート）潜熱回収型給湯機（エコジョーズ）
	照明	蛍光灯	LED
創エネ	発電	なし	太陽光発電 燃料電池（エネファーム）

表9.3-5 設備仕様一覧

機器名	機器使用
PVパネル	変換効率 19%
燃料電池	発電出力 0.75 kW（出力範囲：0.2〜0.75 kW） 熱出力 1.08 kW（出力範囲：0.21〜1.08 kW） 発電効率 35.2%（高位発熱量基準） 熱回収効率 50.6%（高位発熱量基準）
ヒートポンプ給湯機	最大加熱能力 10 kW，タンク容量 370 L
潜熱回収型給湯機	号数24号，給湯熱効率 95%
ガス給湯器	号数24号，給湯熱効率 80%
LED	平均総合効率範囲：93.44〜127.45 lm/W
蛍光灯	平均総合効率範囲：80〜91.57 lm/W

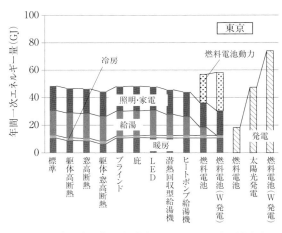

図9.3-4 省エネ・創エネ手法によるエネルギー削減効果

房エネルギーの削減に顕著な効果を持つ。ただしエネルギー消費全体に対する削減効果は数パーセントから10%弱程度である。潜熱回収型給湯機，ヒートポンプ給湯機など，給湯負荷削減に寄与する手法の導入効果も大きく5～10%程度の省エネとなっている。

躯体断熱の効果と窓断熱の効果の和より，この2つを同時に導入した際のエネルギー削減量の方が大きい。また，燃料電池のみでは逆潮流は不可，太陽光発電と同時に導入した際（W発電）には逆潮流が可能と想定している。このように手法間の相互作用が生じる。

(3) 手法の費用対効果と導入順序

地域ごとに各手法を導入した場合の費用対効果を図9.3-5に示す。なお，ここでの「費用」とは，標準仕様からのイニシャルコストの増分を，各機器等の耐用年数で除したものである。

地域によらず，LED，潜熱回収型給湯機，PVの費用対効果が高い。LEDの費用対効果が高いのは，発光効率の高さもさることながら，耐用年数が蛍光灯に比べて長いことに起因している。一方，冷房用エネルギーが占める割合の小さい住宅においては，ブラインドや庇の費用対効果は小さい。図9.3-5においてPVの費用対効果は地域が変わってもほぼ同じである。今回検討した3地域の日射条件が類似しているためである。一方，断熱の費用対効果は，躯体断熱，窓断熱ともに札幌が最も高く，暖房負荷削減量の違いに基づく費用

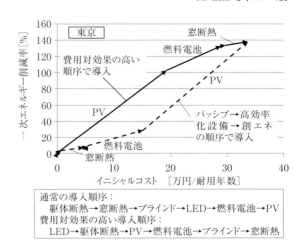

図 9.3-6 省エネ・創エネ手法の導入順序の違いによるエネルギー削減効果への影響

対効果の地域差が見られる。

図9.3-6には，従来のZEB・ZEH化プロセスの考え方に従って，パッシブ，高効率化設備，創エネの順番に省エネ要素を導入した場合と，費用対効果の高い手法から順番に導入した場合について，標準住宅を基準としたイニシャルコストの増分と一次エネルギーの削減率の推移を東京の場合について示す。ただし，図9.3-5に示す省エネ手法のうち一部（躯体断熱，窓断熱，ブラインド，LED，燃料電池，PV）のみを対象としている。

ここで考えた手法をすべて導入した場合のエネルギー削減率は140%程度とZEHを大きく超える水準であるが，それよりも低いエネルギー削減率（例えばZEH）を目標とする場合には，ここに示す結果のように，どの手法を採用するかによって経済性は大きく異なる。その際，一概にパッシブ手法から導入していくことにこだわらずに，費用対効果の高い手法から導入する方が，より効率的にエネルギー削減を実現できることがわかる。

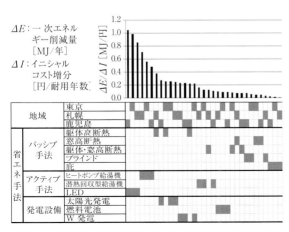

図 9.3-5 建物条件ごとの省エネ・創エネ手法の費用対効果

第10章
BCP（被災時事業継続）

10.1 BCPを見る

10.1.1 BCP(Business Continuity Plan)とは

　企業等は，自然災害，大火災，テロ攻撃などの緊急事態に遭遇して被害を受けても，取引先等の利害関係者から，重要業務が中断しないこと，中断しても可能な限り短い期間で再開することが望まれている。また事業継続は，企業評価の低下などを回避する視点から，企業を守る経営レベルの戦略的課題と位置づけられる。このような背景から企業においては，災害や事故で被害を受けた場合においても，中核となる事業の継続あるいは早期復旧を可能とするために，平常時に行うべき活動や継続のための方法，手段などを取り決め，計画しておくことが望まれており，この計画をBCPと称している。

10.1.2 リスクマネジメント手法

(1) 総合的なリスクを想定

　BCPを検討する場合，最初に総合的なリスクを想定することが重要である（図10.1-1）。

　まず地震，雷，水害等の要因によるもの，それによりインフラ途絶（電力，上下水，ガス，通信等）等の事象が引き起こされ，さらに企業側においては障害（停電，空調停止，給排水停止，通信停止等）が連鎖的に発生することが予想され，事業への影響評価を行うことが重要である。

(2) 物理的対策と組織的・人的対応

　上記リスクの想定と事業への影響評価から企業側が取るべき対策および対応を検討する必要がある。

　例えば，非常時でも維持可能な情報ネットワークの構築やエネルギーの担保等だけでなく，企業としての経営方針（目標性能）の設定に伴うサプライチェーンマネジメントの構築やBCP時におけるマニュアルの整備等人的対応の検討も必要である。

```
総合的な想定リスク
要因
・地震         ・劣化           ・人的ミス
・雷           ・病原菌，感染症  ・保守点検
・水害         ・テロ行為
事象
・インフラ途絶 ・設備機器破損・故障 ・入館禁止
  電力          更新・運転停止    ・不正侵入
  上下水        電源    BAS        建物
  ガス          空調   セキュリティ ・不正入手
  通信          給排水  防災設備   東南
  交通機関      配管類  IT          重要室
  道路          エレベーター
・建物破壊     ・外乱・ノイズ
・火災         ・不良品の製造，成果物の品質低下
              ・不正アクセス
障害
・停電         ・エレベータ停止  ・空調停止
・ガス停止     ・監視制御停止    ・放送停止
・給水停止     ・情報ネットワーク停止 ・通信停止
・排水停止     ・セキュリティ停止 ・情報漏洩
・ガス漏れ     ・建物使用不可    ・消火停止
・水漏れ       ・生産行為の停止  ・排煙停止
```
↓
```
事業への影響評価
・業務停止         ・室内環境の悪化  ・管理機能の停止
  PC使用不可        室温上昇/低下    入退室管理不能
  電話使用不可      照度不足         指示伝達不可
  FAX使用不可
  メール使用不可   ・企業ブランド低下 ・移動の制約
  生産機能停止     株価低下          階段の利用
  物流機能停止     調達コスト上昇    徒歩
  決済機能停止     顧客の流出
  研究開発機能停止
  顧客への対応負荷 ・損害賠償
                   Service Level Agreementの未達成
```
↓
```
物理的対策
・情報ネットワーク        ・室内環境
・エネルギー              ・ファシリティ
組織的対応
・経営方針(目標性能)      ・物流管理
・サプライチェーンマネジメント ・広報活動
・CSR(企業の社会的責任)   ・人的対応
```

図10.1-1　リスクマネジメント手法

10.1.3 早期事業復旧のために

(1) 早期事業復旧のために

　BCPを計画する際，時間軸で考えた場合2つの重要なポイントがある（図10.1-2）。

　① 災害が発生した際にその影響を少なくする。「許容される限界」以上のレベルで事業を

継続させることであり，職員の安全確認，災害対策本部の活動，最低限の業務活動の継続等である。

② 復旧の時間を早くする。

「許容される時間」以内に停止した事業を復旧させることであり，安全な業務活動の環境整備や業務活動をフル活動させるための立ち上げ等である。

上記ポイントを遵守するためには，インフラ復旧に対応する業務継続の段階的な優先付けが必要であり，また災害発生時の順次回復マニュアルの作成が重要である。

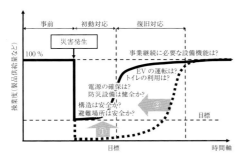

図 10.1-2　BCP 復旧曲線

(2) 建物の BCP 対策の具体的手法の提案

ここでは，企業が BCP 対策として取るべき具体的手法について，建築・構造・電気・衛生の項目ごとにとりあげる（図 10.1-3）。

a. 建築・構造

ここでは主に耐震対策が中心となる。具体的には，構造における制振・免震対策や長周期・直下型地震への備えである。また，事業敷地に対する「津波」，「液状化」，「豪雨災害」への備えも重要である。一方，非常時の建物縦動線の中核となるエレベーターについても電源の確保だけでなくエレベーター自体が地震に強いことが求められる。非構造部材および設備機器の安全性確保については，建物の地震入力に応じた天井の設計，安全な材料の採用および機能維持する設備機器の検討が重要となる。また防災・避難安全のための対策にも配慮する必要がある。

b. 電気設備

電気設備は，インフラとしての電力安定供給対策として，発電機＋オイルタンクにより 3 日分の機能を担保することや UPS を中心とした瞬時停電

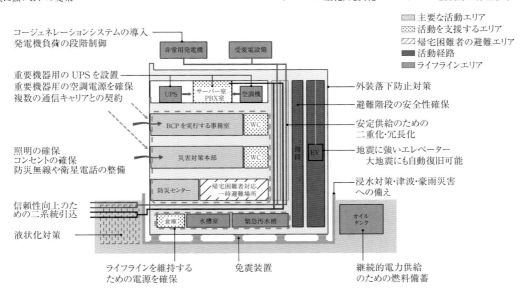

図 10.1-3　BCP 対策の具体的手法

対策も重要となる。加えて災害復旧時にも重要となる節電対策についても視野に入れる必要がある。

c. 衛生設備

衛生設備ではまず上水の断水対策が必要となる。地震等によるインフラ途絶時に対し受水槽容量にて，3日分の保持や引き込み部の伸縮継手の設置，また受水槽内の水の漏水防止のため緊急遮断弁設置の検討が重要である。また下水破損対策として，建物内に3日分の緊急汚水槽を担保し，配管接続部に伸縮継手を設置する等配慮が必要となる。

(3) 事業敷地の安全性確保

BCPでは，事業敷地の特性に即した計画が求められる。とくに「津波」と「液状化」，「豪雨災害」に配慮した安全性の確保が重要である。

a. 津波への備え

最新情報をもとに，事業敷地に到達する津波高さを想定する。津波が事業敷地に浸水する場合，浸水解析等を行い時間ごとの浸水範囲や浸水深さ等を評価し，津波対策と避難計画を練る必要がある。津波避難ビルでは，津波の際に安全に避難できるスペースを確保し，照明，電源，水，便所の使用を可能にするとともに被害が想定される1, 2階の機能が損傷することを前提に計画する必要がある。検討例を図10.1-4に示す。

b. 液状化への備え

事業敷地で想定される液状化予測（マップ作成等）を行い，これをもとに，重要施設の配置計画，液状化対策の優先度の策定および避難経路の選定等を行うことが重要である。

c. 豪雨災害への備え

降雨データ等をもとに水理解析等のシミュレーションを行い，浸水問題の原因解明，雨水排水施設の問題点の抽出を行う必要がある。現地条件をふまえ，「排水ポンプの設置」，「一次貯留施設の設置」，「バイパス水路の整備」，「管路サイズ増強」等，最適な対策を検討することが重要である。

(4) 総合耐震クライテリア

現状，それぞれに規定されている構造，非構造部材，設備等の基準について構造上設定必要のある，総合耐震クライテリアで各部位の耐震性能を総合的に設定することが重要である。想定する地震に対して，構造，内装，設備の対策を明記し，事業主と協議することが重要である。その際，各パートで地震時にどれぐらい壊れるかも議論することでBCPとコストのバランスを取り，事業主とイメージを共有することが大事である。

(5) 各部位の耐震対策例

建物の地震入力に応じた天井の設計，安全な材料の採用，機能維持する設備機器等の計画が重要であるが，ここではその一部について検討例を紹介する。

a. 落ちない天井

地震時に落下しない天井下地金物が重要である。例えば$9 m^2$ごとに，X, Y方向にブレースを設置し固定には溶接ではなく複数のビス止めを基本とし重要な固定部分ではボルト固定とし，水平力に応じた取り付け金物を使用する（図10.1-5）。

b. 天井吊機器の落下防止

「建築設備耐震設計・施工指針」に基準のない100 kg以下の天井吊機器であっても対策が重要である。耐震性能を確保するためアンカーボルトでの原則インサート使用，耐震クラスSでの形鋼の使用および斜材による振れ止めの設置等を検討する必要がある（図10.1-6）。

c. スプリンクラーヘッドの破損防止

天井面設置のスプリンクラーヘッドが天井の動きに追従できない場合，破損することがある。スプリンクラーヘッドは直上の巻出し配管部で，天井下地の計量鉄骨に固定金物で堅固に固定し，天

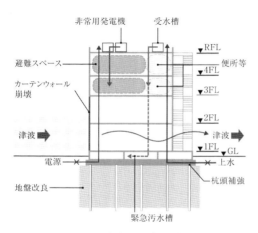

図 10.1-4　津波避難ビル　検討例

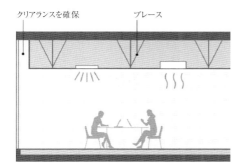

図 10.1-5 落ちない天井イメージ図

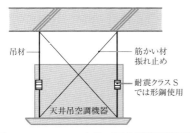

図 10.1-6　100kg 未満の天井吊機器設置例

表 10.1-1　想定されるリスク表

分類	事象	建物への影響（例）		事業への影響（例）
自然災害	地震	ライフラインの供略停止	通信途絶	停電，断水，空調停止，通信不能
		公共交通機関の運行停止		出社不可，帰宅困難
		建物破損	設備機器の破損	負傷者，防犯機能の低下，設備機能の停止
		家具類の転倒・破損		執務空間の混乱，負傷者
		地震火災による焼失		事業停止，負傷者
	津鮫	地下への浸水	床上（1FL以上）の浸水	
	風水害（台風・大雨・突風）	地下への浸水	床上（1FL以上）の浸水	設備機能の停止，物品の破損
疫病	新伝染病（インフルエンザなど）			建物利用制限（禁止）

井材の脱落時にも機能するよう取り付けることが重要である。

10.1.4　企業のBCP

ここでは日建設計の BCP を紹介する。

(1)　想定されるリスク

想定されるリスクのうち建物や事業への影響が大きい「地震」，「津波」，「風水害」，「インフルエンザ」を検討対象としている。

(2)　被害の想定

東京では，大地震の際のインフラの復旧は，電話・電気は2日程度，上水は1週間，下水はめどが立たないと想定。地震については，3つの Scheme に分類し，おのおのに対策を設定している。

Scheme-1　震度5：2011年3/11の東日本大震災でも東京は被害のあった建物があった。

Scheme-2　震度6：南関東地震では，震度6が予想されている。

Scheme-3　震度7：直下型地震で建物の直近が震源地だった場合。

(3)　対応の目標時間

6時間 12時間 72時間での対応を行うマニュアルを作成し，運用，年1回の訓練を実施している。

(4)　職員の行動基準

被災時の出社の基準，社にいるときの行動基準，家族を含めた安否確認のルールを定めて公開するとともに，個人のセキュリティカードに BCP カードを配布している。

10.1.5　企業のBCP対策具体例（地震時）

(1)　地震時における日建設計東京ビルの具体的な BCP 対応

電気・通信・エレベーター・給排水設備を中心とした対応を図 10.1-7 に示す。

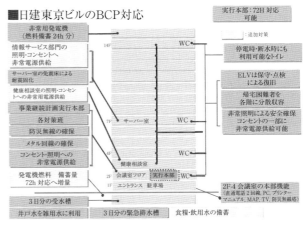

図 10.1-7　日建設計東京ビルの BCP 対応

10.2 BCP を使う

10.2.1 BCPを踏まえた建築・設備計画

BCPは建物内で事業を営む企業の目標性能であり、建物ごと、企業ごとに定められる基準であるため法律や公的規格のように一律に規定されるものではない。そのため、BCPを踏まえた建築・設備計画では、そのローカルな基準を読み取り、BCPを達成させるための機能・性能を建物として備えることが求められる。

10.2.2 BCPを踏まえた計画のフロー

計画には、①理想（BCP）を定めてから建築・設備等のハードウェアを理想に近づけるための検討を行う、②現実のハード的要件（空間の制約条件、予算条件など）を踏まえて実現可能なBCPを検討する、といった2つのアプローチがある。ここでは、一般的なアプローチとして前者について解説する。検討フローを図10.2-1に示す。

(1) BCPの確認

まず初めに、BCPが建物に対してどのような性能を要求しているのか読み解く必要がある。

BCPでは、継続すべき重要業務の内容、業務を行う場所や人数、必要な設備的条件を詳細に定めている場合もあるが、総合的（抽象的）な目標だけを定めて建築設備に関する詳細条件が明確でない場合もあるため、BCPを読み解く上では、建物使用者と十分な意思疎通が必要となる。それには、表10.2-1のような分類が役立つ。

(2) リスクの想定

一般にBCPでは、自然災害、新型インフルエンザ等のパンデミック、犯罪・テロ行為、人的ミス等に起因する多様な被害を想定するが、建築・設備計画に多大に影響するリスクは、自然災害に由来するリスクといってよい。

自然災害は、地震と水害に大別されるが、水害には地震によって発生する津波、台風や集中豪雨による内水氾濫（都市の排水能力を超える降水）、外水氾濫（河川の決壊）に分類される。また、地震に伴う液状化等もあげられる。

自然災害には地域的な特徴があるので、建物の立地場所、敷地高さ、地盤条件等から想定される災害規模を整理する必要がある。地震による揺れ強度、浸水被害、津波被害等の予測は、地方自治体が公開しているハザードマップなどが参考となる（図10.2-2～10.2-4）。

(3) 目標性能の整理

建物の災害対策といえば、バックアップ電源や

図10.2-1 BCPを踏まえた計画のフロー

表10.2-1 BCP確認のポイント

ポイント	例
想定事象	・地震の規模 ・津波の被害 ・インフラ途絶
重要業務	・重要業務の内容 ・守るべき資産 ・業務を行うために必要なスペース,位置 ・重要業務に必要な機能
災害対策本部	・組織体制,人数 ・必要なスペース,位置 ・必要な機能
帰宅困難者	・想定人数 ・近隣対策の有無 ・必要なスペース,位置 ・必要な備蓄品
他施設連携	・物流,サプライチェーンとの連携 ・情報の送受信 ・他の拠点施設との連携 ・入居者（テナント）への対応

水の備蓄等，ハードウェアの議論へと飛躍する傾向にあるが，BCP を実行する空間にどのような性能が必要なのか，建物使用者の視点で整理することが大切である。以下に示すような4つの分類で整理すると，空間に必要な性能，建物内ライフラインの性能の関係等が，BCP作成者＝建物使用者にも理解しやすいと思われる。

① 重要な事業活動を行う空間とその空間に必要な機能

② 重要な事業活動を支援する空間・機能

③ 建物内のライフライン

④ 耐震安全性

これら分類の関係を図 10.2-5 に示す。

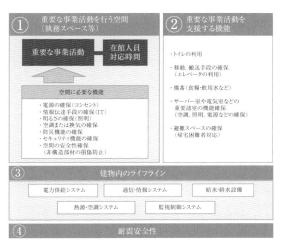

図 10.2-5　目標整理の例

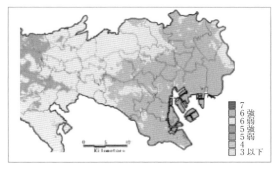

図 10.2-2　地震規模の予想（例）

図 10.2-3　浸水ハザードマップ（例）

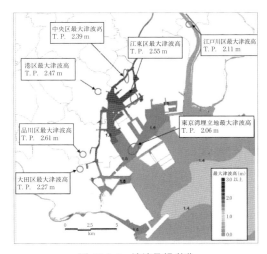

図 10.2-4　津波予想（例）

(4) 目標とする建築・設備の機能要件の設定

上述の分類に基づき，建築・設備機能について具体の目標設定を行う。

事業活動を行う，あるいはそれを支援する空間ごとに，コンセント，照明，冷暖房，換気，給排水等の目標設定を行うため，詳細なリストを作成することが必要となる。事例を表 10.2-2 に示す。

(5) 現状計画との整合チェック

これらの検討によって，BCP にとって理想的な建築・設備計画が整理されたことになるが，現実には物理的あるいはコスト的制約のために目標とするハードウェアが実現できない場合も多い。既存建物を対象として BCP を計画する場合には，新築と比べて制約条件がより一層多くなる。

そのため一般には，設定した目標と現実の計画（あるいは既存建物）との整合性確認が必要となり，どの機能が目標から不足しているのか，BCP の実現に支障となるかを確認する必要がある。

当初策定した BCP を実現するためには，不足している機能を付加することが理想的であるが，ハードウェア（建築・設備）での対応が困難な場合は，ソフトウェアでの対応（人的対応）での代替案も検討する。あるいは，実現可能なハード

表 10.2-2 建築・設備の機能要件チェックリスト（例）

項目			目標とする機能・性能（例）	現状
1．災害対策本部				
	1.1. 広さ・位置			
		(1) 広さ	本部会議室，本部事務室，打合せ場所など，非常時優先業務の指揮および情報伝達を行うために十分な広さを設定している。	
			外部からの応援者を含む要員が活動できる十分な広さを設定している。	
		(2) 位置	建物内の関係各所からアクセスしやすい場所に設定している。	
			建物外との往来がしやすい場所に設定している。	
			複数の出入可能なルートがあり，いずれかのルートにおいて家具類の転倒やドアの破損等が発生しても出入が可能である。	
			平常時より専用の空間を確保し，OA機器，通話・通信機器，家具類，備品類を設置している。	
	1.2. 明るさ			
		(1) 明るさの確保	商用電源が停止した場合にも，平常時と同じ明るさが確保される。	
			商用電源が停止した場合にも，リモコンスイッチ等の制御機器が動作する。	
			窓やトップライト等により，自然採光ができる。	
	1.3. 電力			
		(1) 電力の確保	商用電源が停止した場合にも，平常時と同じ電力が確保される。	
			発電機回路の負荷リストを作成している。	

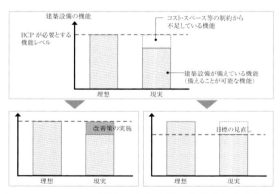

図 10.2-6 BCP の要求機能と建築・設備計画との整合チェック

ウェアに合わせて，BCP を見直すことも選択肢の一つといえる（図 10.2-6 参照）。

(6) 建築・設備計画への反映

目標が定まれば，その内容に基づいて工事（新築工事あるいは改修工事）を実施することになるが，ここで大切なことは，BCP を踏まえた建築・設備計画が，実際にどのように建物に反映されているか，建物使用者にも理解してもらうことである。

そのためには，図 10.2-7 に示すような BCP 総合図が役立つ。このような総合図を作成しておけば，BCP において使用する空間と，その空間にどのような機能が備わっているのか，建物使用者あるいは BCP を実行する人にも視覚的にわかりやすく伝えることができる。

10.2.3 目標性能と機能要件のポイント

建築・設備計画を行う上での BCP のポイントは表 10.2-1 に示したが，ここでは，建物用途に応じたポイントを解説する（表 10.2-3 参照）。

(1) 事務所ビルの場合

事務所ビルの場合，オフィスワーカーにどの程度の機能を提供するかが最大のポイントとなる。パソコンをはじめとする OA 機器が利用できることを要求されることが多いが，災害時に業務を行うオフィスワーカーの人数がどの程度想定されるかによって，バックアップ電源の容量が大きく異なる。また，ネットワーク環境を維持する場合には，事務所エリアだけでなく，ネットワーク機器が設置される電気シャフト（EPS）や通信機械室への電源供給が必要となる。照明は，全般照明で確保する他，タスクライトで確保するという選択肢も検討する。

冷房・換気は提供しない，あるいは自然換気とする場合が多いが，高グレードのオフィスビルでは，機械動力を使って提供するケースもある。

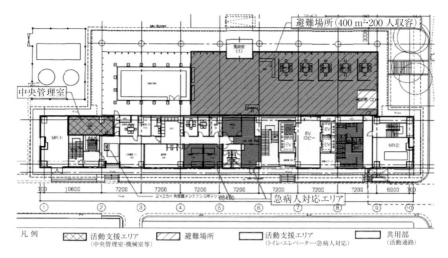

図 10.2-7　BCP 総合図（例）

表 10.2-3　建物用途別 BCP のポイント

用途	ポイント（例）
事務所ビル	・オフィスエリアのコンセントへの電源供給（容量・時間）
	・オフィスエリアの想定人数
	・ネットワーク環境
	・オフィスエリアの照明
	・冷暖房または換気の要否
医療施設	・各部門の想定稼働率
	・トリアージスペース
	・特殊ユーティリティー（医療ガス・蒸気など）
	・食事の確保
宿泊施設	・宿泊室の機能
	・宴会場，ロビー等の活用方法
共通	・建物内の想定人数
	・帰宅困難者，一時避難スペース
	・備蓄品の種別，備蓄スペース
	・使用するトイレ
	・使用するエレベーター

(2) 医療施設の場合

医療施設は，検査，治療，薬剤，中央材料，病棟など，複数の部門が相互に関連しながら患者に医療機能を提供していることが特徴である．そのため，ある特定の部門・エリアの機能だけを継続させることでは業務継続ができず，各部門の何%の範囲（診察室の 60 %，手術室の 50 % など）を機能継続させるのか，といった検討になる．

また，電力，空調，給排水の機能の他に，医療ガス，蒸気（滅菌）など，医療施設特有のユーティリティの維持が求められる．さらに，移動が困難な入院・外来患者が数多くいることが医療施設の特徴であり，食事の提供も重要な機能となる．

(3) 宿泊施設の場合

宿泊施設の場合，宿泊客を安全に滞在させることが第一優先となる．その場合，災害時に客室を使用するのか，宴会場などに限定して滞在場所として提供するかによって，建物に求められる機能が大きく異なる．宿泊客を分散させることは，安全管理，水・電力の供給において，施設側の負担が増える傾向にある．スタッフの災害時体制に応じて BCP 方針を決定すべきであろう．

また，一時避難者や帰宅困難者にロビーや宴会場を提供するかどうかも，機能要件に影響する．

(4) 各施設共通のポイント

建物用途にかかわりなく重要となるポイントは，建物に収容する人数である．その人数には，建物内で業務に携わる人の他に，来客者や帰宅困難者も含まれる．建物が消費する電力・水の量は，建物内の人数によって決まると言え，非常食・毛布・仮設トイレ等の備蓄品もまた人数に依存する．また，一時避難場所や備蓄品保管スペースは建築計画に影響する．

また，人が生活する上での基本的必要機能として，飲用水の確保，トイレの確保は，建物用途にかかわらず重要である．さらに，災害時の人の移動経路と手段，物品の搬送手段としてのエレベーターの運用方法は BCP のポイントと言える．

10.3 BCP を学ぶ

10.3.1 理論的背景

BCP を策定する目的は，建築や組織のレジリエンス（Resilience）を高めることにある（日本語では，リジリエンス，レジリアンス，レジリエンシーのような形でも表記される）。レジリエンスは災害に対する総合的な強さを表す概念である。東日本大震災から学んだ教訓は，命を守ることを更に徹底させることの重要性に加え，人間の生活や，都市の社会的・経済的機能を守ることの大切さである。人命を守ることは大前提としたうえで，これからは都市の機能を維持するという発想を明確に持つことが重要である。そのためには業務や生産，そして生活の拠点となる建物の機能を確実に維持することが肝要である。建物の機能が維持されることではじめて都市機能を支える業務や生活の継続が可能となる。災害時にも，建築や都市の機能を適切に維持するために，「災害への強さ」を体系的に理解し取り組むことが不可欠である。その際の指針となる概念が「レジリエンス」である。BCP の本質を理解するためにはこのようなレジリエンスの考え方を知り理解を深める必要がある。次項では，レジリエンスを高めるためのポイントに沿って，BCP に対応した建築・都市を実現する上での具体的な研究課題と展望について解説する。

10.3.2 BCPに対応した建築を実現する上での研究課題と展開

本項では BCP を理解する上での上述の背景を踏まえた上で，BCP を考慮した災害に強い環境設備システムの構築に向けた課題と留意点について，建物の「設計」，「運用」，「評価」に分類し，それぞれの要点を述べる。

(1) 設計に関する研究課題と留意点

表 10.3-1 に設計に関する研究課題を示す。
災害時に，最低限どのような環境条件が満たされればよいかに関する目標・水準を明確にする必要がある。設計与条件として，非常時に許容可能な環境基準の策定が必要である。例えば，非常時において二酸化炭素濃度をどの程度まで許容するのか，災害時に夏季・冬季の温熱環境をどの程度まで許容するのか，非常時の執務環境としてどの程度の明るさを確保すればよいのかといった事項について知見を積み重ねて，設計与条件としてその考え方を明確にする必要がある。東日本大震災後に日本建築学会東日本大震災調査復興支援本部が総力を挙げてとりまとめを行った「研究・提言部会」の第二次提言[1]においては「震災時の避難場所や機能回復時の室内環境許容条件に関しては明確な知見が少ない」と指摘し，具体的な研究課題として，

- 知的生産性や快適性を過度に悪化させること無く，最低限の質の確保と省エネルギー効果の最適化を行うこと
- 外気濃度が 400 ppm を越えるようになっている現在，室内外濃度差を新たに尺度として取り入れるなど，平常時における換気指標としての二酸化炭素濃度基準（1 000 ppm）の在り方を見直すこと
- 避難所や仮設住宅などの環境における最小必要換気量の確保が課題であり，例えば避難所では室内二酸化炭素濃度が健康影響の観点から 5 000 ppm を越えないようにするために，一人 1 時間あたりの最小換気量を 5 m^3 とする必要があること

表 10.3-1 設計に関する研究課題

①	非常時に最低限許容可能な温熱環境の基準値の作成
②	非常時に最低限許容可能な空気環境（二酸化炭素濃度や必要最小換気量等の空気質）の基準値の作成
③	非常時に最低限許容可能な光環境（明るさ）の基準値の作成
④	非常時に必要となるエネルギー，水の需要量の推計方法の標準化と目安となる設計原単位の共有
⑤	建物・設備の平常時性能と非常時性能の合理的な連携方法の検討
⑥	「建物機能継続計画」の標準化

- 節電対策としての間引き点灯がつくり出す空間的不均一や時間的変動の許容範囲をも考慮した新たな照明基準の必要性や，照度を高く設定しなくとも質の高い照明空間を達成するような設計のあり方の必要性

などが提言されている。

災害時の重要業務遂行に必要なエネルギーや水の原単位は，業務に必要な使用機器等の実態に基づいて負荷を丁寧に積み上げる事前準備のプロセスが必要である他，既設の建物においてはエネルギーや水の使用状況の実態を平常時から計測により把握を行い，BEMSのデータを活用・分析することが有効な方法のひとつである。こうした方法論の標準化が必要である。平常時より計測に基づく科学的な施設管理体制を強化することが，非常時におけるエネルギー・水の需給計画の正確な策定や，被災後の的確で迅速な対応に繋がる。

また，建物の平常時性能と非常時性能を合理的に連携させて，全体の統合的なシステムデザインを行うことが求められている。省エネルギー性能に優れた建物は，エネルギーへの依存を最小化していること，エネルギーの管理能力が高いことや，設備システム運用の柔軟性や代替性，多様性を持つことにより，平常時と非常時の両面で合理的なシステムとなり，省エネ・省コストの観点のみならず，災害時や節電などエネルギー事情の厳しい状況に対しても有益なシステムとなることが重要なポイントである[2]。例えば東日本大震災においても，空調における氷蓄熱システム，照明におけるタスクアンビエントシステムの活用など，もともと省エネルギーに対応した建物が，節電というエネルギー事情の厳しい状況を乗り切ることができている事例は注目に値する。その他の事例としては，例えば災害対応を考慮して吸収式冷温水発生器と電気駆動熱源の複合熱源システムとした場合，熱源に流れる流量や出口温度に違いを持たせることで，電気とガスの消費割合をコントロールすることができる。2次側が同じ熱負荷であっても，処理するエネルギー配分を変更し，省エネ・省コストに貢献できる[2]。このように，エネルギー分散型の熱源システムは非常時だけでなく通常運用時にもメリットをもたらすことが可能であり，平常時と非常時の両面から，総合的な視点で設計を行う必要がある。平常時における各種の取り組みと非常時の対策は表裏一体で切り離すことができない関係にあることが多く，両者を一体として推進する視点が重要であり，こうした事項を設計のためのガイドラインや，新たな「建物機能継続計画」として今後学術的な体系化・標準化を行う必要がある。

(2) 運用に関する研究課題と留意点

表10.3-2に運用に関する研究課題を示す。

レジリエンスの向上には災害発生前の準備・対応と災害発生時や発生後の危機対応の両方の視点が重要である。リスクと危機という言葉を使い分ける必要がある。リスクは不確実性の扱い，危機は実際に発現した事象の扱いであり，リスクのマネジメントと危機（クライシス）のマネジメントをひとつのパッケージとして扱うことが重要となる。そのため，発災後の建物の運用が重要な役割を果たす。

被災後にはライフラインの供給停止や設備系統の被害等，重要リソースの制約を受ける中でも，被害状況と建物使用者のニーズ，求められるサービスレベルを正確に把握しながら適切な対応を取る危機管理のプロセスが重要となる。災害への対応は常に時間との戦いである。建物機能の継続力・回復力を高めるためには，発災後の早い段階で，何が起きたのか，現状はどうなっているのか，状況を正確に把握することが重要となる。重要空間のサービスレベルの状況，機能不全の原因・影響範囲，機能継続と早期復旧の方策を適切に判断することが重要である。そのため，建物管理のあり方を改善することがレジリエンスを高めるための鍵であり重要な役割を果たす。被災時に建物機能維持にかかわる重要情報（ライフラインや設備の稼働状況，被害状況）を的確に収集し，建物管理者に迅速に伝達することが重要である。しかしながら，発災後刻々と時間が進行する中で状況を正確・迅速に把握することは難しい。時間経過に応じた対応を強化するための新しいモニタリング方策が求められる。今後，中央監視システムのよ

うな建物管理機能を，非常時を考慮して高度化する対応が考えられる。また，建築設備の専門性に基づいて現場での危機対応を担える人材養成として，その権限と責務を明確化する必要がある。

　発災時には被害状況を把握しながら，業務継続が可能なエリアを建物の中で具体的に選定することが必要となる。あらかじめ業務に必要な建物のサービス（水・電力・空調等）に関する情報を業務ごとに蓄積し，発災後には建物が提供可能なサービスレベルの状況を業務空間単位で確認し，両者を関連付けて管理することで，業務の継続性を業務の種類ごと，業務空間ごとに判断を行う動的なプロセスが求められる。業務の継続性が判断されたエリアのうち，業務継続に使用されるエリアに集中してリソース（エネルギーと水）を供給することで，漏電や漏水等の2次的被害や，計画外の浪費を回避し，特定エリアにおける業務継続時間を長期化させることができる。図10.3-1 は，こうした発災後の動的な判断とオペレーションを支援する災害対応型の建物統合管理システムの研究開発事例である[3), 4)]。図10.3-2 は，このシステムを活用して建物管理機能の強化と人材養成に関して検討を行った事例である。

　建物の必要最小限の要求性能を見極めるとともに，設計時点での過剰な備蓄や過大な仕様を抑止するためには，明確な目標と合意形成（許容限界や目標復旧レベル等）が重要であり，BCPを考慮した設計プロセスの確立が求められている。同時に運用の観点からも，発災後に限られた資源で如何に重要機能を維持するかという視点を持つことが，オーバースペックを抑制する事にも繋がる。代表的な例として，水槽の水量貯留量（残量）や非常用発電機の燃料貯留量（残量）の常時計測は，通常建築設備の中央監視の対象ではない。エネルギーや水といったリソースを発災後にリアルタイムに管理する観点からは重要な事項であり，リソース（エネルギーと水）の管理能力を高めるため，水位・水量や燃料残量が計測可能な装備の導入とその活用方策の検討を進める必要がある。リソース（エネルギーと水）の使用量の多寡の妥当性を的確に判断す

るために，各室（業務空間）の使用状況（人口密度が高くエネルギー使用量が多い等）を把握することが有意義であり，建物内の人数を把握する方法も今後の技術的課題である。災害対応型CEMSの開発や，BEMSやCEMSのネットワーク化により地域としての連携を深め，災害への対応力を高める方策についての研究も重要なテーマである。

　設備系統・設備計画を考慮した重要業務空間の配置や建築空間のゾーニングに関する方法論の策定もこれから重要になる。例えば給水設備について，高置水槽や受水槽からの系統は，パイプシャフトを通じて建物内で垂直方向で同じ系統を共有することになる。また，建物内で給水系統の区分と，電力系統の区分の組み合わせによっては，同じフロアでも被害状況が異なる場合がある。こうした状況を十分踏まえた上で，災害時の計画と運用を策定するべきであり，その方法論が求められている。

　また，大規模災害時にどのような状況が想定され，自分はどのような行動を起こすべきかを具体的に把握している人間は少ないのが現状である。発災後の対応力を高めるためには，建物内の人間の冷静な判断を引出し，適切な行動を促すことが重要である。スマートエネルギー社会の流れでHEMS等による環境情報の「見える化」が浸透しつつあるが，災害対応の文脈においても，建築と人間とを繋ぐさまざまな情報の存在が重要となる。図10.3-3 の研究開発事例では，災害対応型の建物統合管理システムで把握した情報を，デジタルサイネージを通じてわかりやすく在館者に提供する防災・減災情報システムを構築している[3)]。ライフラインの供給状況，揺れの程度，設備系統の稼働状況・異常の有無，水・燃料の残量等に応じて，発災後の被災状況を的確に伝達・共有し，自助・共助の両面で，在館者の的確な判断を促す試みである。このように，環境性，安全性の両面から，人間の望ましい行動を引出すために建築と人間との架け橋となるシステムが，今後の建築・都市における新しいハードウェアでありソフトウェアになり，重要な役割を果たす。

表 10.3-2 運用に関する研究課題

①	発災後に設備システムの被災状況とその影響度を的確に把握するための方法論の確立
②	災害時に機能継続を目的とした適切な対応を可能とする建物管理機能の強化方策の検討
③	建築設備の専門性に基づいて，発災後に現場の危機対応を担える人材養成とマネジメント体制の構築（権限と責務の明確化）
④	必要最小限の要求性能を見極めるとともに，オーバースペック（過剰な備蓄や，過大な機器の仕様・容量等）を抑止するための知見の共有
⑤	水槽の水量貯留量（残量）や非常用発電機の燃料貯留量（残量）のリアルタイム計測の実施
⑥	設備系統・設備計画を考慮した重要業務空間の配置や建築空間のゾーニングに関する方法論の策定
⑦	在館者との防災・減災情報の共有方策の検討

(3) 評価に関する研究課題と留意点

表 10.3-3 に評価に関する研究課題を示す。

今後は BCP に対応した災害に強い建物を客観的に評価する手法の開発が不可欠である。工学的には災害に対するレジリエンスを評価する指標づくりが重要なテーマとなる。既往の先行研究等[5),6)]を参考に，図 10.3-4 に評価の枠組みを示している。予防力，抵抗力，防御力の評価指標としては，頑強にねばり強く（Robust），予備・余裕を持たせる（Redundant）といった性能が，継続力の評価指標としては問題解決に必要な人材・資源・システム・代用手段の豊富性・多様性（Resourceful）と柔軟性（Flexible），自立性（Independent）という性能が重要となる。災害時の対処・対応においては，緊急事態対応力の向上が重要であり，その評価指標としては，正確さ（Accurate）と迅速さ（Rapid），実効性（Effective）が鍵となる。

図 10.1-1 に示される復旧曲線を時間積分した値が最終的な被害の大きさを表しており，BCPの便益を評価するためには，こうした機能低下の累積値の計算手法を開発する必要がある[5),6)]。

災害に強く，信頼される建物・都市が市場で高く

表 10.3-3 評価に関する研究課題

①	災害に強い建物のグレードを評価するための手法の開発
②	災害に強い建物がもたらす便益を適切に評価するための方法論の開発
③	災害に強い建物が市場で高く評価される仕組みの構築（不動産鑑定や保険制度との連携等）
④	建物の信頼性を市場に発信する方法の検討（エンジニアリングレポートとの連携等）

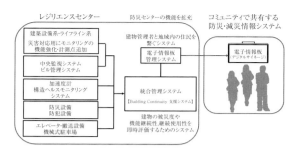

図 10.3-1 災害対応型の建物統合管理システムの研究開発事例

図 10.3-2 建物管理機能の強化と危機対応を担える人材養成に関する研究開発事例

図 10.3-3 集合住宅における在館者に向けた防災・減災情報システムに関する研究開発事例（左は発災直後，右は被災生活期の状況を表現したもの）

図 10.3-4 「災害に対するレジリエンス」の評価の枠組み

評価される仕組みづくりを検討することも必要である。例えば災害時の機能継続の観点から信頼性の高い建物の保険料を割り引く新たな保険制度や，不動産鑑定等の仕組みとの連携，公的機関による優良建物の認証制度などが考えられる。そのためには，信頼性の根拠となるエビデンスを積極的に情報発信することが求められる。エンジニアリングレポート等の仕組みを参考に，その制度設計を検討する必要がある。

第 11 章
スマートシティ

11.1 スマートシティを見る

11.1.1 スマートシティとは

(1) スマートシティの定義

　スマートシティ（あるいはスマートコミュニティ）という用語は，ここ数年で急速に普及した。スマートシティにはさまざまなとらえ方があり定義が難しいが，ここでは以下のように定義する。スマートシティとは「快適で環境にやさしく，災害にも強い新世代のまちづくりを実現するため，高度な ICT 技術により個々の建築・設備にとどまらず，エネルギーインフラや交通システム等を含めた都市全般の機能が最適に制御されている社会」である。図 11.1-1 にスマートシティのコンセプトイメージを示す。図示したように，スマートシティは①環境配慮・快適性：省エネ・CO_2 削減および健康的，快適な環境を実現する要素，② BCP：自立分散電源（コージェネレーション等），自然エネ（太陽光・熱）や蓄エネ（蓄熱・蓄電）により非常時の事業継続を実現する要素，および③需給最適化：スマート BEMS を核として，建物・設備を最適制御し電力のピーク低減や負荷平準化を実現する要素，これらの 3 つの柱からなる。

(2) 背　景

　わが国でスマートシティが注目されるようになった背景として，大きく以下の社会的情勢の変化が考えられる。

　第一に，地球規模での温暖化防止への取り組み強化である。1997 年に京都議定書が採択され，日本ではとくに 2000 年以降，温室効果ガス，とりわけ CO_2 排出量削減に対する国際社会からの要請が強まった。これにより省エネ・CO_2 削減への取り組みは産業部門だけでなく民生部門，とくに都市部における事務所ビルや商業施設などの建築・設備分野に拡がった。しかし単体の建築や設備による取り組みでは限界があり，街区や都市といったより大きな単位で効率的かつ面的なエネルギー利用を図る等，シティレベルでの対策が求められている。

　第二に，東日本大震災に伴う電力需給のひっ迫があげられる。震災以前，わが国の電力供給の安定性は世界的に見てもトップレベルと言われてきた。しかし，原発事故の影響により，震災直後には計画停電（輪番停電）が実施される等，わが国の電力供給の信頼性は大きく揺らいだ。国内における大多数の原発が運転停止しており，容易に再稼働ができない状況を踏まえると，今後もとくに夏場のピーク時の電力需給は厳しい状態が続くと予想される。「ピーク電力の低減をどのように実現するか」と同時に「災害に強いエネルギー供給と需要のあり方」は震災後のわが国における喫緊の課題となっており，これらに対してスマートシティは非常に有効な解決策になると考えられている。

　第三に，ICT 技術の急速な進歩である。インターネットの高速化と情報処理の高度化により，いわゆるビッグデータの解析・予測が可能となりつつある。これにより，従来不可能であった膨大な量の個々の建築・設備におけるエネルギー利用状況の解析・予測等が可能となった。例えば，街区やシティ単位でビルや各種設備を束ねた上で，最適に運転・制御し，シティレベルでの省エネ・CO_2 削減および電力需給の調整等を行う技術が確立されつつある。

　このように，社会的な要請と，それに応える技術が整ったことで，スマートシティは急速に普及しつつある。

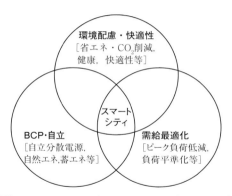

図 11.1-1　スマートシティのコンセプトイメージ

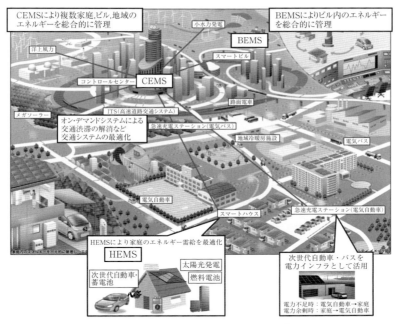

図 11.1-2　スマートシティのイメージ

(3) スマートシティのイメージ

図 11.1-2 にスマートシティのイメージを示す。このように，スマートシティを構成する要素は，住宅やビルだけでなく，地域冷暖房，発送電網や交通システムなど社会広範にわたる。

11.1.2　スマートシティの事例紹介

(1) 国内事例

スマートシティへの取り組みの歴史は浅く，事例はそれほど多くない．わが国においては，経済産業省資源エネルギー庁が「次世代エネルギー・社会システム協議会」を立ち上げ，2010 年に実証地域として横浜市（神奈川県），豊田市（愛知県），けいはんな学研都市（京都府）および北九州市（福岡県）の 4 地域を選定し，2011～2014 年度の期間で，各地域の特色に合った実証事業が進められた．以下に，それらの 4 地域の事例を紹介する（各事例イメージは，提案時のものであり，各事業の実施内容と異なる場合がある）．

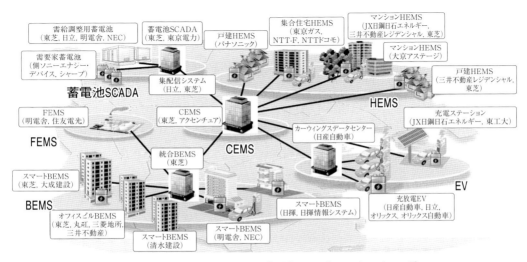

図 11.1-3　横浜スマートシティプロジェクト（YSCP）のイメージ

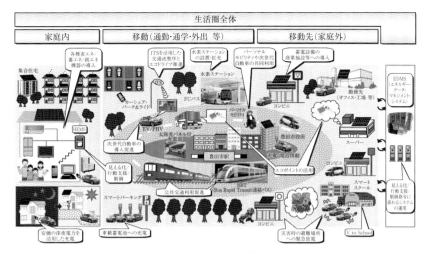

図 11.1-4　豊田市低炭素社会システム実証プロジェクト（Smart Melit）のイメージ

[1]　横浜スマートシティプロジェクト（YSCP）
[みなとみらい 21 エリア他]

　横浜市では，社会インフラがすでに整備された都市部を対象に，快適性と低炭素化を両立することを目指した実証が行われた。業務ビル・商業ビルや住宅・工場に EMS（エネルギーマネジメントシステム）を導入し，太陽光発電など再生可能エネルギーとともに地域のエネルギーの最適化を図った（図 11.1-3 参照）。

[2]　豊田市低炭素社会システム実証プロジェクト（Smart Melit）[豊田市全域]

　豊田市では，再生可能エネルギーや各種省エネ設備の普及が進んだ 10 年後の家庭環境を想定した実証が行われた。家庭セクター（家庭および交通）に着目し，生活者の利便性・満足度を確保しながら，無理なく低炭素化社会システムを構築するため，「クルマと人が世界一うまく共生するまち」を目指した（図 11.1-4 参照）。

[3]　けいはんなエコシティ次世代エネルギー・社会システム実証プロジェクト[京都府京田辺市・木津川市・精華町]

　関西文化学術研究都市（愛称：けいはんな学研都市）では，研究機関や大学，企業と大規模な住宅が両立する地域として，先端技術や研究成果について住民を交えて実証することを目指した。地域のエネルギーを最適化する CEMS（Community Energy Management System）の開発を核として，住宅やビルを連携して住民の生活の質や利便性を損なうことなく省エネ・省 CO_2 の実現を目指した（図 11.1-5 参照）。

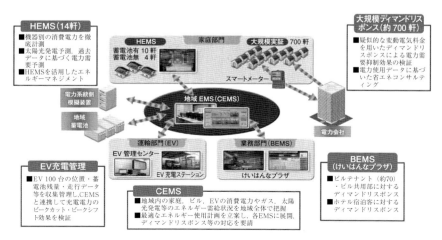

図 11.1-5　けいはんなエコシティ　次世代エネルギー・社会システム実証プロジェクトのイメージ

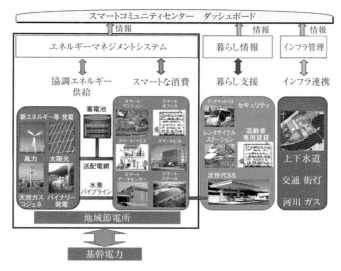

図 11.1-6 北九州スマートコミュニティ創造事業のイメージ

[4] 北九州スマートコミュニティ創造事業［八幡東区東田地区］

北九州市では，すでに環境配慮が進んだ街区に対して，新エネルギー導入の強化や地域エネルギーマネジメント，交通システムの整備等により，さらに 20 % の CO_2 削減を目指した。そのために，太陽光発電，燃料電池等の更なる導入，エネルギーマネジメントシステムの開発，EV の導入等が進められた（図 11.1-6 参照）。

(2) 海外事例　リヨン市スマートコミュニティ実証事業（フランス リヨン市）

海外においては，主に米国・ヨーロッパ諸国等においてスマートシティの導入が進められている。ここでは，その中から日本の企業等が技術参画しているフランス・リヨン市の事例を紹介する。

本プロジェクトは，国立研究開発法人 新エネルギー・産業技術総合開発機構（NEDO）と，グランドリヨン共同体が共同でスマートコミュニティの実現に取り組むものである。具体的には，PEB（Positive Energy Building：ZEB を達成した上で更なる余剰エネルギーを周囲に供給可能なエネルギー収支プラスのビル）の実現，太陽光発電を最大限利用する EV カーシェアリング，既存住宅のスマート化，および CMS（Community Management System）の開発等が進められている（図 11.1-7 および図 11.1-8 参照）。

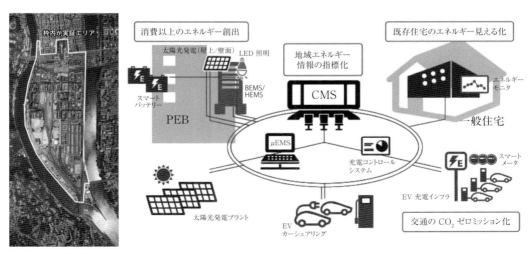

図 11.1-7，11.1-8　リヨン市スマートコミュニティ実証事業の実証エリアおよび実証システムイメージ

11.2 スマートシティを使う

11.2.1 建築・設備の観点からのスマートシティ

(1) 建物単体から街区規模のエネルギーマネジメントへ

スマートシティを実現する上で建築・設備に影響する要素としては，供給側（サプライサイド）とビル等の需要側（デマンドサイド）が協調して行うエネルギー需給の最適化制御があげられる。また，従来は建物単体による省エネルギー，最適化が主体であったが，スマートシティでは，数棟～街区規模でのエネルギーマネジメントが求められる。例えば，対象エリアに業務施設とホテルがある場合，おのおのの電力・熱エネルギーのピーク時刻や日変動特性は異なる。この特性に着目し，昼間の需要に余裕のあるホテルの電力・熱を業務施設に融通する，あるいは夜間はその逆が理論上は可能である。スマートシティではこのようなエネルギー融通を具体化するために，各棟に次世代BEMSを設置し，同時に地域のエネルギーマネジメントシステムCEMS（Community Energy Management System）がこれらと相互に通信し，各建物・設備の制御を実行することで地域規模でのエネルギー需給の最適化を実現する。図11.2-1にその概念を示す。

(2) スマートシティの実現に向けた課題

(1) 項で述べたように，地域規模でエネルギー需給の最適化を図る場合，建物⇔建物間での電力や熱エネルギーの融通が欠かせない。このようなシステムは技術的に可能であるが，わが国においては法的規制等が課題となっている。例えば，自家発電設備を保有している事業者が，他の事業者に電力を供給する場合，電気事業法の規制により供給量や電力品質の安定化等，さまざまな規制をクリアし，許可を受ける必要がある。また，熱エネルギーの融通にあっても，熱供給事業法による規制があり，地域によっては都市計画法等も関連する。加えて，エネルギー融通に不可欠な電力線や熱供給導管を敷設する際に，公共の道路を通過・横断する必要があると，道路法の規制，道路管理者との協議および許可が必要となる。このように，わが国においては異なる事業者や建物間で広域にエネルギーを授受することを前提とした法整備がなされておらず，スマートシティの普及に向けた課題となっている。これに対し国は電力システム改革等，規制緩和を推し進めつつあるが，スマートシティの本格的普及に向けてより一層の取り組みが望まれる。

11.2.2 スマートシティを実現する仕組み

(1) 電力需給最適化の仕組み

スマートシティを実現する上で，最重要となる電力の需給を最適化する仕組みとして，デマンドレスポンス（あるいは「ディマンドリスポンス」）がある。これは，電力需要のピーク時（例えば夏期の午後等）に，供給側のピーク負荷低減要請に対して，需要家側の設備の稼働状況を最適化することでピーク負荷を低減，平準化するものである。需要側はデマンドレスポンスに協力することで，供給側から一定のメリットを享受できる仕組みが整備されるのが一般的で，これにより電力需給の最適化を継続的に実現する。

(2) デマンドレスポンスの具体的な仕組み

デマンドレスポンスに対応するためには，ピークカットを実現する新たな設備（例えば，自家発電や蓄電池・蓄熱槽，電力消費抑制システム等）

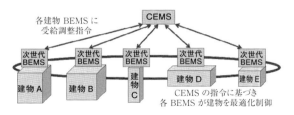

図11.2-1 エネルギー需給最適化の概念

が必要になる。そのため，建設時に従来システムと比較して追加のコストを要することから，デマンドレスポンスに対応できる設備を普及させるためには，需要家が協力することへの対価（インセンティブ）が付与される仕組みが必要である。インセンティブの与え方に関しては，さまざまな手法が検討・実証されているが，本章ではYSCP（11.1節参照）における実証で採用された，PTR（ピークタイムリベート）方式について，後に解説する。

(3) デマンドレスポンスのフロー

図11.2-2にYSCP大成建設技術センタースマートコミュニティ計画における，デマンドレスポンスに対する需要家側の対応フローを示す。まず，予測においては気象情報等から建物の負荷や創エネ量を算出し，エネルギー需給予測が行われる。次に，CEMSから各需要家に対して電力削減要請と応答した際のインセンティブ価格が発信される。需要家側はそれを受け，ピーク負荷削減量やインセンティブ単価を吟味し，電力削減要請受諾の意思をCEMS側へ応答した上で最適な運転計画を策定し，可能な範囲でピーク電力を削減する。結果として得られた光熱費やCO_2削減効果は実績値として評価・学習し，CEMS側へは商用電力購入量の実績値がフィードバックされる。これらを繰り返すことにより，持続的なデマンドレスポンスが達成される。

11.2.3 スマートシティのシステム事例

(1) 次世代BEMS

図11.2-3に，YSCP大成建設技術センタースマートコミュニティ計画の事例を示す。デマンドレスポンスへの対応として「創熱・創電（つくる）」「蓄熱・蓄電（ためる）」により，需給の調整・平準化を図る。また「最適運用（つかう）」は，とくにピーク時の需要抑制を担う。各種予測および，これらの要素を最適制御し，かつ供給側のCEMSと相互通信・連携可能なBEMS（従来型のBEMSと区別する為，「次世代BEMS」と表記する）を設置することでスマートシティに対応する。

(2) 創熱・蓄熱システム

創熱・蓄熱システムの構成例を図11.2-4に示す。創熱システムとして，太陽熱集熱パネルを設置した。同時に，コージェネレーション排熱を回収し，ソーラー式吸収式冷温水機に投入することで，高効率に冷水を製造する。また，得られた冷熱を潜熱蓄熱槽（水蓄熱槽内に，相変化する潜熱蓄熱材を封入）に蓄熱し，必要時に放熱する。これらの設備は，主に空調熱負荷に対して需給調整を柔軟に行うとともに，自然エネルギー利用によって省エネ・CO_2削減を図る。

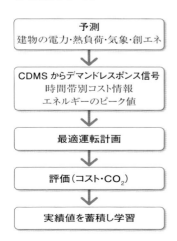

図11.2-2 デマンドレスポンスに対する需要家側の対応フロー

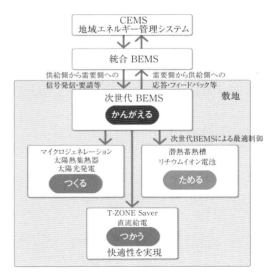

図11.2-3 スマートシティ対応の設備システムの事例（YSCP大成建設技術センタースマートコミュニティ計画）

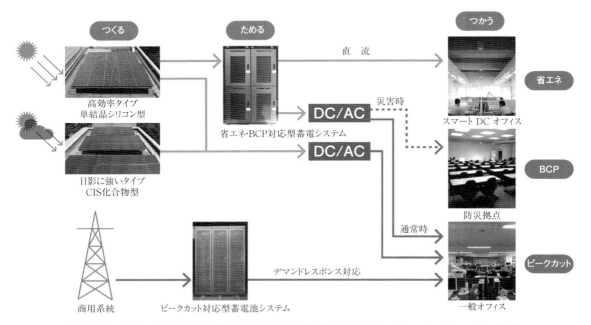

図 11.2-4　創熱・蓄熱システム構成図（YSCP 大成建設技術センタースマートコミュニティ計画）

図 11.2-5　創電・蓄電システム構成図（YSCP 大成建設技術センタースマートコミュニティ計画）

(3)　創電・蓄電システム

創電・蓄電システムの構成を図 11.2-5 に示す。創電システムは，太陽光発電である。蓄電システムは，省エネ・BCP に対応するシステムと，ピークカットによりデマンドレスポンスに対応するシステムの 2 種類を導入した。前者は，太陽光発電より得られた電力を蓄電池に溜め，直流のままオフィスに配電することで交流・直流変換ロス無しに電力を利用可能なシステムとした（スマート DC 配電オフィス）。また，後者は，翌日のピーク負荷予測に応じて商用電力を蓄電池に溜め，CEMS からのデマンドレスポンス指令に応じて，次世代 BEMS がさまざまな出力制御を行うことで，柔軟にピークカットに対応するシステムとした。

11.2.4　システムの効果と評価

(1)　評価手法

スマートシティにおいてデマンドレスポンスに応じる需要家に対しては，インセンティブの付与等のコストメリットが必要である。YSCP では，PTR（ピークタイムリベート）方式が採用されたが，これは電力需要のピーク時間帯にデマンドレスポンスに応じなかった場合の電力需要（ベースライン）を基準に，デマンドレスポンスを実施して電力のピークカットを行った電力量に応じてインセンティブを付与するというものである。インセンティブは，インセンティブ単価(円/kWh)にピークカット量(kWh)を乗じて算出され，需要家はその分を，供給側（CEMS アグリゲータ）から受け取り，光熱費削減分と合わせて享受できる仕組

みである。

ピークカット率の定義を，式(11.2.1)に示す。なお，以下「DR」はデマンドレスポンスを表す。

$$R_P = P_C/L \times 100 \tag{11.2.1}$$

ここで，R_P：ピークカット率[%]，P_C：ベースラインに対する商用電力削減量[kWh/30分]，L：ベースライン[kWh/30分]

また，光熱費の削減率を式(11.2.2)に示す。

$$R_C = (C_r - C_a)/C_r \times 100 \tag{11.2.2}$$

ここで，R_C：1日の光熱費削減率[%]，C_r：DR非実施時の1日の光熱費推定値[円/日]，C_a：DR実施時（インセンティブ付与を考慮）の1日の光熱費[円/日]

(2) システムの効果

2013年度夏期に，YSCPの大成建設技術センターで行われたデマンドレスポンス実証実験により得られたシステムの効果例を示す。

① 目的：業務・商業用途を対象としてDRにより地域全体のピークカット量を最大化する
② 目標：地域全体のピークカット率最大20%
③ 期間：2013年7月17日～9月27日
④ DR時間帯：休日明けを除く平日13時～16時
⑤ DR要請条件
  ・前日DR：前日における翌日の最高気温予想が31℃以上の日
  ・当日DR：当日の最高気温予想が31℃以上の日
⑥ DR要請時刻：前日の14時または当日の11時
⑦ DR方式：PTR方式

（インセンティブ単価15円/kWh若しくは50円/kWh）

実証期間中，デマンドレスポンスは合計11回実施された。その内，代表的な6日分の結果を**表11.2-1**に示す。ピークカット率はインセンティブ単価によらず28%前後であり目標を達成した。光熱費の削減についてはインセンティブ単価15円/kWhの場合，平均0.4%であるのに対し同

表11.2-1 システムの効果

インセンティブ単価	日付[*1]	ベースライン[*2]	評価結果	
			ピークカット率[*3]	1日の光熱費削減率[*4]
円/kWh		kWh/h	%	%
15	7/18	717.112	27.6～31.7 (29.2)	0.5
	8/8	758.112	27.1～30.6 (28.5)	0.4
	9/3	785.112	24.3～30.1 (27.9)	0.4
	平均値		28.5	0.4
50	7/23	730.000	23.8～27.0 (25.1)	9.6
	8/27(当日)	815.556	31.5～34.4 (33.2)	14.2
	8/30(当日)	861.222	26.0～31.3 (28.5)	12.6
	平均値		28.9	12.1
平均値（全日）			28.7	6.3

*1 8月27日と8月30日は当日DR要請信号を受信した。
*2 30分間隔で設定された値の1時間換算値を示す。
*3 30分間隔の評価結果の1時間換算値を示す。
  値は最小値と最大値を示し，（ ）で3時間平均値を示す。
*4 対象建物は高圧受電である。

50円/kWhでは平均12.1%となった。インセンティブ単価が高い程ピークカット率が高くなるよう，今後更なるロジックや選定機器の改良が期待される。**図11.2-6**に代表日8/30インセンティブの効果を示す。代表日8/30の効果として，ピークカット率26.0～31.3%，光熱費削減率12.6%が達成された。これらの結果から，各種設備システムと次世代BEMSの有効性が確認された。

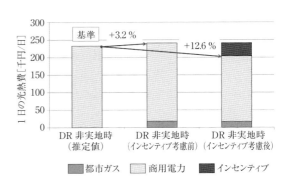

図11.2-6 DR実施によるインセンティブ効果（代表日8/30）

11.3 スマートシティを学ぶ

スマートシティでは，ICT の高度な活用によって，高効率なエネルギーインフラの構築，高齢者見守り等の生活支援サービスの充実化，非常時対応能力の向上などが期待されている。現在，スマートシティの実証事業が世界各地で進められているが（11.1，11.2 節を参照），スマートシティにおける個々の建築設備システムをどのように構築し，運用するのかといった具体的な研究開発は始まったばかりである。

本節では，エネルギー需要の観点に基づいたスマートシティの背景や役割を踏まえつつ，そこで求められる建築設備システムの機能や技術について概説するとともに，それらの課題や今後の方向性などについて考察することとしたい。

11.3.1 スマートシティの背景と役割

最近のエネルギー・ベストミックス（3E+S：Energy Security（安定供給），Economic Efficiency（経済効率性），Environment（環境適合性），Safety（安全性））に関する議論によれば，再生可能エネルギーは大幅な普及が進められるべきエネルギー源と位置付けられ，わが国では 2030 年度で一次エネルギー供給 13～14 %，電源構成比率 22～24 % を占めることの目標が示されている（図 11.3-1，図 11.3-2）[1]。

また，2015 年 6 月にドイツ・エルマウで開催された主要国首脳会議では，温室効果ガス削減に関して，2050 年までに 2010 年比で 40～70 % の幅の上方に削減するという目標を気候変動枠組条約の全締約国と共有することが支持されており，引き続き，再生可能エネルギーの重要性が増していくものと考えられる。

例えば，2013 年度において，日本の年間発電量約 970 TWh のうち，業務＋家庭部門の電力需要は約 640 TWh であり[1]，一方，住宅を含む建築物への太陽光発電の導入ポテンシャルは，およ

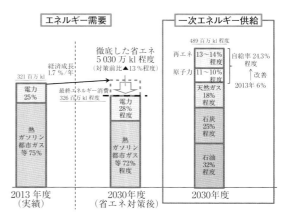

図 11.3-1　2030 年の一次エネルギー供給構造（参考文献 1）から引用）

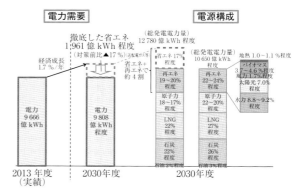

図 11.3-2　2030 年の電力需給構造（参考文献 1）から引用）

そ 85～140 TWh と推定されている[2]。よって，平均的には，建築物に導入した太陽光発電で，その建築物の電力消費量の 13～22 % を賄うことができることになる。再生可能エネルギーの大幅な導入が進む際には，実際の利用率をどこまで高く維持できるかが重要なポイントになろう。

こういった背景のもと，建築物の性能向上やエネルギーマネジメントによる省エネ化に加え，工場・下水排熱や河川水・海水熱の未利用エネルギーの活用，太陽光や太陽熱の再生可能エネルギー利用などを通して，エリア内の建築物のネットのエネルギー消費を快適性等とのバランスのもとで極力削減し，同時に最大限のエネルギー効率を得ることが，エネルギー需要側から要請されるスマートシティの役割である。

11.3.2 スマートシティの規模

スマートシティにおける個々の建築設備システムの設計や運用の考え方は，その規模（エリア範囲）によって影響を受けると考えられる。すなわち，スマートシティには，エネルギーを「つくり」，「ためて」，「つかう」という一連のプロセスにおける統合的なコントロールが不可欠であるが，それを担うセンター（コントロールセンター，またはコントロールセンターとエネルギーセンターを併せたもの）と各建築物との関係性から，①センターが特定エリア内の大半の建物と契約し，そのエリアの統合制御を提供する場合（図11.3-3(a)），②センターが不特定多数の建物と契約し，バーチャルな広域エリアとしての統合制御を提供する場合（図11.3-3(b)），の2種類に大別できる。

前者①は，現在のスマートシティの実証事業に多く見られるケースである[3]。例えば，既存の地域熱供給事業において，コージェネレーションの排熱や太陽熱パネルからの熱をエリア内で相互融通するとともに，特定電気事業者としてコージェネレーションの発電や太陽光発電による電力を電力自営線によって供給・融通するなど，電力系統に負荷をかけないように蓄熱・蓄電を組み合わせながら安定制御を行い，エリア内のエネルギー効率を向上させるものである（例えば，図11.3-4）。図中のSENEMS（Smart Energy Network・Energy Management System）は，後述のCEMSに相当するもので，ICTを活用し，建物側の需要データ，プラント側の供給データ等を瞬時に分析処理し，エネルギー需給を最適にコントロールして街区全体のエネルギーを最適にマネジメントするシステムである。図には将来計画のエリアが示されており，近接するエリア間の連携も意図されているが，基本的なエリア単位は前者①（図11.3-3(a)）である。熱電融通を実現するには，再開発地区等において新たに冷温水配管を敷設するか，あるいは既設の地域熱供給システム上に構築することになるが，当然のことながら，熱輸送の関係でエリアは限定的にならざるを得ない。よって，前者①は比較的小規模なエリアを対象とするようなスポット的なスマートシティになろう。しかし，エネルギーセンターをエリア内に抱え込むことにより，エリア内の融通ポテンシャルを最大限に引き出す高効率なエネルギーのネットワークを構築・運用できる可能性がある。

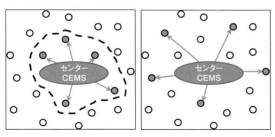

図11.3-3 スマートシティのエリア範囲
（左：(a)，右：(b)，○：建築物）

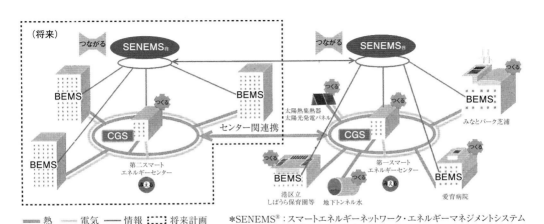

図11.3-4 スマートエネルギーネットワークの事例（提供：東京ガス）

一方，後者②の場合は，言うまでもなく電力融通に限られ，エネルギーセンターを持たないコントロールセンターになる。昨今の電力全面自由化に伴う電力システム改革の議論[4]の先を想像すれば，この後者②がスマートシティの考え方のベースになるものと思われるが，現段階では，電力5社が再生可能エネルギー固定価格買取制度（FIT）に基づく発電電力の新規受け入れを停止した問題にみられるように，電力系統の安定化のための送配電網の増強や電力調整などの設備対策が供給サイドで十分に整っていない。したがって，バーチャルな広域エリア内の積極的な電力融通を行う統合制御よりも，当面は，太陽光発電の電力を蓄電池などのバッファーを介して自家消費するような個々の建築設備システムの運用を最適化する個別制御に重点が置かれる可能性がある。しかし，このタイプのスマートシティが広く普及し，前者のスポット的なスマートシティとの組み合わせによって，それらの相乗効果を発揮するようなエネルギーネットワークはこれから目指すべき一つの姿でもある。

11.3.3　スマートシティにおける建築設備システムの技術と既往研究

スマートシティの建築設備システムに求められる主要な技術は最適制御であろう。ここでの最適制御とは，例えば，空調システムにおけるエネルギー消費量やピーク電力の最小化といった目的に対して，固定的に与えられる制御上の設定値を日々変化する外界気象や負荷に応じて最適設定値に変更することをいう。

わが国においては，中原[5]の先駆的な一連の研究をきっかけに，これまで多くの理論的・実践的研究が蓄積されている。例えば，長井ら[6]は，DP（Dynamic Programing）による躯体の熱容量を利用した空調運転の最適化を検討している。赤司ら[7]は，逐次パラメータ変化法による複合熱源蓄熱システムの制御設定値の最適化を，井口ら[8]は，シンプレックス探索法による空調システム全体の制御設定値の最適化を検討し，その最適効果を定量的に明らかにしている。また，住吉ら[9]は，負荷予測誤差に伴う最適化のリスクを安定的に回避する手法の提案を行っている。

これらの研究の多くは蓄熱システムの効率的な運用に深くかかわっているが，エネルギーを「つくり」，「ためて」，「つかう」というシステムの特性や，深夜電力・ピーク調整契約等の料金体系にみられるデマンドレスポンスの観点を踏まえれば，スマートシティにおける建築設備システムの最適制御に関する技術開発も，これらの従来研究の延長上に位置付けられる。

ただし，スマートシティでは，電力と熱，蓄電と蓄熱，空調と照明・給湯に加え，建物間融通といったように検討領域の拡大が避けられず，最適制御の大規模化が伴う。例えば，前原ら[10]は，PSO（Particle Swarm Optimization）手法を用いた地域冷暖房プラントの大規模最適化について，池田ら[11]は，大規模最適化への各種メタヒューリスティックス手法の適用可能性について，詳細な検討を進めている。近年，蓄熱システムの新規性が薄れ，最適制御に関する研究もやや下火になっていたが，スマートシティに向けた大規模最適化という新たな課題を得て，従来とは異なる視点からの研究開発が活発になりつつある。

一方，住宅の設備システムについては，比較的単純で家電化しており，業務用建築物のような最適制御の複雑さはあまり要求されない。加藤ら[12]は，居住者自身が電力使用量やピーク電力の上限値を設定して節電率を保証するオンデマンド型電力制御システムを提案している。このシステムはソフト的なアンペアブレーカーととらえられるが，上限値を超えそうになるとエアコンやテレビの出力が自動的に抑えられる。居住者が不便とは感じないほどのレベルで，より低価格の料金メニューを提示できるかが要目となろう。

11.3.4　スマートシティの課題

スマートシティにおける統合制御の主たる対象

は個々の建築設備システムであり、それを担うシステムは CEMS (Community Energy Management System) と呼ばれている。しかし、その統合制御がどの程度できるのかについては十分な見通しは得られていない。従来のスマートシティの議論がやや概念的に感じるのは、先進的なハードウェアが導入されているにもかかわらず、CEMS を誰がどのように使うのかの具体的な議論が不足しているためだと思われる。

CEMS については、BEMS (Building Energy Management System) とのアナロジーで考えると理解しやすい。現在の一般的な BEMS は、建築設備システムの膨大な項目の計測値を分オーダーで蓄積し、そこから必要なデータを抽出・演算処理して、トレンドグラフや相関図、分布図などをモニター上に表示 (見える化) することにより、システムの運用状態を確認できるようにしたものと理解されている。しかし、これはむしろ付随的な機能であって、本来は、前節で述べた最適制御といった直接的な省エネに寄与するエネルギー管理技術に活用されるべきものである。残念ながら、これらのエネルギー管理技術に関する長年の研究蓄積があるにもかかわらず、BEMS への実装はあまり進んでいない。

これらのエネルギー管理技術には、建築設備システムのシミュレーションや計測値が欠かせないが、建築と同様の一品生産性がプログラミングやデータ収集の迅速化を阻んでいる。また、BEMS のデータフォーマットの標準化が容易でなく、それを使いこなす人材も圧倒的に不足している。本来のエネルギー管理には、建築設備システムや ICT に関する高度な知識や豊富な経験が必要とされるが、ビル経営における人件費削減の中で、そういった人材を確保することが難しくなっており、折角の BEMS が日報・月報の印刷機になっているケースもある。

このように、建築単体の BEMS でも大きな課題を抱えている中で、CEMS が機能的に成立するには相当の時間が必要ではないかとの懸念はぬぐえないが、CEMS によってエネルギー管理技術の集中的な開発と標準化が進み、人的資源不足が解消することになれば、その意義はきわめて大きい。

コラム ZEB と交互作用

交互作用とは統計学の用語であり、ある因子の効果が他の因子の水準によって変化することをいう。平易にいえば、二つ以上の存在が互いに影響を及ぼしあう現象である。他に主効果という用語もあり、それはある因子だけの単独の効果をさす。主効果だけの事象はわかりやすいが現実の世の中は交互作用の飛び交う現象が多い。交互作用が有意となると主効果は意味を持たなくなる (限定される)。建築計画、設備計画行為は交互作用の複雑な集合体である。

一例をあげると、断熱材の採用は年間エネルギー消費量を削減する。それは主効果である。その建物に自然換気を採用するとどうなるか。中間期など外気温が室温より低くても室内は冷房を要求することがあり、断熱材の採用は放熱を難しくさせ冷房負荷を増加させている。断熱材が熱的に邪魔している。こういう時自然換気の採用はとても効果的である。自然換気を採用すると断熱材の効果を増加させることになる。断熱の強化と自然換気の採用の間には交互作用があるのだ。さらに、設定室温緩和とか放射暖冷房の採用など、その都度断熱材の効果は変化していくことになる。

このように複数の省エネ設計因子間において交互作用が有意となる。ZEB の設計を考えてみると、採用する省エネ設計因子は非常に多くなりそれらの間に多くの交互作用が発生する。だから基準ビルから順に省エネ要因を増やしながら検討するという従来の方法は大きなミスを犯すことになる。ある省エネ因子はまったく効果がないとか実は逆効果であったということも起こりうる。

◎参考文献

1.2

1) 水出喜太郎，後藤悠他：有孔天井を用いた対流・放射冷暖房に関する実験研究その1～3，空気調和・衛生工学会学術講演会講演論文集，pp.1899-1910，2012.9
2) 伊藤浩士，長谷川巌他：井水を利用した放射冷暖房システムのエクセルギー評価に関する研究，空気調和・衛生工学会学術講演論文集，pp.433-436，2013.9
3) 水出喜太郎，本郷太郎，一ノ瀬雅之 他：微気流を併用した放射空調を行うオフィスの温熱環境に関する実験研究（その1～5），日本建築学会学術講演梗概集，pp.1375-1384，2014.9
4) ASHRAE Journal，Using Building Mass to Heat and Cool，2012.2
5) インターセントラルホームページ http://www.i-central.co.jp/
6) ササクラ http://www.sasakura.co.jp/
7) 宿谷昌則 他：放射冷房と通風の組み合わせを行っている駅構内の熱環境実測，日本建築学会学術講演梗概集，pp.557-558，2010.9
8) 2013 ASHRAE Handbook Fundamentals，ch9，17
9) 水出喜太郎，杉原浩二，中山哲士：都市型環境建築Yビルにおける環境性能検証（その1～3），日本建築学会学術講演梗概集選抜梗概，pp.1001-1012，2015.9

1.3

1) Solar Energy Laboratory，TRANSSOLAR，CSTB，TESS："TRNSYS17 Volume5 Multizone Building modeling with Type56 and TRNBuild"，2012
2) 郡公子，石野久彌，古川貴宏：アトリウム各面からの輻射熱の影響評価に関する実測研究，日本建築学会計画系論文集，No.535，pp.9-14，2000.9
3) P.O. Fanger："Thermal comfort"，McGraw-Hill Inc，1973
4) 長井達夫他：外皮・躯体と設備・機器の総合エネルギーシミュレーションツール「BEST」の開発（その162）空調システム関連の整備状況と放射パネルモジュール，空気調和・衛生工学会大会学術講演論文集，第5巻，pp.37-40，2015.9

2.1

1) http://www2.panasonic.biz/es/works/detail/region/riid/327810000
2) 益田 他：光と人間，pp.96-164，朝倉書店，1999
3) http://techon.nikkeibp.co.jp/article/COLUMN/20141209/393263/?ST=device&P=1
4) 照明学会編：照明ハンドブック第二版，p.3，オーム社
5) 小山 他：節電環境ワーキングの活動，照明学会誌，pp.296-302，No.7，2014
6) http://www.himawari-net.co.jp/habout/2_4.html#syukoki
7) http://www.newscenter.philips.com/jp_ja/standard/about/news/lighting/2015/20150423_philips_luminous_textile.wpd#.VXvpe3eChIc
8) 管裕之：第26回電気設備学会賞 技術部門，電気設備学会誌，pp.506-508，Vol.7，2015

2.2

1) 日本建築学会編：建築設計資料集成Ⅰ環境，p.56，丸善
2) 日本建築学会編：建築設計資料集成Ⅰ環境，p.64，丸善
3) http://www2.panasonic.biz/es/catalog/lighting/products/detail/shouhin.php?at=keyword&ct=zentai&id=00054133&hinban=XF612SC
4) 照明学会編：オフィス照明設計技術指針，JIEG-008，2001
5) http://humancentriclighting.com/wp-content/uploads/2012/07/Stan-Article-SSL1.pdf
6) http://www.lighting.philips.com/main/systems/packaged-offerings/office-and-industry/schoolwsiu.html
7) 日本建築学会編：昼光照明デザインガイド－自然光を楽しむ建築のために，技報堂出版，2007
8) 照明学会編：照明ハンドブック第二版，オーム社
9) 照明基準総則（JIS Z 9110:2010 など）

2.3

1) ISO8995:2002（E）/CIE S008/E-2001 Lighting of indoor work places
2) CIE171:2006 Test cases to assess the accuracy of lighting computer programs
3) 吉澤望：照明計算プログラムの計算精度について，照明学会誌，第98巻，第3号，ppp.140-143，2014.3
4) 建築研究所：建築光環境評価のための輝度・色度分布計測ツール（L-CEPT）の公表について http://www.kenken.go.jp/japanese/information/information/press/2014/2_3.pdf

3.1

1) 日本建築学会環境工学委員会建築設備運営委員会ヒューマンファクターに配慮した環境構築小委員会：シンポジウム「ヒューマンファクターによる環境・設備デザイン」，シンポジウム資料，2015.2.23
2) 石川敦雄：竹中技術研究報告，特集「人にやさしい空間」の研究，No.66，pp.1-8，竹中工務店，2010
3) 竹中工務店：「環境コンセプトブック 2050年を目指して」2014年版
4) 特定非営利活動法人ウェアラブル環境情報ネット推進機構：快適・省エネヒューマンファクターに基づく個別適合型冷暖房システムの研究開発，NEDO成果報告書，2013.5.31
5) 井上大嗣 他：クールウォームソファを用いたタスクアンビエント空調に関する研究（その1～2），日本建築学会学術講演梗概集，pp.1275-1278，2015
6) 中嶋俊介，宮崎亜由美：第29回空気調和・衛生工学会振興賞技術振興賞受賞業績 近畿支部「大阪ガス北部事業所改修工事－入居者の特性を考慮した設備システム－」，空気調和衛生工学，Vol.89，No.7，pp.106-107，2015.7

3.2

1) 松波晴人：ビジネスマンのための「行動観察」入門，講談社現代新書，2011
2) 松波晴人：「行動観察」の基本，ダイヤモンド社，2013
3) Satoru Kuno：A New Concept of Air-Conditioning Systems Based on the Theory of Thermal Comfort in Transitional Conditions，Proceeding of International Sym-

4) 経済産業省資源エネルギー庁・新エネルギー・産業技術総合開発機構：省エネルギー技術戦略2011，2011.3
5) 野部達夫：次世代空調特論 第1回 ヒューマンファクターの可能性，東京ガス広報誌 Live Energy, No.102, pp.12-15, 2013.6
6) UK cabinet office, "Behavior change and energy use", 6 July 2011
7) David Frankel：Sizing the potential of behavioral energy-efficiency initiatives in the US residential market, 2013
8) 中上英俊：省エネルギー行動研究への期待，第1回省エネルギー行動研究会シンポジウム資料，2014.2.14

3.3

1) 柳井崇，永田明寛：内部負荷の偏在化を考慮した空調設備の性能評価と設計手法に関する研究（第1報）内部発熱の偏在化推定と室内熱環境・エネルギー消費への影響の検討，空気調和・衛生工学会論文集，221, pp.1-10, 2015
2) 三浦豊彦：最適温度環境に関する研究，人間工学，6(5), pp.219-225, 1970
3) 石川知福：環境衛生学（第2版）1, pp.36-40, 吐鳳堂, 1942
4) 小川徳雄：快適環境と至適環境，日生気誌，29(2), pp.97-100, 1992
5) 久野覚：温熱環境の快適性とプレザントネス，建築雑誌，110(1373), pp.22-23, 1995
6) ISO 7730:2005, Ergonomics of the thermal environment - Analytical determination and interpretation of thermal comfort using calculation of the PMV and PPD indices and local thermal comfort criteria, 2005.
7) ASHRAE Standard 55-2013：Thermal environmental conditions for human occupancy, 2013
8) van Hoof, J., Mazej, M., Hensen, J.L.M.:Thermal comfort:research and practice, Frontiers in Bioscience 15, pp.765-788, January 1, 2010
9) 佐々尚美，久保博子，磯田憲生，梁瀬度子：冬期における好まれる気温に関する研究，日本建築学会計画系論文集，541, pp.17〜22, 2001
10) Wu, J. et al.：Beige Adipocytes are a distinct type of thermogenetic fat cell in mouse and human, Cell, 150(2), pp.366-376, 2012
11) Takada, S., Kobayashi, H., Matsushita, T.：Thermal model of human body fitted with individual characteristics of body temperature regulation, Building and Environment, 44, pp.463-470, 2009
12) Ganpule, A.A. et al.：Interindividual variability in sleeping metabolic rate in Japanese subjects. Eur. J. Clin. Nutr. 61(11), pp.1256-1261, 2007
13) Miyake, R. et al.：Validity of predictive equations for basal metabolic rate in Japanese adults, J. Nutr. Sci. Vitaminol., 57(3), pp.224-232, 2011
14) 厚生労働省：「日本人の食事摂取基準（2015年版）策定検討会」報告書，2014.
15) 藏澄美仁，堀越哲美，土川忠浩，松原斎樹：日本人の体表面積に関する研究，日生気誌，31, pp.5-29, 1994
16) 厚生労働省：平成24年度国民健康・栄養調査報告，2014
17) 藏澄美仁，中村亮，松原斎樹：作用温度28℃における日本人青年の安静時代謝量に及ぼす姿勢の影響，日生気誌，37, pp.27-37, 2000
18) Van Zant, R.S.：Influence of diet and exercise on energy expenditure--a review. Int. J. Sport Nutr., 2, pp.1-19, 1992
19) Sato,M. et al.：Acute effect of late evening meal on diurnal variation of blood glucose and energy metabolism, Obesity Research & Clin. Practice, 5, pp.e220-e228, 2011
20) Ainsworth, B.E. et al.：Compendium of physical activities:an update of activity codes and MET intensities, Med. Sci. Sports Exerc. 32(9 Suppl.):S498-504, 2000

4.2

1) Natural Ventilation in non-domestic buildings, CIBSE Applicatin Manual AM10：CIBSE, March 2005
2) 建築環境・省エネルギー機構：ハイブリット換気の原理，アネックス35研究委員会
3) 日本建築学会：実務者のための自然換気設計ハンドブック
4) 井上宇市：自然換気と機械換気の総合性能，日本建築学会論文報告集，(66)2, pp.113-116, 1960.10.1
5) Mixed Mode Ventilation, AM13:CIBSE, 2000.10
6) 例題演習テキスト，TRY-BEST2015，建築環境・省エネルギー機構

4.3

1) 近本智行：ハイブリッド換気の設計，空気調和・衛生工学，Vol.76, No.7, pp.31-38, 2002
2) LIM EUNSU，山中俊夫，相良和伸，甲谷寿史，桃井良尚：風力換気併用ハイブリッド空調を導入したオフィス室内における温度・汚染物質濃度分布及び省エネルギー性，日本建築学会環境系論文集，No.648, pp.171-178, 2010
3) LIM EUNSU 氏（東洋大学）提供
4) 山中俊夫：外気利用にる省エネルギーへの期待（特集 省エネルギーのための外気利用），空気調和・衛生工学，Vol.87, No.8, pp.659-667, 2013
5) LIM EUNSU，相良和伸，山中俊夫，甲谷寿史，杭瀬真知子，山際将司，堀川晋：自然換気併用空調を有するオフィス室内における温熱・空気環境形成メカニズム，空気調和・衛生工学会論文集，No.141, pp.19-27, 2008
6) 加藤信介，梁禎訓：複数の吹出・吸込がある室内におけるCFDによる着目吹出口の空気齢および吸込口の空気余命の分布性状解析，空気調和・衛生工学会論文集，No.98, pp.11-17, 2005
7) 小林光，加藤信介，村上周三：不完全混合室内における換気効率・温熱環境形成効率評価指標に関する研究（第1報），空気調和・衛生工学会学会論文集，No.68, pp.29-35, 1998
8) 加藤信介，小林光，村上周三：不完全混合室内における換気効率・温熱環境形成効率評価指標に関する研究（第2報），空気調和・衛生工学会論文集，No.69, pp.39-47, 1998
9) LIM EUNSU：室内温度・気流分布予測に基づく風力換気併用ハイブリッド空調システムの換気設計法に関する

参考文献

研究，大阪大学学位論文，2010

5.1

1) 篠原正明：デシカントブロックを利用した調湿空調機の実用化研究，日本冷凍空調学会，2011.9

5.2

1) 稲葉英男：吸湿能力2倍以上の新素材「高分子収着剤の展開」，建築設備と配管工事，2006.1
2) 鈴木・吉田 他：常温再生型デシカント空調システムの性能評価（第1～3報），空気調和・衛生工学会大会，2012
3) 髙橋幹雄他：特集 調湿，空気調和・衛生工学，第82巻，No.8，2008
4) ヒートポンプ・蓄熱センター：改訂版デシカント空調システム，日本工業出版
5) 山本順也 他：再生可能エネルギー熱を活用した調湿空調システムに関する研究（その1）バッチ処理式システムとしての小型調湿空調機の多目的最適化，空気調和・衛生工学会大会，2014

5.3

1) 義江龍一郎，山口福太郎，星野一人，桃井良尚，佐竹晃，吉野博：ロータ式デシカント空調機の除湿性能予測を目的とした数値シミュレーション手法の開発，日本建築学会環境系論文集，第78巻，第686号，pp.341-349，2013.4
2) ヒートポンプ・蓄熱センター低温排熱利用機器調査研究会：デシカント空調システム－究極の調湿システムを目指して－（初歩と実用シリーズ），日本工業出版，2006
3) 義江龍一郎，佐竹晃，吉野博，持田灯，三田村輝章：吸着式デシカント空調システムの数値シミュレーション（その1）デシカントエレメント内の熱水分移動の数値計算，日本建築学会大会学術講演梗概集，D-2，pp.1409-1410，2006.9
4) 義江龍一郎，桃井良尚，佐竹晃，吉野博，持田灯，三田村輝章：吸着式デシカント空調システムの数値シミュレーション（その2）デシカントローターの回転を考慮した熱・水蒸気移動の数値計算，空気調和・衛生工学会大会学術講演論文集，pp.351-354，2006.9
5) 辻口拓也，児玉昭雄：デシカント空調機性能に与える吸着剤ローター特性の影響，日本機械学会2006年度年次大会講演論文集(3)，pp.123-124，2006.9
6) 辻口拓也，児玉昭雄：吸着式デシカントローターにおける物質移動の解析，SCEJ 39th Autumn Meeting，D304，2007
7) 辻口拓也，児玉昭雄：吸着材デシカントローターの水蒸気吸脱着挙動 第3報 吸着等温線形状と粒子内拡散係数の影響，日本冷凍空調学会論文集，Vol.24，No.3，pp.205-216，2007.9
8) 濱本芳徳，森英夫，神戸正純ら：水蒸気吸着剤の総括熱物質移動係数 第1報 吸着剤粒子充填層における移動係数，日本冷凍空調学会論文集，24(4)，pp.459-472，2007.12
9) 濱本芳徳，森英夫，神戸正純ら：水蒸気吸着剤の総括熱物質移動係数 第2報 吸着ロータ層における移動係数，日本冷凍空調学会論文集，83(968)，pp.410-411，2008.6
10) 金子克美他：吸着技術の産業応用ハンドブック，リアライズ理工センター，2009.6
11) 中林沙耶，長野克則ら：稚内層珪質頁岩を用いたデシカント空調の開発 第2報 ローターの開発と性能評価および数値解析，日本冷凍空調学会論文集，26(4)，pp.551-558，2009.12
12) 岡本久美子，児玉昭雄ら：S字型吸着等温線を示すデシカントロータの速度論的解析 第1報 FAM-Z01ハニカム小片を用いた湿度スイング操作，日本冷凍空調学会論文集，26(4)，pp.469-479，2009.12
13) T.S.Ge, F.Ziegler, R.Z.Wang:A mathematical model for predicting the performance of a compound desiccant wheel (A model of compound desiccant wheel), Applied Thermal Engineering, 30, pp.1005-1015, 2010.1
14) S.D.Autonellis, C.M.Joppolo, L.Molinaroli:Simulation, performance analysis and optimization of desiccant wheels, Energy and Buildings, 42, pp.1386-1393, 2010.3
15) C.R.Ruivo, J.J.Costa, A.R.Figueiredo:Influence of the atmospheric pressure on the mass transfer rate of desiccant wheels, International journal of Refrigeration, 34, pp.707-718, 2010.12
16) Nelson Fumo, Pedro J. Mago, Eric Kozubal:Selection of Desiccant Equipment at Altitude, ASHRAE Transactions 2012, Vol.118, Part2, pp.531-555, 2012.6
17) ヒートポンプ・蓄熱センター低温排熱利用機器調査研究会：改訂版デシカント空調システム－低温排熱利用による省エネ空調と快適空間の創造－，日本工業出版，2013.7

6.1

1) さくらインターネットホームページ，2015　http://ishikari.sakura.ad.jp
2) 豊原範之，さくらインターネット石狩データセンターの外気冷房，「ヒートポンプとその応用 2013.10，No.86」

6.2

1) ASHRAE 2012：Datacom Equipment Power Trends and Cooling Applications, Second Edition
2) ASHRAE 2011：Thermal Guidelines for Data Processing Environments, Third Edition
3) 電子情報技術産業協会：電子情報技術産業協会規格，JEITA IT-1004 産業用情報処理・制御機器設置環境基準，2007.3
4) Data Center Site Infrastructure Tier Standard：Topology, Uptime Institute, 2012
5) 日本データセンター協会：データセンターファシリティスタンダード，2012
6) Yuji Kohata, Yosuke Udagawa, Keisuke Sekiguchi, Masahide Yanagi, Kiyoshi Saito, Keisuke Ohno, Yasuhiro Naito, Tsuneo Uekusa：Characteristics of Air-cooled Package Air Conditioners with Refrigeration pump for Data Centers. ASHRAE Transactions 2015, Vol.21, pp.429-439, 2015

6.3

1) 羽山広文，降旗由紀，森太郎，絵内正道，木下学：データセンタの機器冷却特性と空調効率に関する研究，日本

建築学会環境系論文集，No.640，pp.721-728，2009
2) 羽山広文：データセンタにおける空調システム，空気清浄，(2)，No.49，pp.45-52，2011
3) Sharma, R, Bash, C.E, Patel, C.D：Dimensionless Parameters for Evaluation of Thermal Design and Performance of Large Scale Data Centers，AIAA-2002-3091，2002
4) 羽山広文，六島一夫，高草木明，松島修：空調機停止後の室温変化を考慮した空調設備の信頼性評価に関する研究，日本建築学会計画系論文集，No.507，pp.71-78，1998
5) 渡邉均，林正博，羽山広文：コージェネレーションシステムを用いた空調システムの信頼性評価法に関する研究 その１信頼性評価手法と基本特性，日本建築学会計画系論文集，No.564，pp.63-70，2003
6) 羽山広文，阿南陽介，渡辺均，林正博，絵内正道，森太郎：コージェネレーションシステムを用いた空調システムの信頼性評価法に関する研究 その２信頼性の要因分析とシステム構成の提案，日本建築学会環境系論文集，No.584，pp.53-59，2004

7.2

1) 太陽光発電協会：公共・産業用太陽光発電システム手引書
2) 新エネルギー・産業技術総合開発機構（NEDO）：太陽光発電フィールドテスト事業に関するガイドライン（設計施工・システム編）太陽光発電の効率的な導入のために
3) 新エネルギー・産業技術総合開発機構（NEDO）：日射量データベース
4) 新エネルギー・産業技術総合開発機構（NEDO）：大規模太陽光発電システム導入の手引書・検討支援ツール
5) ソーラーシステム振興協会：業務用太陽熱利用システムの設計・施工ガイドライン
6) 国土交通省大臣官房官庁営繕部設備・環境課：官庁施設の熱源設備における木質バイオマス燃料導入ガイドライン（案）
7) 国立研究開発法人新エネルギー・産業技術総合開発機（NEDO）：バイオマスエネルギー導入ガイドブック
8) 森のエネルギー研究所：木質バイオマスボイラー導入指針』
9) 森林環境リアライズ他：木質バイオマスボイラー導入・運用にかかわる実務テキスト
10) 日本太陽エネルギー学会：新太陽エネルギー利用ハンドブック

7.3

1) 日本建築学会編：拡張アメダス気象データ 1981-2000，鹿児島 TLO，2005
2) R.R.Perez, P.Ineichen, E.L.Maxwell, R.D.Seals, and A. Zelenka.：Dynamic global-to-direct irradiance conversion models. ASHRAE Transaction-Research Series，pp.354-369，1992
3) R.Perez, P.Ineichen, R.Seals, J.Michalsky, and R.Stewart. ：Modeling daylight availability and irradiance components from direct and global irradiance. Solar Energy，Vol.44，No.5，pp.271-289，1990
4) NEDO：日射量データベース閲覧システム　http://app7.infoc.nedo.go.jp/

5) 日本太陽エネルギー学会：新太陽エネルギー利用ハンドブック，pp.23-24，2001.10
6) NEDO：太陽光発電フィールドテスト事業に関するガイドライン，太陽光発電の効率的な導入のために，2010.3

8.2

1) 環境省：地中熱利用にあたってのガイドライン
   環境省：地中熱利用システム
2) 内藤春雄：地中熱利用ヒートポンプの基本がわかる本，オーム社
3) 北海道大学地中熱利用システム工学講座，地中熱ヒートポンプシステム，オーム社
4) 地中熱利用促進協会ホームページ
5) ゼネラルヒートポンプホームページ　研究＆発表
6) 日本エネルギー学会：天然ガスコージェネレーション計画・設計マニュアル 2008，日本工業出版
7) 空気調和・衛生工学会：都市ガスによるコージェネレーションシステム計画・設計と評価
8) 日本医療福祉学会／日本コージェネレーションセンター：医療福祉施設のためのコージェネレーション，日本医療福祉学会

8.3

1) H.S.Carslaw & J.C.Jaeger：Conduction of Heat in Solids, Oxford Science Publications，New York，1986
2) 長野克則：IEA ECES（蓄熱実施協定）ANNEX21（TRT）準拠 ボアホール型地中熱交換器に対する加熱法による熱応答試験の標準試験方法 Ver.2.0，地下水利用とヒートポンプシステム研究，東京，ヒートポンプ・蓄熱センター，2011
3) 長野克則，葛隆生：土壌熱源ヒートポンプシステム設計・性能予測ツールに関する研究 第１報　単独垂直型地中熱交換器の設計・性能予測ツールの開発，空気調和・衛生工学会論文，101，pp.11-20，2005

9.2

1) 空気調和・衛生工学会：ZEB の定義と評価方法

9.3

1) 丹羽英治：エネルギー自立型建築，工作舎，2013
2) 東京都都市整備局：東京の土地利用（平成 23 年東京都区部），2013
3) 国総研，建築研究所監修：平成 25 年省エネルギー基準に準拠した算定・判断の方法及び解説 II 住宅，2013
4) 国総研，建築研究所監修：平成 25 年省エネルギー基準に準拠した算定・判断の方法及び解説 I 非住宅建築物（第二版），2014
5) 小林亮太，長井達夫：平均的 ZEH 実現に向けた省エネ計画手法に関する研究，空気調和・衛生工学会大会学術講演論文集，第 10 巻，pp.73-76，2015.9
6) 酒井寛二，福島正之，遠藤清尊：省エネルギー建築の計画手法に関する研究，空気調和・衛生工学会論文集，No.11，pp.107-115，1979.10
7) 相賀洋，酒井寛二，武井克丞，武元和治，金田久隆：省エネルギー建築計画における総合評価の一手法に関する研究，日本建築学会計画系論文集，No.540，pp.37-44，2001.2

10.1

1） 業務継続計画（BCP）／防災／国土交通省／関東地方整備局　http://ktr.mlit.go.jp/bousai
2） 日建設計：日建ソリューション BCP　http://www.nikken.co.jp/ja/solution/ndvukb0000005det.html
3） 日建設計：BCP パンフレット

10.2

1） 内閣府：事業継続ガイドライン第三版，2013.8
2） 国土交通省：業務継続のための官庁施設の機能確保に関する指針，2010.3
3） 東京都：帰宅困難者対策ハンドブック，2014.11
4） 日本医療福祉設備協会：病院設備設計ガイドライン（BCP編），2012
5） 近代建築：日建設計「安全と安心」，2011.9
6） 建築設備士：災害時に役立つ安全・安心技術特集，2012.11
7） 建築設備士：清水建設本社，2013.1
8） 関根雅文：BCP・BCMを踏まえた建築設備計画，日本建築学会学術講演梗概集，2008年 D-2，環境工学Ⅱ，p.1085-1088

10.3

1） 日本建築学会東日本大震災調査復興支援本部「研究・提言部会」：建築の原点に立ち返る－暮らしの場の再生と革新－東日本大震災に鑑みて（第二次提言），2013.5
2） 空気調和・衛生工学会 省エネルギー委員会，建築・設備の省エネルギー技術指針（非住宅編）追補，1.1，2013
3） 新宿西富久地区第一種市街地再開発事業の関係資料による．
4） 増田幸宏：重要業務継続を目的とした建物管理システムの開発，建物のレジリエンスを高める手法に関する基礎的研究，日本建築学会環境系論文集，No.700，pp.535-544，2014
5） Michel Bruneau, et al.：A Framework to Quantitatively Assess and Enhance the Seismic Resilience of Communities, Earthquake Spectra, Volume 19, No. 4, pp.733-752, 2003.11
6） MCEER'S RESILIENCE FRAMEWORK　http://mceer.buffalo.edu/research/resilience/Resilience_10-24-06.pdf （参照 2013-6-28）

11.1

1） 経済産業省 次世代エネルギー・社会システム協議会　http://www.meti.go.jp/committee/summary/0004633/
2） JAPAN SMART CITY PORTAL ホームページ　http://jscp.nepc.or.jp/index.shtml

11.2

1） 柏木孝夫 監修：スマートコミュニティ（新たなビジネスモデルを世界へ），時評社，2013
2） 山藤泰：よくわかる最新スマートグリッドの基本と仕組み，秀和システム，2014
3） 本橋恵一：スマートグリッドがわかる，日本経済新聞出版社，2011
4） 加藤敏春：スマートグリッド革命，NTT出版，2010
5） 空気調和衛生工学，第87巻，第12号，2.1 YSCP全体概要とCEMSの役割／2.2 デマンドレスポンス実証実験事例紹介，pp.1019-1031，2013
6） 小林信郷 他：蓄熱・蓄電を考慮したスマート化実証その1 実証概要，日本建築学会大会学術講演梗概集（北海道），pp.775-776，2013.8
7） 小林信郷 他：蓄熱・蓄電を考慮したスマート化実証その7 2013年度のデマンドレスポンス実証概要，日本建築学会大会学術講演梗概集（近畿），pp.671-672，2014.9
8） 小柳秀光 他：蓄熱・蓄電を考慮したスマート化実証その8 夏期におけるPTR方式でのデマンドレスポンスに関するピークカット効果と光熱費削減効果の検証，日本建築学会大会学術講演梗概集（近畿），pp.673-674，2014.9
9） 小柳秀光 他：技術センタースマートコミュニティ計画その3 夏期PTR方式のデマンドレスポンス実施時の評価，大成建設技術センター報，第47号，2014

11.3

1） 経済産業省：長期エネルギー需給見通し，2015.7
2） 新エネルギー・産業技術総合開発機構編：NEDO再生可能エネルギー技術白書，第2版，―再生可能エネルギー普及拡大にむけて克服すべき課題と処方箋―，2014.2
3） 経済産業省：我が国のスマートコミュニティ事業の現状～実装事業の例～，次世代エネルギー・社会システム協議会（第16回）資料，2014.4
4） 経済産業省：電力システム改革専門委員会報告書，2013.2
5） 中原信生：空調設備の最適化制御に関する実践的研究，第1報～第5報，空気調和・衛生工学会論文集，No.17（pp.63-74，pp.75-91），No.18（pp.1-16，pp.17-31，pp.33-47），1981.10，1982.2
6） 長井達夫，松尾陽：躯体の熱容量を考慮した空調運転における動的最適化手法に関する研究，空気調和・衛生工学会，pp.257-260，1994.9
7） 赤司泰義，渡辺俊行，龍有二，松尾陽，高橋淳一：複合熱源蓄熱システムの運転計画における最適化効果について，日本建築学会計画系論文集，No.499，pp.27-34，1997.9
8） 井口悠哉，吉田治典，松岡一平，濱田和康：熱源と搬送システムをもつ空調システムの総合最適運転法に関する研究，空気調和・衛生工学会論文集，No.90，pp.103-112，2003.7
9） 住吉大輔，赤司泰義，和田晃史，林徹夫：負荷予測の誤差を考慮した空調システム運用の最適化手法の開発，都市・建築学研究，九州大学大学院人間環境学研究院紀要，第8号，pp.101-108，2005.7
10） 前原則保，下田吉之：熱源最適運転制御手法の研究－PSO（Particle Swarm Optimization）手法による地域冷房プラントの最適運転制御手法の研究，空気調和・衛生工学会論文集，No.209，pp.1-11，2014.8
11） 池田伸太郎，大岡龍三：メタヒューリスティクスを用いた蓄電池・蓄熱槽・熱源の統合的最適運用手法の開発，日本建築学会環境系論文集，Vol.79，No.705，pp.957-966，2014.11
12） 加藤丈和，湯浅健史，松山隆司：オンデマンド型電力制御システム，情報処理学会論文誌，Vol.54，No.3，pp.1185-1198，2013.3

◎出典一覧

1.1
図 1.1-3　清水建設 ホームページ　http://www.shimz.co.jp/
図 1.1-4　清水建設 ホームページ　http://www.shimz.co.jp/
図 1.1-10　鈴木研一写真事務所
図 1.1-18　エスエス東京
図 1.1-20　川澄・小林研二写真事務所

1.2
図 1.2-9　ASHRAE Fundamentals, ASHRAE, p.9.18, fig.15, 2013

2.1
図 2.1-1　（左）http://zukan.exblog.jp/6465495/,（右）http://www.aokijun.com/ja/works/058/
図 2.1-2　http://www2.panasonic.biz/es/works/search/region/kw_rgn/3230/
図 2.1-4　照明学会誌, 照明学会, p.298, 2014
図 2.1-7　http://www.himawari-net.co.jp/habout/2_4.html#syukoki
図 2.1-12　http://www.newscenter.philips.com/jp_ja/standard/about/news/lighting/2015/20150423_philips_luminous_textile.wpd#.VXvpe3eChIc

2.2
図 2.2-3　日本建築学会編：建築設計資料集成 I 環境, p.56, 丸善
図 2.2-4　日本建築学会編：建築設計資料集成 I 環境, p.57, 丸善
図 2.2-6　http://www2.panasonic.biz/es/catalog/lighting/products/detail/shouhin.php?at=keyword&ct=zentai&id=00054133&hinban=XF612SC
図 2.2-8　http://humancentriclighting.com/wp-content/uploads/2012/07/Stan-Article-SSL1.pdf

3.1
表 3.1.1　竹中工務店, 環境コンセプトブック 2050 年を目指して, 2014 年版
図 3.1-2　写真 フォワードストローク
図 3.1-3　写真 フォワードストローク

3.3
図 3.3-1　van Hoof, J., Mazej,M., Hensen,J.L.M.：Frontiers in Bioscience 15, Vol.76, No.7, pp.765-788, 図-15, January 1, 2010　www.bioscience.org
図 3.3-2　佐々尚美 久保博子, 磯田憲生, 梁瀬度子：冬期における好まれる気温に関する研究, 日本建築学会計画系論文集, 541, No.648, pp.17-22, 図 1, 日本建築学会, 2001　www.aij.or.jp
図 3.3-3　佐々尚美, 久保博子, 磯田憲生, 梁瀬度子：冬期における好まれる気温に関する研究, 日本建築学会計画系論文集, 541, No.648, pp.17-22, 図 15(1), 日本建築学会, 2001　www.aij.or.jp

4.1
図 4.1-2　Givoni's Bioclimatic Chart for Muscat, Oman by N. Al-Azri, Y.Zurigat and N. Al-Rawahi
図 4.1-3　木田勝久 /FOTOTECA
図 4.1-4　木田勝久 /FOTOTECA
図 4.1-8　米倉栄治
図 4.1-12　木田勝久 /FOTOTECA
図 4.1-20　木田勝久 /FOTOTECA

4.3
図 4.3-2　近本智行：ハイブリッド換気の設計, 空気調和・衛生工学, Vol.76, No.7, pp.31-38, 図-15, 空気調和・衛生工学会, 2002
表 4.3-1　LIM EUNSU, 山中俊夫, 相良和伸, 甲谷寿史, 桃井良尚：風力換気併用ハイブリッド空調を導入したオフィス室内における温度・汚染物質濃度分布及び省エネルギー性, 日本建築学会環境系論文集, No.648, pp.171-178, 図 1, 日本建築学会, 2010
図 4.3-3　LIM EUNSU, 山中俊夫, 相良和伸, 甲谷寿史, 桃井良尚：風力換気併用ハイブリッド空調を導入したオフィス室内における温度・汚染物質濃度分布及び省エネルギー性, 日本建築学会環境系論文集, No.648, pp.171-178, 図 15(1), 日本建築学会, 2010
図 4.3-4　山中俊夫：外気利用による省エネルギーへの期待, 空気調和・衛生工学, Vol.87, No.8, pp.659-667, 図-10, 空気調和・衛生工学会, 2013
図 4.3-5　山中俊夫：外気利用による省エネルギーへの期待, 空気調和・衛生工学, Vol.87, No.8, pp.659-667, 図-11, 空気調和・衛生工学会, 2013
図 4.3-6　LIM EUNSU：室内温度・気流分布予測に基づく風力換気併用ハイブリッド空調システムの換気設計法に関する研究, 大阪大学, 2010
図 4.3-7　LIM EUNSU：室内温度・気流分布予測に基づく風力換気併用ハイブリッド空調システムの換気設計法に関する研究, 大阪大学, 2010

5.1
図 5.1-2　鈴木俊介：常温再生型デシカント空調システムの性能評価（第 1 報）, 空気調和・衛生工学会大会 2012, 図 -2 各種吸着剤の再生（脱着）温度範囲, 空気調和・衛生工学会, 2012
図 5.1-3　空気調和・衛生工学会便覧 第 14 版 3 空気調和設備編, 空気調和・衛生工学会, p.296, 図 -44 吸着のメカニズム（シリカゲル系・ゼオライト系）, 2010

5.2
図 5.2-1　稲葉英男：革新的高機能収着剤による高度ヒートサイクルの展開, 日本機械学会誌, p.32, 図 1 収着剤の分子構造, 2001
図 5.2-2　鈴木俊介：常温再生型デシカント空調システムの性能評価（第 1 報）, 空気調和・衛生工学会大会 2012, 図 -3 各種吸着剤の等温吸着線, 空気調和・衛生工学会, 2012

6.1
図 6.1-5　さくらインターネットホームペーシ　http://ishikari.sakura.ad.jp
図 6.1-6　①大成建設ホームページ, ②豊原範之（大成建設）：さくらインターネット石狩データセンターの外気冷房, ヒートポンプとその応用 2013.10., No.86
図 6.1-9　大阪大学フォトニクセンター

6.3

図6.3-1　NTTファシリティーズ提供

図6.3-2　羽山広文，降旗由紀，森太郎，絵内正道，木下学：データセンタの機器冷却特性と空調効率に関する研究，日本建築学会環境系論文集，No.640，p.722，図1 機器冷却モデル，2009

表6.3-1　羽山広文：データセンタにおける空調システム，空気清浄，No.49(2)，p.47，表2 機器冷却特性の評価指標，2011

図6.3-3　羽山広文，降旗由紀，森太郎，絵内正道，木下学：データセンタの機器冷却特性と空調効率に関する研究，日本建築学会環境系論文集，No.640，p.722，図2 換気流量比と排熱効率の関係，2009

図6.3-4　羽山広文，降旗由紀，森太郎，絵内正道，木下学：データセンタの機器冷却特性と空調効率に関する研究，日本建築学会環境系論文集，No.640，p.722，図3 換気流量比と機器吸い込み温度差比の関係，2009

表6.3-2　羽山広文：データセンタにおける空調システム，空気清浄，No.49(2)，p.48，表3 エネルギー消費量の評価指標，2011

図6.3-5　羽山広文，大島一夫，高草木明，松島修：空調機停止後の室温変化を考慮した空調設備の信頼性評価に関する研究，日本建築学会環境系論文集，p.72，図1 空調機停止後の室温の変化，1998

図6.3-6　渡辺均，林正博，羽山広文：コージェネレーションシステムを用いた空調システムの信頼性評価法に関する研究 その1 信頼性評価手法と基本特性，日本建築学会計画系論文集，No.564，p.65，図2 状態の繰り返しと許容時間超過部分，2003

7.1

図7.1-8　写真撮影 大橋富雄
図7.1-9　写真撮影 大橋富雄
図7.1-11　写真撮影 大橋富雄

8.1

図8.1-1　新建築社：a+u 2005年3月号，p.100，新建築社，2005

図8.1-4　環境省：地中熱利用にあたってのガイドライン，p.15，稼働率の高い公共施設での冷暖房におけるトータルコストの試算例，環境省，2015　http://www.env.go.jp/press/files/jp/26796.pdf

図8.1-5　内藤春雄：地中熱利用ヒートポンプの基本がわかる本，p.37，水との熱交換で暖房する地中熱ヒートポンプのしくみ，オーム社，2012

図8.1-6　地中熱利用促進協会 高杉真司，東京大学生産技術研究所 大岡龍三：まちづくりと一体となった熱エネルギーの有効利用に関する研究会2011年6月11日資料，p.9　http://www.meti.go.jp/committee/kenkyukai/energy/nestu_energy/004_04_01.pdf

図8.1-8　医療福祉施設のためのコージェネレーション作成委員会：医療福祉施設のためのコージェネレーション，日本医療福祉設備協会，p.9，従来型システムとコージェネレーションシステムの省エネルギー性比較，2001

8.2

図8.2-3　内藤春雄：地中熱利用ヒートポンプの基本がわかる本，p.53，p.55，ボアホール方式の熱交換器，基礎杭の模式図，オーム社，2012

図8.2-4　日建設計 長谷川 巌他：ヒートポンプとその応用87，ヒートポンプ研究会，p.39，設備システムフロー(夏期)電算新本社における環境配慮計画，2014　http://enec-n.energia.co.jp/enec_data/chikunetsu/heatpump/hp87/hp87_10.pdf

図8.2-5　JFEエンジニアリング 松井聡：地中熱空調システムの事例紹介，p.17，2012　http://www.geohpaj.org/wp/wp-content/uploads/20120727_matsui.pdf

図8.2-6　医療福祉施設のためのコージェネレーション作成委員会：医療福祉施設のためのコージェネレーション，日本医療福祉設備協会，p.24，従来型システムとコージェネレーションシステムの省エネルギー性比較，2001

図8.2-7　日本エネルギー学会：天然ガスコージェネレーション計画・設計マニュアル2008，日本工業出版，p.94，放熱用冷却塔と三方弁の位置，2008

9.1

図9.1.1　ZEBの実現と展開に関する研究会：ZEB(ネット・ゼロ・エネルギー・ビル)の実現と展開について～2030年でのZEB達成に向けて～，p.20，(資料4) ZEB(ネット・ゼロ・エネルギー・ビル)のイメージ，経済産業省，2009.11

図9.1.2　ZEBの実現と展開に関する研究会：ZEB(ネット・ゼロ・エネルギー・ビル)の実現と展開について～2030年でのZEB達成に向けて～，p.21，【ZEBに至る様々な省エネ技術とその省エネ量】，経済産業省，2009.11

図9.1.3　川澄・小林研二写真事務所
図9.1.4　川澄・小林研二写真事務所
図9.1.5　川澄・小林研二写真事務所
図9.1.6　川澄・小林研二写真事務所
図9.1.8　エスエス名古屋
図9.1.9　エスエス名古屋
図9.1.11　川澄・小林研二写真事務所

表9.1-1　オバーリン大学ルイスセンター／神奈川大学工学部教授 岩本静男：建築設備士 海外のZEB動向①，p.7，p.8，建築設備技術者協会，2011.11.1

アルド・レオポルド・レガシーセンター／日建設計 滝澤総：建築設備士 海外のZEB動向②，建築設備技術者協会，pp.10-13，2011.11.1

NREL米国再生可能エネルギー研究所／清水建設 宮崎裕雄：建築設備士 海外のZEB動向③，建築設備技術者協会，pp.14-17，2011.11.1

ベディントン・ゼロエネルギー・デベロップメント／執筆者の調査による

BCAオーソリティアカデミー／清水建設 宮崎裕雄，鹿島建設 武政祐一：建築設備士 海外調査報告 韓国・東南アジア諸国におけるZEB調査の概要報告(その2)－台湾・マレーシア・シンガポール編－，建築設備技術者協会，pp.14-17，2013.2.1

Elithis Tower／欧州ZEB調査報告会－オランダ・スイス・フランス－，建築設備技術者協会，2014.11

MSGT 緑の魔法学校／日建設計 坂本真史：建築設備士 海外調査報告 韓国・東南アジア諸国におけるZEB調査の概要報告（その2）－台湾・マレーシア・シンガポール編－，建築設備技術者協会，p.40，2013.2.1
鹿島技術研究所本館研究棟／SHASE委員会で確認済み
大林組技術研究所本館「テクノステーション」／SHASE委員会で確認済み
清水建設本社／空調学会誌7月号，2013.7.1
飯野ビルディング／空気調和設備委員会ZEB定義検討小委員会：ZEBの動向と定義，空気調和・衛生工学会，p.59，2015.1.15
大成札幌ビル／設計者ヒアリングによる
大成建設ZEB実証棟／設計者ヒアリングによる
東京工業大学グリーンヒルズ1号館／執筆者の調査による

9.2

図 9.2-1　空気調和・衛生工学会：ZEB定義に関する調査研究，空気調和・衛生工学会，図2 ZEBの需要と供給のバランス，2015　http://www.shasej.org/oshirase/1506/ZEB/shase_zebteigi201506.pdf

図 9.2-2　空気調和・衛生工学会：ZEB定義に関する調査研究，空気調和・衛生工学会，図4　ZEBの段階的評価，2015　http://www.shasej.org/oshirase/1506/ZEB/shase_zebteigi201506.pdf

表 9.2-1　空気調和・衛生工学会：ZEB定義に関する調査研究，空気調和・衛生工学会，本文より引用編集，2015　http://www.shasej.org/oshirase/1506/ZEB/shase_zebteigi201506.pdf

表 9.2-2　空気調和・衛生工学会：ZEB定義に関する調査研究，空気調和・衛生工学会，本文より引用編集，2015　http://www.shasej.org/oshirase/1506/ZEB/shase_zebteigi201506.pdf

10.1

図 10.1-1　日建設計：BCPパンフレット　今、求められる安心・安全，日建設計
図 10.1-2　日建設計：BCPパンフレット　今、求められる安心・安全，日建設計
図 10.1-3　日建設計：BCPパンフレット　今、求められる安心・安全，日建設計
図 10.1-4　日建設計：BCPパンフレット　事業敷地の安全性を確保する「津波」「液状化」「集中豪雨」への備え，日建設計
図 10.1-5　日建設計：BCPパンフレット　非構造部材の安全・安心，日建設計
図 10.1-6　日建設計：BCPパンフレット　非構造部材の安全・安心，日建設計

10.2

図 10.2-2　東京都防災会議：首都直下地震等による東京の被害想定報告書－概要版－，p.10，東京湾北部地震（M7.3），東京都，2012.04
図 10.2-3　東京都中央区：中央区洪水ハザードマップ，東京都中央区，2015.10
図 10.2-4　東京都防災会議：首都直下地震等による東京の被害想定報告書－概要版－，p.16，元禄型関東地震（M8.2）（行谷ほか（2011）モデル）・水門閉鎖の場合 東京都，2012.04

11.1

図 11.1-2　経済産業省：スマートグリッド・スマートコミュニティ，スマートコミュニティのイメージ　http://www.meti.go.jp/policy/energy_environment/smart_community/

図 11.1-3　経済産業省：次世代エネルギー・社会システム協議会（第14回）－配付資料，資料3 横浜市プレゼン資料　http://www.meti.go.jp/committee/summary/0004633/014_haifu.html

図 11.1-4　経済産業省：次世代エネルギー・社会システム協議会（第14回）－配付資料，資料4 豊田市プレゼン資料　http://www.meti.go.jp/committee/summary/0004633/014_haifu.html

図 11.1-5　経済産業省：次世代エネルギー・社会システム協議会（第17回）－配付資料，資料4 けいはんな学研都市資料　http://www.meti.go.jp/committee/summary/0004633/017_haifu.html

図 11.1-6　北九州市：北九州スマートコミュニティ創造事業，記者発表：北九州スマートコミュニティ創造事業マスタープランの策定について　http://www.city.kitakyushu.lg.jp/kankyou/file_0325.html

図 11.1-7　東芝提供，© Depaule-PAD pour SPL Lyon Confluence 2006
図 11.1-8　東芝提供，© Toshiba Corporation 2015

11.2

図 11.2-2　小林信郷 他：技術センタースマートコミュニティ計画 経済産業省「次世代エネルギー・社会システム実証事業」での取組み，第45号，大成建設技術センター，2012

図 11.2-3　小柳秀光 他：技術センタースマートコミュニティ計画その3 夏期PTR方式のデマンドレスポンス実施時の評価，第47号，大成建設技術センター，2014

図 11.2-4　小林信郷 他：技術センタースマートコミュニティ計画 経済産業省「次世代エネルギー・社会システム実証事業」での取組み，第45号，大成建設技術センター，2012

図 11.2-5　小林信郷 他：技術センタースマートコミュニティ計画 経済産業省「次世代エネルギー・社会システム実証事業」での取組み，大成建設技術センター，第45号，2012

図 11.2-6　小柳秀光 他：技術センタースマートコミュニティ計画その3 夏期PTR方式のデマンドレスポンス実施時の評価，第47号，大成建設技術センター，2014

表 11.2-1　小柳秀光 他：技術センタースマートコミュニティ計画その3 夏期PTR方式のデマンドレスポンス実施時の評価，第47号，大成建設技術センター，2014

11.3

図 11.3-1　経済産業省：長期エネルギー需給見通し　http://www.meti.go.jp/press/2015/07/20150716004/20150716004.html

図 11.3-2　経済産業省：長期エネルギー需給見通し　http://www.meti.go.jp/press/2015/07/20150716004/20150716004.html

図 11.3-4　東京ガスより資料提供，2015.9

索　引

【あ行】

アイルキャッピング　81
明るさ感照明　17, 21
アロマ空調　31
アンビエント空調　49

一時避難者　135
色温度　19, 25
色温度可変照明　31
インフラ　128, 142

ウォームビズ　31

液状化　130
演出照明　18, 21
演色性　25

温度差エネルギー　100
温冷感　39

【か行】

外気冷房　50, 79
快適性　30, 38, 44
海洋温度差発電　101
加湿　58
ガスエンジン　106
カスケード利用　102
ガスタービン　106
換気効率　7, 55
環境選択　30, 37
含水率　68
間接照明　21
完全混合　53

機械換気　51
気象データ　95
基礎杭　105
帰宅困難者　135
輝度　26
輝度分布　21, 23
逆潮流　92
吸収式冷温水機　147
吸着　58
吸着式冷凍機　91
給電効率　74
居住域　53

空気清浄度　76

空気齢　55
クーリングルーム　32
クールシャワー　33
クールビズ　31, 91
躯体蓄熱　7
グレア　21

形態係数　11
系統連系　92, 106
結露　2, 59
結露許容型放射パネル　48
Kelvinの線源理論　108

行動観察　34
行動変容　37
コージェネレーション　62, 66, 103, 106, 142, 151
コールドアイル　46, 75, 78
コスト　16
固定価格買取制度　92, 152

【さ行】

サーカディアンリズム　25, 31
サーバー　72
災害　128, 142
再生可能エネルギー　86, 118
再生熱源　62
再熱　59
採熱量　108
作用温度　8

視感度　24
事業継続　128
事業復旧　128
地震　131
JIS照度基準　17
次世代BEMS　147
自然換気　9, 32, 44, 48, 52, 120
自然光　17
自然採光　17, 20
至適温度　39
自動制御　51
シミュレーション　12, 26, 51, 67
斜面日射合成　95
集光装置　17
収着　59
集熱効率　92
修復時間　82
省エネルギー　8, 27, 32, 37
上下温度分布　9

照度　25
照明　16
照明計画　20
除湿　46，58，67
除湿限界　66
除湿剤　62
人感センサー　31
真空管式　89，92
震災　17
新照明システム　15
信頼性評価　82

推奨照度　26
スケジュール制御　27
スポット空調　33，45
スマートコミュニティ　142
スマートシティ　141

成績係数　111
設計照度　16
潜顕分離空調　57
潜熱回収型給湯機　125
潜熱顕熱分離空調　7

創エネ　85
ソーラークーリング　92
ソーラーチムニー　45，48

【た行】

待機冗長方式　77
代謝量　39
耐震　130
体表面積　40
太陽位置　21
太陽光発電　86，90，114，120，144
太陽光発電アレイ　92
太陽熱利用　86，90，120
タスクアンビエント　30，137
タスクアンビエント照明　16，21，33
タスク空調　49
脱着　58，59

地下水　104
蓄電　90，120，148
蓄熱　77，83，137，147
地中熱　100，108
地中熱交換器　108
地中熱利用ヒートポンプ　104，110
知的生産性　30
地熱発電　101
調光調色照明　19
直散分離　95
チルドビーム　7

津波　130

Tier基準　77
データセンター　46，71
デシカント　57，120
デフロスト運転　105
デマンドコントロール　90
デマンドレスポンス　146

トップライト　20
トップランナー　118

【な行】

ナイトパージ　9，120
内部発熱　50

二重床　77
日射量　95

熱伝導率　109
燃料電池　106，125，145

【は行】

パーソナル空調　30，33
バイナリー方式　101
排熱　102
排熱効率　81
ハイブリッド換気　9
ハイブリッド空調　9，43
バックアップ電源　107
バックキャスティング　119
発光効率　25
発電効率　95
発電量　95
パワーコンディショナー　92
搬送動力　7

ヒートポンプ　101
非運動性熱産生　41
ビオトープ　116
光ダクト　17
微気流　8
非常用発電　107
ピストン流　53
備蓄　135，138
必要換気量　50
ヒューマンセントリックライティング　16
ヒューマンファクター　29

ファイナンス　107
不均一環境　30
フリークーリング　77
プレザントネス　39
プロジェクションマッピング　18
分光特性　24

平均演色評価数　25

平板式　92
並列冗長方式　77
ベストミックス　150

ボアホール　105, 108
放射空調　1
放射パネル　2, 49
ホットアイル　45, 75, 78

【ま行】

マルコフ過程　83

未利用エネルギー　99

メラトニン　25

木質チップ　93
木質チップボイラー　116
木質バイオマス　91
木質ペレット　93

【や, ら行】

有孔天井　9
Uチューブ　108

ライトシェルフ　17

リスクマネジメント　128

冷却除湿　59
レジリエンス　136

漏水　6

【英字】

Adaptive Comfort　37
AMeDAS　95

BCP　52, 86, 106, 127, 142
BEICS　32, 35
BEMS　32, 35, 121, 137, 142, 153

CEMS　138, 144, 153

CFD　54
COOL BIZ　58
COP　6, 90, 93, 105, 111, 121

DIALux　27

HCL　23

JIS照度基準　17

Kelvinの線源理論　108

LCC　73
$LCCO_2$　73

LED　3, 16, 20, 24, 121, 125

MRT　7

PEB　145
PMV　8, 11, 39
PPD　39
PUE　74
PV　86, 115, 122

Radiance　27

SET*　39
SLA　76
Source ZEB　124

TABS　7
Thermal Response Test　109
Tier基準　77
TRNSYS　10

UPS　74, 90
Uチューブ　108

WARM BIZ　58

ZEB　66, 86, 113, 145
ZEH　66, 124

ΔCOT_i　11

見る・使う・学ぶ 新世代の環境建築システム 　定価はカバーに表示してあります。

2016年6月1日 1版1刷発行　　　　　　　　　　　ISBN 978-4-7655-2592-3 C3052

編　集　　一般社団法人 日本建築学会

発行者　　長　　　滋　　　彦

発行所　　技報堂出版株式会社

〒101-0051　東京都千代田区神田神保町1-2-5

電　話　　営　業　（03）（5217）0885

日本書籍出版協会会員　　　　　　　　　　　　　編　集　（03）（5217）0881
自然科学書協会会員　　　　　　　　　　　　　Ｆ Ａ Ｘ　（03）（5217）0886
土木・建築書協会会員　　　　　振替口座　00140-4-10

Printed in Japan　　　　　　　ＵＲＬ　http://gihodobooks.jp/

Ⓒ Architectural Institute of Japan, 2016　　装丁　ジンキッズ　　印刷・製本　昭和情報プロセス

落丁・乱丁はお取り替えいたします。

JCOPY ＜(社)出版者著作権管理機構 委託出版物＞

本書の無断複写は著作権法上での例外を除き禁じられています。複写される場合は，そのつど事前に，(社)出版者著作権管理機構（電話：03-3513-6969，FAX：03-3513-6979，E-mail：info@jcopy.or.jp）の許諾を得てください。